网红打卡地

WANG
HONG
DAKADI

打 造
独 异 性
体 验 空 间

陆超 著

上海社会科学院出版社
SHANGHAI ACADEMY OF SOCIAL SCIENCES PRESS

推荐语

本书围绕"网红打卡地"这一新现象，创造性提出了独异性空间、后流量时代、精神消费、新旅游之锚、人格升维等新概念，建构了网红打卡地形成原因、营造策略的新关系。书中既有人间烟火的记录，又有名家大师的高论，理论扎实，案例丰富，是不可多得的研究网红打卡旅游现象的优秀之作。

——于涛，南京大学建筑与城市规划学院城市与区域规划系主任，教授，博士生导师

"网红打卡地"，不仅是塑造城市形象的新方式，而且是通往乡村振兴的新路径；不仅是年轻人群的消费空间，而且是知识阶层的创意空间。陆超以多元视角、丰富案例、亲身实践，为我们奉献了一部开阔视野、启迪思维的佳作。

——陆波，西安市乡村发展公益慈善基金会秘书长

中国社会正在步入后工业化时代，人们需要的不再是普通，而是独特。陆超在本书中提出的"独异性空间"概念，令人深受启发。

——钟文明，久美投资创始人，中国文化产业投资基金原高级副总裁，蜻蜓FM原总裁

在网络经济发达的今天,"鲁中川藏线"项目锚定优势,找准抓手,借助网红效应,用符合当地实际的优秀策划方案激活本地资源,用市场思路和创新思维提出解决方案。短期推广见效,中期运营赋能,长期立足产业和创新支撑,无疑为青州市庙子镇全域旅游和乡村振兴探索出一条新路子!

——郑丰满,山东省青州市庙子镇原党委书记
(网红打卡地"鲁中川藏线""时间的森林·集美书社"所在地)

高端度假酒店在新时代语境下所诠释的独具风格的生活方式,与在地人文艺术的巧妙融合,以及不断更新、与时俱进的内在产品力所打造出的"独异性空间"体验,令消费者产生情感共鸣的同时,获得丰富的价值体验,是其卓尔不群、不可撼动的核心价值所在。

——王怡君,上海锦和集团酒店事业部副总裁,
复兴旅文集团 Casa Cook 酒店及度假村原 CEO

网红的本质是深度的产品设计和超预期的体验反馈,teamLab 希望把全方位的沉浸式体验带给每一个观众。

——王冬,teamLab 无界美术馆总经理,
teamLab 无相艺术空间总经理,光禹莱特 ALight CEO

本书围绕"网红打卡地"这一新概念,记录了中国城乡在虚实共生的时代所经历的蜕变。本书充满了哲学思考又不乏引人入胜的实地案例,既帮助读者感受数字家园的诗意栖居,又展示了作者深沉的人文关怀和热烈的恋地情结,也为地方政府和新兴数字企业提供了一本难得的城市发展指南。

——赵博,美国华盛顿大学地理系终身教授

目录

序 / 001

上篇

流量与网红引爆 / 003

媒介、视觉景观与消费社会 / 014

未来消费群像 / 027

社交货币与形象建构 / 039

独异性社会 / 046

舒适物与独异性空间 / 060

创意阶层、创意园区与创意城市 / 072

网红成都 / 082

民宿酒店：新旅游之锚 / 100

特色小镇的死与生 / 119

舌尖上的网红 / 133

网红触媒乡村振兴：鲁中川藏线 / 150

下 篇

颜值担当 / 165

场景拼贴 / 186

知识拓荒 / 202

情感共振 / 217

艺术绘新 / 228

时尚加持 / 244

科技赋能 / 253

人格升维 / 263

"圣地巡礼" / 274

文化塑异 / 286

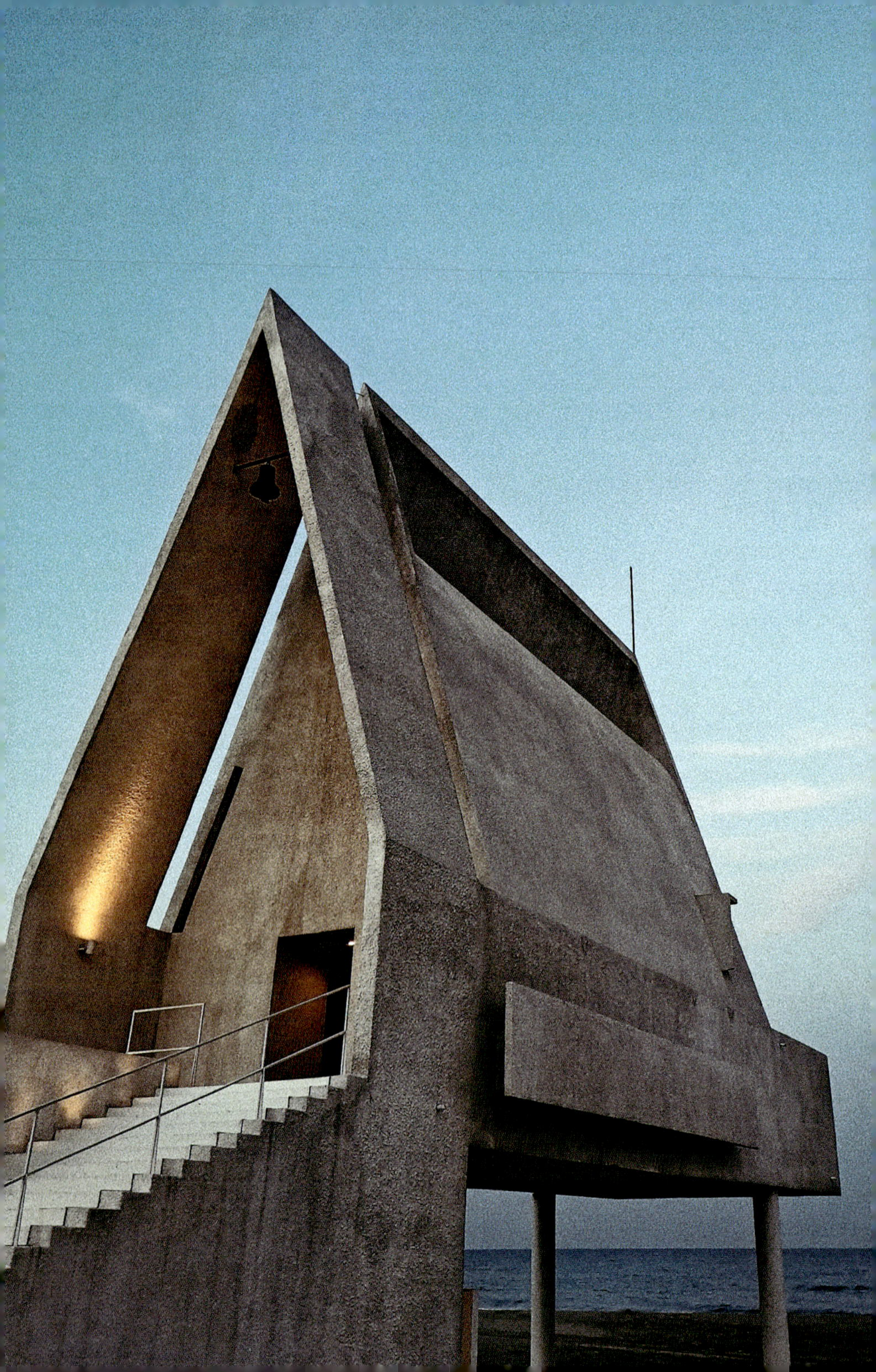

序

　　安迪·沃霍尔说，在未来，每个人都能成名15分钟。我说，在当下，每个地方都能成名15分钟。

——笔者

　　波普艺术的灵魂人物安迪·沃霍尔，曾在20世纪70年代精准预言了大众媒体时代的来临——"在未来，每个人都能成名15分钟。"

　　作为20世纪最有明星感的艺术家之一，安迪·沃霍尔自身成名的过程就是一场"网红秀"。这个肤色苍白，戴着一头浅金色假发，总爱穿一件黑色皮衣的艺术家一出场就给大众留下了独特的印象。他破天荒地把琐碎的日常生活搬上了艺术画布，可口可乐空瓶、浓汤罐头、明星画像，还有随处可见的美钞。在此之前，风景和植物才是艺术家们最钟爱的主题,但沃霍尔的创意打动了普通大众。他粗暴地用胶片制版和丝网印刷,直接将艺术品纳入"复制"和"量产"的程序,艺术的原创性和技巧被他彻底抛弃,取而代之的是商业化的快速复印。可口可乐、玛丽莲·梦露、米克·贾格尔、伊丽莎白二世等,这些家喻户晓的文化符号经过大胆浮夸的色相包装,幻化出前卫而独特的审美效果。奇怪的事发生了,消费者居然对此趋之若鹜,安迪·沃霍尔成名了。

艺术评论家们把沃霍尔现象和波普艺术看作是消费主义、商业主义和名人崇拜的一场联姻,是消费社会、大众文化和传播媒介集体狂欢的产物。从这个意义上来讲,安迪·沃霍尔可以算是网红们的鼻祖了。

随着移动互联网和短视频时代的到来,沃霍尔说的"未来"已经悄然而至。自2016年"网红经济元年"[①]以来,短视频不仅催生出众多的网红,而且孵化出了网红经济。在这条串联个人网红、孵化经纪公司、社交平台、音视频平台、电商平台、营销、培训、医美等服务行业以及大量粉丝用户的产业链条边缘,还有一个因网红而红,且被广为关注的空间现象,这就是本书所要研究解读的主角——"网红打卡地"。

网红引爆

安迪·沃霍尔说,在未来,每个人都能成名15分钟。我要说,

[①] 2016年,网红Papi酱获得1 200万元融资,估值1.2亿元,创造了草根到人生赢家的华丽转身,这让大众意识到原来网红也可以挣大钱。业界因此把2016年称为"网红经济元年"。

在当下,每个地方都能成名15分钟。

如今,我们对各类网红打卡地早已不陌生。回顾网红打卡地的起源,抖音等短视频媒体上涌现出的第一批网红打卡地,较为集中地出现在中西部城市,重庆和西安是尝鲜者。重庆的洪崖洞和李子坝穿楼轻轨,西安的摔碗酒和大唐不夜城,随着抖音等短视频的横空出世,短时间内迅速成为家喻户晓的网红。网红打卡地的火爆更是直接引爆了两个城市的旅游。重庆2017—2019年3年的网红履历,使其旅游接待人数将上海、北京、广州、杭州等传统旅游大市远远地甩在了身后,2019年排名全国第二的上海的全年旅游接待人数只有重庆的57%。[1]重庆旅游的总收入也随着一波年均30%的增长从众多城市中脱颖而出,超越北京而成为全国第一也是指日可待。[2]西安市旅发委与抖音达成战略合作,几十家市政府机构纷纷开通官方抖音号,西安随之一炮而红。无论是美食、美景、文化、历史都在抖音短视频上得到了现象级的传播,西安更是一度被称为"抖音之城"。

网红打卡地的出现,让很多城市主政者看到了城市形象塑造的新方式和促进休闲时尚消费、引爆城乡文旅的新路径。近些年,北京、成都、武汉、山东、江苏、四川等城市和省份纷纷开展了网红打卡地评选活动。北京在相关政策文件中指出,网红打卡地属于"新业态、新模式",是"经济高质量发展"的表现,应该积极"培育发展一批网红打卡新地标,以满足年轻时尚的消费需求"。北京

---

[1] 2019年重庆市和上海市两地旅游业统计公报,2019年重庆全年接待境内外游客总数为6.5亿人次,上海全年接待境内外游客总数为3.7亿人次。

[2] 《城市网红产业图谱:北上广深杭稳居第一梯队,重庆长沙各有风采》,https://www.163.com/dy/article/FGS5ONE405199NPP.html。

2020年、2021年连续两年举办网红打卡地评选活动，评选出的200个打卡地涵盖了"吃住行游购娱"各环节的文旅体验和消费场景，受到了市民和游客的极大欢迎。

春江水暖鸭先知。在市场端，商旅文等众多城乡消费场景更早地意识到，网红打卡地正在打开一扇引爆流量的新窗口，这些流量巨大、精准而且价格低廉。一间网红民宿让一个默默无闻的古村声名鹊起，一家网红书店激活了一座海滨的文旅地产小镇，一条网红自驾线路引爆了几个传统农业县的全域旅游，一座网红博物馆启动了一个衰落中的工业城市的复兴按钮……这样的案例不胜枚举。在消费竞争逐渐同质化、红海化的当下，网红打卡地让人眼前一亮。它是一招妙手，是香饽饽，几乎拥有了点石成金的能力。

舒适物

网红打卡地是新知识经济社会、后工业化城市和移动互联网时代出现的一种新兴的消费空间现象，但网红打卡地的属性并不新鲜，它属于舒适物的范畴。

舒适物理论于20世纪50年代由美国经济学家提出，该理论认为随着城市经济向新知识经济转型，舒适物成为吸引高端人才迁入和城市经济增长的最重要因素。也就是说，在新知识经济为代表的后工业化社会中，高级人力的流动不再仅仅基于工作机会，同样基于生活机会。对于新知识阶层和创意阶层而言，什么样的城市能提供足够有吸引力的舒适物，人才就会向这些城市涌入。

那什么是舒适物呢？顾名思义，就是那些能让人感到心情舒适、愉悦、满足的环境、事件、设施或者服务。广义的舒适物包括各类设施空间等城市硬环境，也包括制度政策等软环境。狭义的舒适物更聚焦硬环境，主要包含两类，一是自然舒适物，包括怡人气候、自然环境、绿地公园、自然景区等以自然为基底的舒适性环境；二是人造舒适物，又包括文化舒适物和商业舒适物。文化舒适物包括博物馆、美术馆、艺术馆、图书馆、沙龙、画廊、影剧院等文化艺术空间，商业舒适物则指代酒店、餐馆、酒吧、咖啡馆、购物中心、创意园区、商业街区、主题公园等商业消费空间。

如果我们稍作留意，网红打卡地的类型虽然纷杂多样，但总体还在狭义的舒适物范畴之内。

以网红打卡地为代表的舒适物，正成为影响城市吸引高端人力资本的重要变量，构成城市吸引力和竞争力的重要因子之一。成都便是网红城市的杰出样本，笔者观察到"抖音之城"成都就是这几年各大城市抢夺青年人才竞赛的最大赢家。2017年，36.4万人在成都落户，是排名第二的杭州的两倍之多。"少不入川"的古话正在被改写。

年轻人与创意阶层

网红打卡地引爆年轻时尚消费，网红城市吸引年轻人入住，网红打卡地亦是年轻人的首创。小红书指出，"'90后'等年轻群体爱记录、爱分享的特性，为网红打卡地的诞生提供了基础。"

以"90后"为代表的年轻一代是自我意识前所未有强烈的一代，新的个体向往具体的生活、自我与社交形态，正在基于网络化的社会、商业和文化底层新基础设施的成熟,演变成全新的形态。[①]"90后"、Z世代以及以"80后"为核心的新中产等年轻人是移动互联网数字时代的先锋,天然构成了互联网的第一大用户群体,同时,他们也已悄然成长为中国消费市场的第一梯队。京东、淘宝等互联网消费平台的数据显示,"90后"已经成为第一消费主力。携程网《2019国民旅游消费报告》指出,"90后"已经悄悄超越"80后"而成为出行游客的第一梯队,占比达到36%,超过占比35%的"80后",两大群体占了整个市场的七成之多。

网红打卡地是线上与线下的一场联姻。移动互联网的年轻用户们通过打卡满足他们的社交需求,是其自我形象建构的重要方式。他们本能地在线上社交与生活分享,他们重视分享而且乐于分享。与线下社交一样,线上内容的展示同样是构成他们塑造自我形象的一部分。对于呈现的内容,年轻人费尽心思。他们渴望寻找更稀有的、更新奇的分享内容,他们精挑细选,以体现自我价值与独特个性。网红打卡地因之而悄然兴起。网红打卡地满足了年轻人对超越日常体验的汲汲渴望。这是一个产品过剩的时代,从小便衣食无忧的年轻人早已对千篇一律的产品与空间失去了兴趣,他们更热衷于挖掘更好、更独特的价值与体验。因此,更稀有、更新奇、更深度的体验成为市场的新宠,各种文化热、艺术热、知识热、科技热和小众旅游热正成为年轻人追逐的新生活方式。

网红打卡地是"90后"、Z世代和新中产这些新兴消费群体与移动互联网新媒体的一场共谋——这个属于年轻人的群体是移动

[①] 青年志:《游牧:年轻人的消费新逻辑》,中国发展出版社2018年版,序言第1页。

互联网新媒体的拥趸,他们运用互联网自发的传播和分享这些时尚的高颜值的线下空间,是基于移动互联的新型社交的本能需求,是一种对更稀有、更新奇、更深度的超越日常之体验的汲汲渴望,更是他们内在兴趣驱动的自然结果。

"90后"以及以"80后"为主的新中产是新知识经济社会中崛起的新兴阶层,亦是主力阶层。他们普遍接受过高等教育,从事与知识科技、文化创意相关的工作,他们拥有共同的创新精神,重视创造力、个性与差异性。这使得其区别于传统的"劳工阶层"和"服务阶层"。理查德·佛罗里达把这个新兴的阶层称为"创意阶层"。他在《创意阶层的崛起:关于一个新阶层和城市的未来》一书中将创意阶层定义为"为创意的经济型需求而催生出的一个新阶层。这个阶层的核心成员包括科技、建筑和设计、教育、艺术、音乐以及娱乐等领域的工作者,围绕这个核心,创意阶层还包括一个更为广阔的'创造性专业人员'的群体,分布在商业和金融、法律、卫生、保健等相关领域"。

笔者观察到网红打卡地正深度地与设计美学、知识、艺术、娱乐、时尚、科技、人文等创意元素融合,这与创意阶层所从事的职业与生活方式密不可分。创意阶层从事创意工作,并希望围绕创意体验构建他们的生活方式——网红打卡地自然是绝佳的创意体验空间。这个阶层富有个性且大胆,渴望丰富多维的体验经历,把生活看作是一种探索无限可能的实验场。这种体验性的生活方式反过来丰满他们的知识结构,滋养人生阅历,进一步提升他们的创意能力。从本质上说,创意阶层的生活方式是一种混杂着生活、工作、学习与娱乐的高度一体化的奇妙结合。

随着中国制造逐步向全球产业链高附加值环节演进,以及各类高端服务业的壮大，未来中国创意阶层的体量无疑还将继续扩大——诸多一、二线城市如上海、成都等地的创意阶层规模已经蔚为可观。这个阶层对线下空间的独特需求，无疑还会催生出更多的打卡空间。

独异性社会与独异性空间

笔者认为，网红打卡地的本质是一种"独异性空间"，一种能够提供"独异性体验的商旅文消费空间"。这种新消费空间与传统的城乡空间相比，最大的区别在于其"独异性"，即空间能够传递出一种独特的、异质的、与众不同的、超越日常生活的体验感。

笔者提出的"独异性空间"概念，是在"独异性社会"理论框架下开拓出的一个研究分支。德国社会学家安德雷亚斯·莱克维茨在其《独异性社会：现代的结构转型》一书中首次提出"独异性社会"的概念。莱克维茨观察到，随着西方社会从工业现代社会转向晚现代社会，工业资本主义转向文化资本主义，以标准化、规范化的工业生产方式为代表的普适性社会，随之转型为以物品和服务的全面文化化为代表的独异性社会。

> 在如今的社会，不论往哪个方向看，人们想要的都不再是普通，而是独特。不再把希望寄托给规范化和常规的东西，如今的机构和个人，其兴趣和努力方向都只是追求独一无二，追求独异于人。
>
> 独异才是王牌，不凡方获推崇，普遍标准之物没有吸引力。过着平凡日子的普通人被看作千篇一律的面孔。万事万

物的新准则,就是品位不凡、人生精彩的"真"主体,还有那些无可替代的货品、文化活动、社团和城市。晚现代是独异性的狂欢。

莱克维茨的核心论据之一,便是在西方后现代社会中,文化创意产业茁壮成长为主导产业之一。与传统的工业相比,文化创意产业生产制造出的是带有文化烙印的,含有文化价值的商品,这些商品因为文化的独特性而拥有天然的独异性。同样,文化创意产品的生产过程,也不再像工业化那般标准化、流水化,它因生产主体、生产空间与生产组织的非标准化而拥有独异性。

文化创意产业的壮大又培育出了创意阶层和新中产,一个追求"自我实现"的,渴望一种高度文化化、价值化的生活方式的群体,他们是独异化生活方式的主体与实践者。这种日常生活的文化化、艺术化,必然要求创意阶层和新中产去追逐独异性的东西——一顿独特滋味、有故事的美食,一次小众的、文化感十足的旅行,一间有独特审美趣味的日常居室,一次有深度体验感的商业中心购物之旅或是一场触及灵魂的心灵修行之旅……创意阶层和新中产通过这种日常生活的文化化与独异化,对自身进行文化化和"赋值",从而获得"自我实现"的存在感与满足感。

我们不难发现,越来越多的网红打卡地正在与人文、艺术、IP、故事、情感等文化化的元素融合,博物馆、图书馆、美术馆、艺术馆、人文景区、古村落、文化创意园、主题街区等高度文化化的业态已经成为网红打卡地的主力常客。文化包容万物,且天然独异,文化化作为一种最大的"赋值"可能,使得众多线下空间变得与众不同。

莱克维茨在《独异性社会：现代的结构转型》一书中对文化性独异货品、创意经济、数字化、新中产独异化生活以及政治转型等话题展开了论述，但对独异性空间的论述只涉及寥寥几句，没有过多深入的展开。

> 空间的独异化，就是空间的含义被抬高到空间理论中所指的"地方"那个高度。这个独异性逻辑之下的"地方"则是具备高度辨识度的空间，让人们感兴趣的是这个"地方"本身。空间厚重起来，变成了"地方"之后，就能成为一个有记忆的地方，一个有气氛的地方。

笔者在"独异性社会"理论框架之下，提出"独异性空间"概念。我认为网红打卡地之所以能网红，就在于其是一种能够传递出独异感的与众不同的舒适物空间。这种独异感包括辨识度、地方感、场景感、美学感等，所有这些都是塑造空间，并使之与众不同的优胜条件。

网红打卡地作为后现代社会中舒适物的范畴，本质是一种能够提供"独异性体验的商旅文消费空间"，这种"独异性空间"能够传递出一种独特的、异质的、与众不同的、超越日常生活的体验感，并让线上网友与线下消费者为之着迷。笔者将这种独异性大致总结为六类——"异景观""富内涵""新场景""真情感""酷技术"和"强IP"。

这些独异性体验往往与美学、情感、场景、人文、艺术、知识、时尚、科技、IP、人格化等代表着未来消费潮流、个性自由的关键词联系在一起。这些独异性体验透视出新兴消费阶层对美学颜值的追求，对情感精神的渴求，与本土空间真实性、文化的多元开放性、生活品质以及自我人生实现等高维度的自我需求息息相关。

全书共分为上下两篇。

上篇主要围绕网红打卡地现象的多维度背景而展开解读——《流量与网红引爆》提出网红打卡地是线上线下巨大流量的引爆点，在流量越发昂贵的后流量时代，网红思维对于商旅文空间的开发营造乃至一个城市的发展跃迁都显得至关重要。《媒介、视觉景观与消费社会》一窥网红打卡地现象背后"景观社会"与"消费社会"如何影响线下消费空间的重构与表达。《未来消费群像》关注网红打卡地现象背后的推动者与消费者，"90后"、Z世代以及新中产所代表的年轻化群体正成为当下与未来消费版图的主力构筑者。《社交货币与形象建构》指出网红打卡本质是一种社交货币，在移动互联时代，网红打卡地协助年轻人社交，构建自身独特形象，是精神性消费的代表产物。《独异性社会》提出我们正经历一场由普适化向独异化转型的社会变革，从人到货品再到空间，规范的、标准的正在从宝座跌落，快速失去吸引力，而独异的、非标的正大受欢迎。《舒适物与独异性空间》指出网红打卡地隶属于舒适物的范畴，后者是新知识经济社会中影响城市吸引高端人力资本的重要变量，构成城市吸引力和竞争力的核心因子之一。文章提出网红打卡地是独异性空间，即拥有独异性体验的商旅文消费空间。《创意阶层、创意园区与创意城市》《网红成都》《酒店民宿：新旅游之锚》《特色小镇的死与生》《舌尖上的网红》等文则把视角切换到不同类型的拥有独异特征的线下空间之上，包括网红城市、创意园区、特色小镇、酒店民宿以及与美食相关的各类空间等。《网红触媒乡村振兴：鲁中川藏线》介绍了笔者主持策划与设计的一个网红打卡地项目，如何以独异性为切入口，从0到1成功打造出一个网红打卡地，并以此激活所在区域的全域旅游与乡村振兴。

下篇笔者提出打造网红打卡地的10种方式与路径，即如何赋予空间独异性体验。它们分别是颜值担当、场景拼贴、知识拓荒、情感共振、艺术绘新、时尚加持、科技赋能、人格升维、"圣地巡礼"和文化塑异。许多网红打卡地的"制造"通常不止采用了一种方式，而是融合了两种甚至多种的方式。与以往千篇一律的空间相比，网红打卡地所体现出来的独异性往往与美学、情感、场景、人文、艺术、知识、时尚、科技、IP、人格化等代表着未来消费潮流与个性自由的关键词联系在一起。

网红一词既非贬义，亦非褒义，它是一个中性词。网红打卡地的意思是在互联网上受到广泛欢迎，并迅速走红的地方空间。我们要看清这样一个事实，即互联网已经取代了传统媒体，包括电视、报纸、电台和杂志，成为大众媒体的核心平台。也就是说，网红不再是小众的概念，少数人的游戏，而是在互联网这个最大的融合资讯娱乐社交商业的综合性平台上走红了，其所引发的广泛效应不得不让我们予以重视。

网红打卡地与美学、场景、知识、艺术、情感、科技等元素的融合，由此彰显出独异性的体验感，并广泛地受到年轻人与新中产的追捧。网红打卡地并非某种"浮浅的骚动"，相反，它与社会转型、城市跃迁、技术变革、消费社会、新兴阶层等诸多深层次问题息息相关，是"后现代独异性社会"转型大冰山的一角。我们不妨透过这扇时尚而有趣的窗口，一窥社会转型的隐秘轨迹。

"网红思维"不可或缺。网红打卡地,乃至网红城市的出现,意味着巨大的流量增量的出现。在线上线下流量越发昂贵的后流量时代,无论是对于商旅文项目,还是对于一个城市来说,网红都是难得的红利。对于单个项目来说,网红意味着知名度、影响力以及商业上巨大流量变现的可能,对于一个城市来说,网红能带来城乡空间品质的提升,文旅产业的带动,城市个性与魅力的彰显,还有软实力与综合竞争力的跃升等。网红也往往是一个项目、一个地方引爆的按钮与关键点。

作为一名策划人、规划师,笔者近些年参与了大量文旅及乡村振兴的规划设计项目。在项目策划规划的前端,就一直有意识地运用网红思维。其中"从0到1"策划规划设计的山东青州"鲁中川藏线"在落地不久后即在抖音上爆红,话题播放量已经超过250万次,乡村书店"时间的森林·集美书社"入选了"2021年好客山东·100个网红打卡地"。"鲁中川藏线"不仅成为青州文旅的一张创新名片,而且给地方发展带来了真真切切的实惠——随着网红打卡所带来的流量爆发,项目激活了所在镇域的全域旅游与乡村振兴,不仅吸引了各类媒体的广泛关注,大大扩展了区域知名度,而且给沿线的文旅、农业项目带来了直接的经济效益,带动了更多的项目落地与农民增收,起到了正向显性的触媒效果。

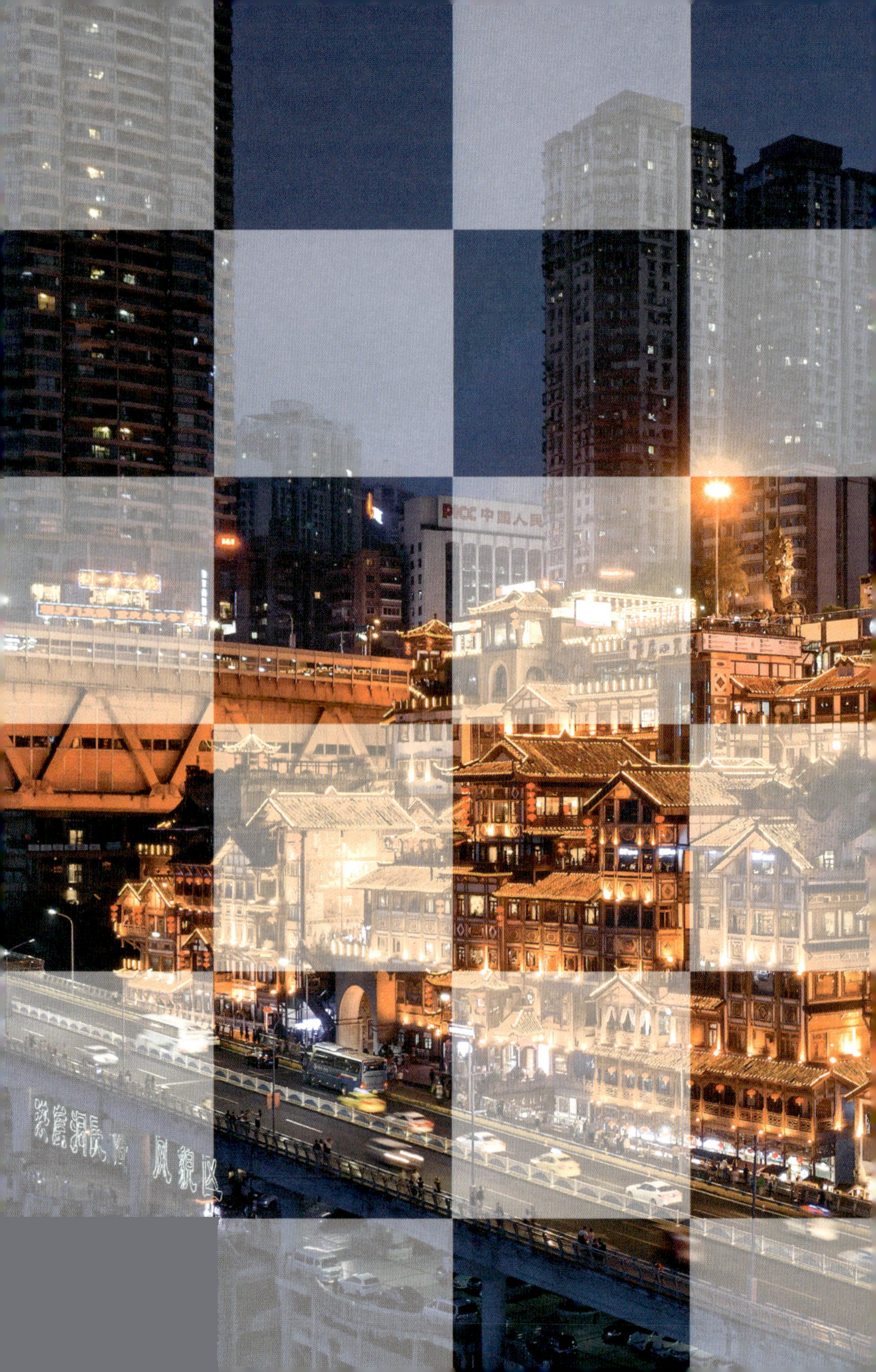
PICC 中国人民
风貌区

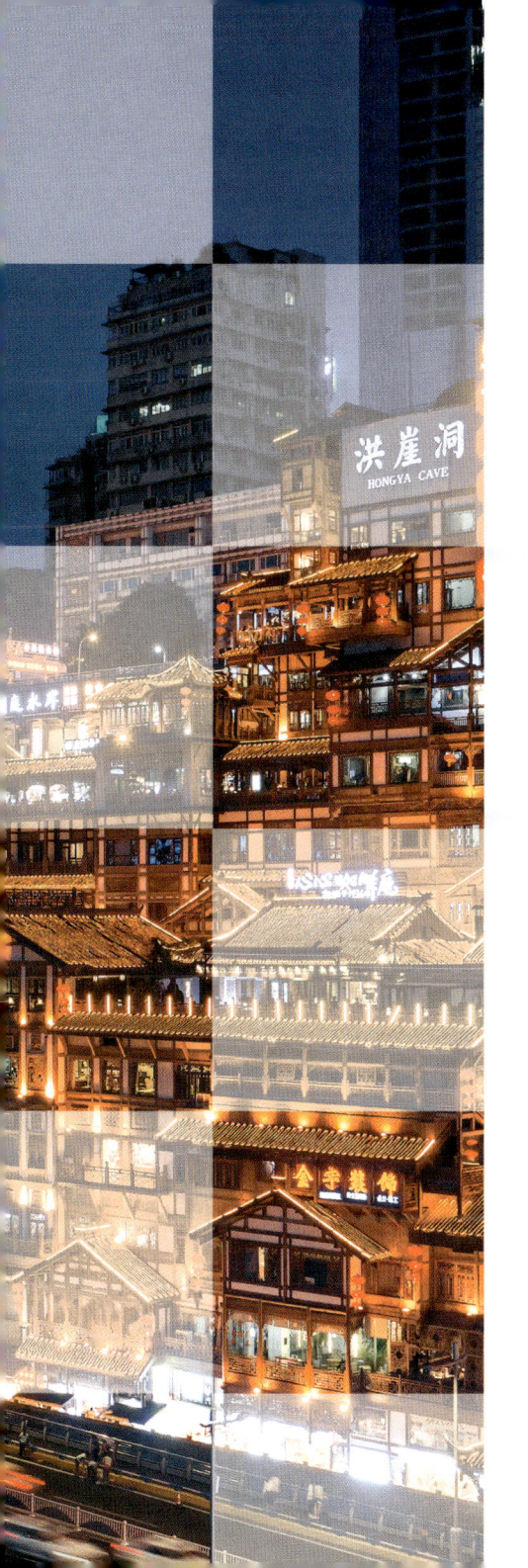

上 篇

流量与网红引爆

我们的世界看上去坚固无比,但其实,只要你找到那个点,轻轻一碰,这个世界就开始动起来了。

——马尔科姆·格拉德威尔《引爆点》

古根海姆效应

20世纪末的西班牙,一个叫毕尔巴鄂的以钢铁和造船工业为主的港口贸易城市,在西方工业大衰退的潮流之下,苦苦寻求转型之道。通过一些私人关系网络,它对接上了纽约著名的古根海姆博物馆。在艰难的多轮谈判之后,它接受了后者所属基金会提出的苛刻条件,并最终顶住各方压力,将古根海姆博物馆的分馆引入了毕尔巴鄂,以此作为城市转型的艺术旗舰项目。

一个名不见经传的工业港口城市,长期游离于普通游客和艺术家的视线之外,花费重金引入世界知名的博物馆,这多少有点像凤凰男迎娶白富美的桥段。不出意外,白富美的彩礼费高得吓人——2 000万美元的加盟费,1亿美元的分馆兴建费,2 000万美元的周边区域整治费,5 000万美元的藏品收购费,还有700万～1 000万美元的年度运营费。[①]严苛的合作条件使得分馆计划遭受到文化界和舆论的巨大非议,艺术家及媒体工作者组成联名团体抗议这桩婚姻——花费巨额的金钱不如多创造一些工作机会。知识界则担心一个美国IP的博物馆进驻西班牙,会不会对本土文化造成强烈冲击。毕尔巴鄂顶住了压力,因为它的野心是将分馆作为城市转型的旗舰项目,以此搭建通往国际网络的桥梁。正如有些评价家评论的那样,"毕尔巴鄂的城市复兴计划,犹如一位振作精神准备赶赴国际宴会的淑女名媛,她需要一颗闪亮的钻石来锦上添花,而这颗钻石就是古根海姆博物馆。"[②]

和纽约的主博物馆一样,毕尔巴鄂分馆以奇特的独异化造型让所有人为之注目,各地游客更是趋之若鹜,络绎不绝。纽约主博物馆出自建筑大师弗兰克·劳埃德·赖特之手,整栋建筑浑然天成,犹如一颗洁白的海螺安静地伫立于繁华的纽约街角。分馆则是解构主义大师弗兰克·盖里的作品,特异的结构,大胆的用材,犹如天外来客一般降临人世,建筑评论界毫不吝啬地把"伟大"一词赋予它,认为其可以与悉尼歌剧院媲美,是属于未来时代的建筑,必将书写不朽的城市诗篇。

建筑界的溢美之词并非言过其实。古根海姆博物馆确实给毕尔巴鄂带来了巨大的"触媒效应",给这座灰暗的工业城市塑造

[①][②] 翁佳铃:《毕尔包古根海姆经验,美术馆海外营销策略之典范?》,《东方杂志》2007年3月。

出一个崭新的时尚形象,大大地促进了旅游业、文化创意产业及各类服务业的发展。据数据统计,自博物馆落地之后,毕尔巴鄂每年新增过夜游客数量高达80万人次,新增税收2 810万欧元,在最初的6年时间内获得了1.66亿欧元的外来投资。而前往古根海姆博物馆参观的游客所带来的消费,直接拉动了超过2亿欧元的GDP,使得毕尔巴鄂所在的巴斯克地区的财政部门获得了2 900万欧元的额外收入。[①]在城市决策者眼中,博物馆是整个城市复兴的旗舰项目,但显然仅有博物馆是不够的,其他项目的落地也在同步进行,包括一座新机场、一条新地铁,一座购物中心,数座大学建筑,住宅、酒店、公园以及一条亲民的散步道等。古根海姆博物馆犹如一个"引爆点",给毕尔巴鄂带来了巨大的旅游流量和媒体关注度,使得同期建设的其他设施很好地得到了利用。我们不难想象,如果没有这个引爆点,以及随之而来的巨大流量,这些设施的运营很可能将面临巨大的挑战。所以,尽管这些项目与古根海姆博物馆并没有直接关联,但人们意识到正是前者带动了后来项目的成功落地。

  毕尔巴鄂,这座日渐边缘的老工业港口城市,意外地因为一栋"网红"艺术建筑而改头换面,迸发出巨大的文化和旅游活力,继而获得了前所未有的影响力与关注度。自此,人们把毕尔巴鄂的这个大胆试验和引爆效应称之为"古根海姆效应"。

[①] 西尔克·哈里奇、比阿特丽斯·普拉萨:《创意毕尔巴鄂:古根海姆效应》,《国际城市规划》2012年第3期,第11—16页。

毕尔巴鄂古根海姆博物馆：独异神秘的天外来客。扭曲的不规则造型，类金属质地的表皮纹理，还有散发着阴郁神秘感的气场，所有这些独异特征让游客震撼，并为之神往。

引爆点

《纽约客》专栏作家马尔科姆·格拉德威尔的《引爆点》曾经是所有商业营销人士的案头书,一时洛阳纸贵。这本书揭开了商业世界最吸引人的秘密之一——"产品是如何变得流行的"。

《引爆点》的英文原名叫tipping point,也称为临界点、翻转点。格拉德威尔认为,我们的世界看上去坚固无比,但其实,只要你找到那个点,轻轻一碰,这个世界就开始动起来了。思想、行为、信息以及产品常常会像传染病一样迅速传播,正如一个新冠病人能引爆整个城市的疫情,几个涂鸦爱好者能在地铁掀起一场犯罪浪潮,某个大V的一条点评能让一个商品迅速走红等。这些似乎毫不起眼的点,就是临界点、翻转点。

格拉德威尔总结出流行潮爆发的三法则,"个别人物法则""附着力因素法则"和"环境威力法则"。[1]事物传播的主体是人,但并非所有人都能高效地扩散信息,"个别人物法则"是指那些有能力高效扩散信息且引爆流行的人,他们分别是"联系员""内行"和"推销员"。明星、网红、大V等拥有海量粉丝的人当然算是"个别人物",他们是超级链接中心,是所谓的"联系员";生活中还存在一些了解产品、事物或信息的"内行",犹如我们生活中的意见领袖或专家,因为懂行,所以人们愿意相信他们的建议;"推销员"是那些善于说服他人,传播信息具有感染力的人,他们也有可能是流行引爆的关键点。"附着力因素法则"简而言

---

[1] 马尔科姆·格拉德威尔:《引爆点》,中信出版社2014年版,第6页。

之，就是被传播的信息应该是被容易注意的与记忆的，有些话很容易"左耳进右耳出"，而有些则过耳不忘，再好的东西如果不能搭上传播的利箭，也很难流行起来。最后是"环境威力法则"，流行的趋势需要一个适当的温床，当环境条件成熟，风潮自然就很容易形成。

格拉德威尔《引爆点》成书于2006年，那还是一个PC端占据主流的时代，移动互联网的成熟期还要在6～7年之后，而短视频的爆发则还要等上10年。格拉德威尔的观点并非过时了，他只是没想到若干年之后，流行潮的引爆源头将被彻底压缩，并转移到移动互联网端口。

"联系员"们还在，只是他们变成了各路粉丝众多的网红和微博大V，吴晓波等"内行"们纷纷开设知识付费栏目，李佳琦和董宇辉们变成了最受欢迎的"推销员"；抖音、快手等短视频成了流行爆发最好的温床，还有那些让人过耳不忘的抖音神曲与层出不穷的"梗"，让信息传播的速度丝毫不亚于病毒。

这种变化并不让人惊奇，我们大可从信息获取的渠道变化窥见一斑。移动互联网时代，人们通过手机、Pad和PC端获取信息的比重已经超过七成，而只有三成的信息还依赖电视、纸媒等传统媒体。商业性广告的投放则进一步印证了这种变化。中国社科院的一则报告披露，早在2015年，中国互联网媒体广告收入就超过了电视、报纸、电台和杂志四类传统媒体广告收入的总和。互联网媒体变成真正的主导，越来越多的报纸、电视台和纸质杂志正在消失，传统媒体走向衰落不可避免。

网络走红，并非像少数人心中的误读——只是某种小众现象。随着网络成为大众媒体的核心主导，网红也就意味着在覆盖面最大、传播速度最快、商业能力最强的平台上走红！

后流量时代

无论是在线上还是线下，流量都是一个商品或商业空间生存的基本保障。随着移动互联网的普及，新增用户红利的逐步消失，流量的竞争变得愈发严酷。流量价格水涨船高，企业都在哀叹获客成本的高企。吴晓波在2019年的一场演讲中宣称："流量时代已经结束！"他举例，2016年淘宝获得一个新增用户的价格是166元，京东是142元，而新兴巨头拼多多只要10元。到了2019年，淘宝的获客成本翻了3倍到了536元，京东则翻了5倍到了757元，拼多多也要花费143元。而到了2021年，拼多多的优势也完全消失，获客成本同样达到了578元。互联网流量红利的时代似乎真的一去不复返了。

同时，我们也注意到，线下消费空间越来越依赖线上的流量导入。O2O平台大战的硝烟刚刚散尽，商户们便已发现用户的线上消费习惯已经形成。在大平台成为流量的垄断者，线上流量价格逐年高企的同时，传统的线下自然流量悄然成了鸡肋。在城市中，用户往往先在大众点评、美团等App上查找线下消费目的地，而后根据客户评价等因素决定是否前往消费。在商户端，因为有线上客户的导入，许多业态线下空间的选址也并非一定要往人流密集的位置布局；在乡村或者出行旅游层面，这种依赖性更加凸显，无论是民宿、农家乐、度假村或是各类旅游目的地，线上流量的导入成为绝对主力。总而言之，线下空间与各类商业业态对大平台流量的依赖度正变得越来越高。

网红打卡带来的新流量，或许是"流量时代"的最后一波红利了。网红打卡地的火爆，不仅给自身带来了巨大的消费流量——这些流量往往充足且价格低廉，同时也能带动周边项目乃至区域的发展。"古根海姆效应"可以说是前网红时代"流量引爆"的一个经典案例——网红博物馆带来的巨大游客流量，不仅让自身获得了营利能力，而且使得整个城市和区域获得了额外的红利。

在流量愈发昂贵的"后流量时代"，网红打卡地现象开创了一个新的流量风口，这些流量充足而便宜，它所促发的巨大商业及综合性红利，不得不让我们对其加以重视。

网红重庆的机遇

山城重庆便是流量引爆的一个经典案例。

2019年，抖音、头条与清华大学国家形象传播研究中心联合发布的《短视频与城市形象白皮书》显示，在城市形象热门视频TOP100的榜单中，重庆一马当先，共有21条视频上榜，成都、西安各有10条位居第二，重庆成为中国当之无愧的网红第一城。"10条抖音、9个重庆"，重庆的网红已经有若干个年头了，从2017年开始，关于重庆的各类短视频便刷爆了抖音平台，"8D城市""轻轨穿楼""洪崖洞千与千寻"等变得家喻户晓。

不出意料，网红给重庆旅游带来了巨大的流量红利。2017年，重庆旅游接待游客5.4亿人次，旅游总收入3 300亿元，同比分别增长了20.3%和25.1%；2018年，两个数值的增长率分别是10.1%和31.2%；2019年，山城旅游增长依旧迅猛，全年接待境内外游客6.57亿人次，实现总收入5 734亿元，同比分别增长10%

洪崖洞景区与宫崎骏电影《千与千寻》中的"油屋"意外撞脸。在现代化的钢筋水泥森林中，完全异质的洪崖洞犹如锲入日常城市的一座魔幻堡垒，不仅暗合了短视频的线上传播规律，而且给线下游客提供了一次超越日常的独异体验。

和32%。重庆的3年网红履历，使其旅游接待人数将上海、北京、广州、杭州等传统旅游大市远远地甩在了身后，排名第二的上海2019年接待人数只有重庆的57%；重庆的旅游总收入也一跃从众多城市中脱颖而出，超越了上海、广州等地，名列全国第二，仅微微落后于北京。

"去重庆打卡"变成了前两年旅游界最热门的事。从各大媒体及旅游平台的数据来看，重庆旅游呈现出两个特点：一是网红打卡地经济飞速发展；二是旅游客群年轻化，"80后""90后"占比超过六成；①网红打卡地的火爆给重庆的发展带来了巨大的流量机遇，但重庆能否抓住机遇并很好地将流量转换成发展的动力，这就考验城市决策者的智慧。学界不乏对此现象的冷思考，包括外地游客对网红打卡点的青睐使得流量主要集中在渝中半岛等少数区域，其他片区能否同样获益；旅游的火爆能否带动相关产品的热卖，甚至带动特色产业的发展。除此之外，重庆能否借此提升自身形象，促进产业转型升级，全面增强城市综合竞争力与对人才的吸引力等，都是一些值得继续深入探讨的问题。

重庆"8D城市"的地标：穿楼而过的李子坝轻轨。只有在属于未来的赛博朋克世界中存在，这种超越日常的体验无疑能激发年轻人打卡分享的动力。

① 黄丹、高桂鸿、王入仪：《重庆如何从"网红城市"转变为"网红乘势"》，《环渤海经济瞭望》2020年第7期。

一家偶得的民宿引爆了一个古村落的旅游，一个不经意间落地的乡村书店带火了一个偏远的山村，一条彩虹公路直接引爆了一个县级市的全域旅游，一座酷炫的博物馆给一个游客稀少的新区带来了全新的活力……这样的网红引爆案例正在变得不可胜数，愈来愈多。

很多城市决策者都存有这样的误读：网红打卡地的走红是偶然的，流量的爆发也是暂时现象，因此也无须借此做进一步的工作。然而，毕尔巴鄂"古根海姆效应"也许可以给到他们些许启发。如今的毕尔巴鄂，已经成长为一个以专业服务、信息通信技术、商业旅游业以及快速增长的创意产业为主的创意城市。古根海姆所引发的流行效应，让这个曾经灰暗的工业港口城市变成了一座时尚而又充满魅力的秀场，城市形象得到改善，各类资源吸引力和综合竞争力大大提升。

然而，这一结果并非理所当然，更非一日之功。城市决策者需要做的是，当网红的流量红利到来时，把握住机会，配合一系列的经济和政策行动，正如毕尔巴鄂在此之后长期在基础设施、观光旅游及文化创意经济等方面的投入一样。

没有流量的时候，我们创造网红以制造流量，当流量来到时，我们更不能错过机会。流量是难得之机遇，流量也在变得日益昂贵。网红是引爆点，是新的流量入口，通过网红项目带动一个片区或是城市的发展，业已成为新的模式路径。

媒介、视觉景观与消费社会

在今天资本主义的抽象系统中,比商品实际的使用价值更重要的是它的华丽外观和展示性景观存在。

——法国哲学家、现代社会思想家让·鲍德里亚

2021年3月,时隔12年之后,3D科幻大片《阿凡达》在国内各大院线重映了。首个周末,影片便出人意料地击败众多对手,以1.36亿美元收获票房桂冠,同时凭借全球累计票房28.02亿美元,重新超越对手,再度回到全球影史票房第一的位置。

回首12年前,这部由詹姆斯·卡梅伦指导的神作首次在全球公映,一时万人空巷。作为全球首部3D电影,《阿凡达》从一开始便吊足了全球影迷的胃口。笔者还记得2009年观影《阿凡达》的经历,那还是在巴黎香街的一家电影院里,售票员递给我一副厚厚的分量不轻的3D眼镜。那天恢宏的特效场面给我留下了深刻的印象,但动作戏部分却有晕、晃和重影的感受,这也是大多数观影者的共同体验。然而,这丝毫没有阻碍影迷们对3D《阿凡达》的狂热,影片仅仅上映41天便打破了此前由《泰坦尼克号》所保持

的全球影史票房纪录,这一纪录更是在此后的10年间无人能够打破。作为新视觉技术的首个吃螃蟹者,3D《阿凡达》此后引领了好莱坞科幻大片的拍摄模式,直到近年,新上映的科幻大片都还在采用3D技术。

科学研究显示,视觉是人类从外部世界获取信息的第一渠道。相比于触觉、嗅觉、听觉、味觉等其他感知方式,80%的外部信息由视觉直接获取。美国心理学家艾伯特·梅瑞宾的调查显示,人与人面对面沟通,一条话语信息的传递效果中,语言发挥的作用居然要低于非语言部分。梅瑞宾法则指出,两方沟通的理解效果=语言(7%)+语调(38%)+表情(55%),也就是说一句话能否传递得当,表情构成的视觉部分而非语言本身起到了决定效果。

AR[①]、VR[②]、MR[③]等视觉新技术是继3D之后,视觉产业革命的新发展方向。最近引发全民讨论的元宇宙概念,更是这些技术的集大成应用。元宇宙是利用科技手段进行链接与创造,与现实世界映射和交互的虚拟世界,具备新型社会体系的数字生活空间,[④]其本质是对现实世界的虚拟化和数字化过程。元宇宙思想的源头可以追溯至美国计算机专家弗诺·文奇教授在1981年出版的小说《真名实姓》,小说创造性地构建了一个可以通过脑机接口进入并获得感官体验的虚拟世界,后来的《黑客帝国》等好莱坞影片均受到了元宇宙思想的影响。元宇宙的实现路径离不开以视觉

---

① AR,增强现实,看到的场景和人物一部分是真一部分是假,是把虚拟的信息带入现实世界中。
② VR,虚拟现实,看到的场景和人物都是假的,是把你的意识带入一个虚拟的世界。
③ MR,混合现实,AR和VR的结合。
④ 参见百度百科"元宇宙"。

为主导的新技术运用，其中核心的代表还是VR技术。未来的用户将通过佩戴更简便、更舒适的VR头盔等设备，进入一种"万物皆备于我"的沉浸式专属场景，在元宇宙虚拟空间中，视觉、听觉、嗅觉、味觉、触觉和意识等不同形式的感知方式将被逐步开发出来。但无论如何，和现实世界一样，视觉依然会成为元宇宙中的第一信息采集方式。

视觉锤

商业世界对技术变革及产业迭代最为敏感，在为商业提供智力服务的咨询及广告行业，他们要更早地捕捉到这一趋势。

被财富杂志评选为"史上百本最佳商业经典"第一名的《定位》一书，让"定位"一词成为商业世界的共通法则。这本由艾·里斯、杰克·特劳特写作的经典破天荒地指出，抢占商业先机的本质在于抢占消费者的心智。因为后者就像滴着水的海绵，容量是极其有限的，而定位就是通过语言的方式，找到品牌在消费者心目中的位置。《定位》一书建立在"人的心智空间是有限的"这一科学判断之上，其结果也经受住了实践的考验。1973年，心理学教授莱昂内尔·斯坦丁做了一项调查研究——他让研究对象在5天之内看了1万张图片，而每张图片的展示时间仅有5秒钟。让他惊奇的是，研究对象几乎都能记起70%的图片。艾·里斯对这个实验饶有兴趣，他反问自己，如果这1万张图片变成了1万条广告口号，人们还能记住多少呢？视觉相比于语言，具有天然的优势。艾·里斯的女儿劳拉·里斯基于这个科学判断提出了"视觉锤"的概念，她在父亲的理论之上进一步完善，并提出定位的目标是要把一个概念植入消费者的心智中，最好的方法不是依靠文字，而是依靠具有情感诉求的视觉。

在《视觉锤——视觉时代的定位之道》一书中，劳拉·里斯认为，我们身处视觉时代，但如何利用视觉形象将品牌和定位打入消费者心智，市场还缺少相关的研究与理论。她提出产品不仅应该在形状、颜色、包装等功能特性上有意识地发挥出视觉锤的作用，还应该在创始人、动物人格化、名人代言等层面以一种看得见的视觉方式来体现品牌的表现力，形成品牌的视觉锤。她坚持认为人的天性往往更愿意接受看到的，但本能地怀疑或者抵触听到的，视觉图像要比文字语言更亲近人的天性，也更能产生情感反应。总之，视觉将更容易帮助消费者制定购物决策。

视觉构成了消费者信息接收的主要渠道，如果不能在视觉上成功吸引消费者的注意力，品牌就失去了绝大部分成功的机会。营销学中的爱达法则（AIDA）认为，消费者购买行为由4个过程构成，Attention—Interest—Desire—Action，而吸引注意力是第一过程。劳拉·里斯举例怪兽能量饮料就是一个典型的视觉锤案例。M形的爪印简洁有效地传递出了"力量"和"危险"的信息，消费者很容易就在众多同质化的饮料中看见它并记住它。她总结道，"怪兽能成为能量饮料市场的第二大品牌，相当程度上要归功于这个夺人眼球的视觉锤。"

景观社会

哲学家们永远走在思想世界的最前端。半个世纪之前，法国马克思主义理论家居伊·德波便指出，我们已经深处以景观而非物质为基础的社会控制系统之中了。

如何理解居伊·德波呢？那得从马克思开始，我们对马克思的商品拜物教理论并不陌生。马克思在《资本论》中描述道，"在以私有制为基础的资本主义商品经济活动中，人与人之间的真实关系被物与物的关系所掩盖。商品具有了神秘的力量，反过来控制了商品生产者，并为其所崇拜和迷信。"居伊·德波在20世纪60年代出版的《景观社会》一书中则提出——景观已经替代了商品，成为资本主义操控大众的新手段。他宣告，马克思所面对的资本主义物化时代已经过渡到一个视觉表象化篡位为社会本体基础的颠倒世界，或者说过渡到了一个"社会景观的王国"。

那么，什么又是景观社会呢？德波在书中的第一句这样写道："在现代生产条件占统治地位的各个社会中，整个社会生活显示为一种巨大的景观的积累。"[1] 如果说20世纪60年代还是景观社会的初级阶段的话，那么当下我们对德波的理论显然会有更直观的深切感受。随着互联网从文字时代到图片时代，再发展到视频时代，以视觉为导向的各种新媒体层出不穷，加上无以复加的各种传媒、广告、新技术、影像等爆发，我们随处都可以看到有意识、有目的的各种宣传、营销、表演乃至作秀，整个社会生活确确实实地显示为一种巨大的视觉性的景观的堆积。在这方面，广告的主要角色一以贯之。通过迷人的视觉画面、明星时尚生活的展示，资本将潜在的理念悄无声息的强加于大众。大众真实的需求被掩盖，而资本在背后不断创造出虚假的欲望。德波表达出他对景观社会的深层担忧，"在生活中，如果人们完全服从于景观的统治，逐

---

[1] 居伊·德波：《景观社会》，南京大学出版社2017年版，第3页。

茶卡盐湖：位于青海省海西蒙古族藏族自治州乌兰县茶卡镇境内，由于湖面结晶盐层上卤水的反射形成镜面效果，水天倒映，美不胜收，被称为"天空之镜"。作为最早走红的网红打卡地之一，茶卡盐湖呈现出一种迥异于现实世界的华丽景观。

敦煌鸣沙山月牙泉：同样作为抖音上早早走红的网红打卡地，鸣沙山月牙泉天然传递出了一种完全异质的世外体验感。沙漠的金黄与天空泉水的蓝与绿对比构筑出独异的视觉景观，极易让人产生出一种逃离现实世界的消费冲动。

步远离一切可能的切身体验,并由此越来越难以找到个人的喜好,那么这种状态无可避免地就会造成对个性的抹杀"。在他看来,景观塑造了大众虚假的需求,而将真正的主体性交给了资本、官僚、技术和政治。当人们沉溺于各种景观时,就会丧失追求生活本真性的动力,而那些掌控景观的人,则获得了控制整个社会生活的能力。

本文无意在马克思异化理论的框架下继续深究资本控制大众的问题,但景观的泛滥充斥与无所不在,确实已是一个不可否认的真实存在。而其中,网红打卡地这种以华丽景观展示为核心特征的新物种的火爆,无疑是景观社会理论框架下的一个值得关注与研究的有趣现象。

旅游凝视

《游客的凝视》一书的作者约翰·厄里认为尽管存在着嗅觉、味觉、触觉等其他体验方式,但视觉才是支配旅游体验的中心所在。事实亦如此,旅游无疑是一种极度依赖视觉系统的活动,因为旅游吸引物本身几乎都是通过视觉图像来释放吸引力的。而抖音等短视频工具的出现,则进一步强化了这种"视觉诱惑"。普通用户使用短视频,通过"假想旅游"的方式,体验全国各地乃至全世界的新奇及差异化的网红打卡地,从而寻求一种"浅表的短暂快感"。但这种"假想旅游"和"浅表的短暂快感"并非终点,它将反过来刺激用户进一步到真实的现场进行深度体验,从而完成二次消费。

在这个过程中,短视频工具凭借其在视觉传达方面的先天优势,超越图片与文字,成为制造网红打卡地的第一场域。而各类网红打卡地要在众多竞争对手中脱颖而出,就必然要在视觉景观的塑造与传递层面展现出优势与独异性。因此,我们不难观察到,更为纯净甚至鲜艳的色彩,更为独特甚至扭曲的造型,更为新奇甚至梦幻的场景等,正成为各类网红打卡地的标准配置。

约翰·厄里在其著作《游客的凝视》一书中指出,人类是通过差异性来建构"旅游凝视"[①]的,正因为这种差异性而吸引人们亲临现场凝视,从而有限度地摆脱例行事务和日常活动,获得极大的快乐。简单地说,旅游是人们对异己生活的一种追求,而各种媒介尤其是日益主导日常生活的短视频正在史无前例地强化这种差异性。

当然,网红打卡地并非仅仅只是某种"视觉捕获"而已,笔者将在后续篇章作深入解读,很多对于网红打卡地的批评(认为网红打卡地只是肤浅的视觉炫耀)也往往错误地集中在这一点上。正如约翰·厄里在《游客的凝视》一书中指出的那样,旅游凝视具有"符号性",即旅游是一个收集符号的过程。因此"旅游凝视"是游客与景点的某种互动,并最终将景点所拥有的意义与符号进行再生产与消费的过程。所以,我们也看见各种历史类、文化类、知识类、艺术类的空间地方成为网红打卡地,正是因为它们在视觉诱惑之外,还拥有深度的符号性。

消费社会

我们身处一个以GDP增长为核心要义的社会之中。物质消

---

① 约翰·厄里将福柯的"医学凝视"理论引入旅游研究的范畴中,构建出现代观光旅游的理论基础"旅游凝视"理论。

费的增长代表了社会的发展与进步,这种观点已经悄无声息地被灌输到每一个人的认知之中。在GDP的三驾马车——消费、投资与进出口之中,又以消费为王,特别是在发达经济体之中,这种规律尤为明显,越是经济发达的国家,消费所占的比重越高。2021年,我国消费GDP占比达到了65.4%,已经接近发达国家的平均水平。

2020年北京网红打卡地的评选活动,我们就见到了消费刺激的身影。作为北京消费季中的一个重要活动,首届北京网红打卡地的评选目的就在于"繁荣首店首发经济,培育发展一批网红打卡新地标,满足年轻时尚消费需求"。在北京出台的指导消费季的政策文件《关于加快培育壮大新业态新模式促进北京经济高质量发展的若干意见》中,更是明确指出"加强消费产品和服务标准体系建设,完善促进消费的体制机制,切实增强消费对经济发展的基础性作用"。网红打卡地评选活动的意义即在于打造"北京文旅消费新指南",以展现首都的城市新面貌、古都新风尚、时尚新地标和消费新场景。

从他的两位老师居伊·德波和亨利·列斐伏尔那得到启发,法国人让·鲍德里亚开始研究社会中俯拾皆是的主导性消费现象。他深受居伊·德波关于商品和景观关系论断的影响——"在今天资本主义的抽象系统中,比商品的实际使用价值更重要的是它的华丽外观和展示性景观存在。"[1]由此,鲍德里亚敏锐地发现了现代社会隐藏在视觉景观背后的核心密码——消费。在其著名的《消费社会》一书中,鲍德里亚断言,"我们处在消费控制着整个生

---

[1] 让·鲍德里亚:《消费社会》,南京大学出版社2014年版,代译序第4页。

活的境地。"

《消费社会》一书揭开了现代社会的核心本质——消费为王。消费把一切纳入其中,消费自身成为现代社会唯一的神话。我们不难认同这样的观点。和以往物质贫瘠的年代相比,现代社会是一个从未有过的商品丰盛的年代,我们不得不正视这个现实——我们的生产能力是过剩的。因此消费的能力,直接决定了生产的机器能否运转,运转多少。更为重要的,鲍德里亚的重大贡献在于,他发现了消费的符号象征。也就是说,商品本身变成了符号,它的使用价值已经大大的弱化,让位于它所能代表的符号意义——往往指的是社会地位。"我能买得起LV、香奈儿等奢侈品。"意味着通过商品品牌的凸状符号意义,让自己进入一个处于较高社会地位的团体之中。[1]简单地说,人们购买物品已经不是出于使用价值的考虑,而更多是出于物品所代表的符号价值。

> 橱窗、广告、生产的商号和商标在这里起着主要作用,并强加了一种一致的集体观念,好似一条链子、一个几乎无法分离的整体,它们不再是一串简单的商品,而是一串意义,因为它们相互暗示着更复杂的高档商品,并使消费者产生一系列更为复杂的动机。[2]

鲍德里亚从他的恩师那里找到了刺激消费、制造消费的隐藏秘密——"通过华丽的、令人炫目的凸状性展示,商品在高超的美

---

[1] 让·鲍德里亚:《消费社会》,南京大学出版社2014年版,代译序第10页。
[2] 让·鲍德里亚:《消费社会》,南京大学出版社2014年版,第3页。

学和心理学技艺的结构化广告中,在昭示着地位和成功的品牌诱惑之下,生成了德波所讲的炫耀式的景观表象对人的深层心理筑模的下意识统治和支配。"[1]

人们对美学与颜值的渴求,对视觉享受的欲望,比任何一个时代都要强烈。随着中产阶层的崛起与持续扩大,这种欲望已经从精英阶层的少数人弥散扩张至更为广大的群体之中。

美学与颜值所代表的景观性展示构成了重要的竞争优势,且这种优势的权重变得越来越高。在一个物质并不丰沛乃至匮乏的年代,商品功能的满足是第一位的,一旦进入过剩时期,品牌的推广广告就变成消费者选择商品的第一影响因子。而以视觉形象出现的广告必然会极端重视商品的美学与颜值的呈现效果,这也是为什么同样拥有高颜值的明星们受到广告青睐的核心原因。明星们的选择不仅在于给到消费者一个信用保障,更在于将明星的高颜值与商品的颜值进行移花接木的心理暗示。

各类设计人才的蓬勃使得美学与颜值有了实实在在的技术支撑,包括建筑设计、平面设计、工业设计等各类设计领域的人才正遍地开花。这种现象让人想起我们的邻国日本。要知道,在20世纪60年代,日本曾和20年前的中国一样,也被称为山寨之国。但20世纪七八十年代之后,随着日本迈入后工业社会,服务业成为社会主导产业,继而催生出大量的关于设计的行业需求,与此同时,日本高校也应运培养出了大量的专业人才。原研哉、三宅一生、山本耀司、川久保玲以及建筑界的安藤忠雄、黑川纪章、隈研吾

---

[1] 让·鲍德里亚:《消费社会》,南京大学出版社2014年版,代译序第6页。

等人,不仅在日本国内,更是在国际上广有声誉。我们不妨把日本设计行业的高光看作是中国设计力量的一个可借鉴样本,笔者相信,中国设计在未来二三十年将取得比日本更高的成就。

除了商品货物与城市建筑空间的设计师们,绘画家、书法家、雕塑家、手工艺术家、摄影师、音乐家、灯光师等其他门类的艺术家,也在通过各种方式广泛地参与到线下空间的营造中来。我们注意到很多商业空间的设计者不再局限于科班出身的建筑师,画家、雕塑家、灯光师等开始参与其中——许多以场景取胜的网红打卡地,其所呈现出来的视觉景观效果往往依赖于不同专业出身的艺术家们。

4G的来临,让移动互联网从图文主宰的时代迅速转向了短视频的怀抱,而短视频正是网红打卡地之所以能生根发芽的孕育土壤所在。艾瑞网2020年4月的用户调查数据显示,互联网用户在过去接触过的众多内容形式中,短视频位列首位,而短视频的霸主抖音2020年日活跃用户更是轻松突破了6亿人。如果说图文时代微博和推特的出现让资讯和信息碎片化,那么抖音等短视频工具则让这种碎片化叠加上了娱乐化。相较于传统的图文形式,短视频画声结合,娱乐性更强,信息接收体验度更好,也更易于分享扩散。

抖音等短视频软件正在占据并控制大多数网民的日常生活。中国互联网络信息中心的一份统计报告显示,2021年我国短视频用户规模达到了8.88亿人,占全部网民的87.8%,人均单日观看短视频的时间超过2小时,几乎占据了一个人工作之余的大部分闲暇时间。[①]

[①] 参见中国互联网络信息中心(CNNIC)《中国互联网络发展状况统计报告》。

法国思想大师、"日常生活批判理论之父"亨利·列斐伏尔是最早关注到媒介渗透并控制日常生活现象的哲学家。他认为，通过媒介，资本主义塑造出了参差性的价值序列，也建立起时尚、流行等引诱性的作用机制，进而牢牢地把握住了大众的心理，建构起一种全新的消费导向的意识形态结构。[1]列斐伏尔所言并没有过时，抖音这个当下最大的媒介，正在成为中国网络时尚与流行制造的第一场域。

　　列斐伏尔的思想直接影响启发了居伊·德波情境主义"景观社会"理论的出现——现代世界的本质是由一个景观构成的伪世界占据了真实世界的世界，在景观对生活无处不在的渗透中，人们的日常生活被深层次地卷入现代资本主义运作体系之中。[2]

　　短视频相比于图文，对视觉与景观呈现的效果无疑更具优势。具备更高颜值与景观展示性的短视频，也无疑更符合信息分享传播的规律。网红打卡地正是以其华丽的外观，与夺人眼球的展示性景观，率先成为短视频媒介王国中的第一波走红者，并最终将大众吸引至消费主义的狂欢中去。

---

[1] 李泓江：《迈向日常生活的传播学——论列斐伏尔思想中的媒介向度》，《首都示范大学学报》2021年第6期。
[2] 居伊·德波：《景观社会》，南京大学出版社2006年版，第10页。

未来消费群像

"90后"等年轻群体爱记录、爱分享的特性,为网红打卡地的诞生提供了基础。

——小红书

1996年出生的小韩是个湖南女孩,她在上海的一家建筑设计事务所上班。"985"大学毕业的她已经在这家事务所干了3年了,税后工资在1.2万元左右。尽管这个薪资水平不算太高,但她仍然选择将大部分收入消费在租房上。她在法租界的愚园路租下了一套一室一厅的老公房,每月的租金是7 800元。愚园路是上海历史建筑与人文资源荟萃的一条老街,漫步其上,历史建筑鳞次栉比,文艺气息浓郁,这里是文艺青年们最爱打卡的魔都老街之一。同样的租房面积,愚园路所在长宁区的平均租金可能只要五六千元,但小韩依然选择在愚园路租下这套装修精良但价格不菲的老公房。

对于很多"70后",甚至是"80后"来说,花费60%的薪资来租房似乎有点疯狂,让人匪夷所思。但小韩有她自己的逻辑——"没有完美的居所,就无法安放灵魂,只有惬意舒适,让人精神愉悦

MIXPACE：愚园路口的网红打卡地（予舍予筑作品）。

的居所,才让人拥有面对未来的勇气。"

　　这是一套上了年纪的老公房,但内部装饰却舒适而新潮。家具品牌是梵几客厅,国内独立家具的先锋代表,质朴低调,处处流露出中式的禅意,深受年轻人的喜爱。戴森的吸尘器、700Bike的复古单车、柳宗理的煎锅,还有好白商店里买来的各式餐具和瓷器……所有的品牌都是小韩精挑细选的结果。

　　小韩养了一只猫,她给它取了一个可爱的名字"高小球"。她在马路边捡到的它,当时它蜷作一团饥肠辘辘,小韩想到自己的孤单境遇,于是把它抱回了家。她给它洗澡,买进口猫粮和罐头,还搭了一个可爱的小窝。从此,她可以跟催她结婚的妈妈说,她并不是一个人住了。

　　阳光从布满绿植的窗外懒洋洋地爬进来,空气里弥漫着木质香薰的气味,这里是单身贵族小韩的温暖港湾。当疲惫的她从一天的工作中返家时,就能够油然生出满满的舒适感,她在这里满血复活,准备迎接第二天的挑战。

　　平时都要加班,每天都是很晚到家,只有周末的时间是属于自己的。小韩最喜欢逛的地方是上生新所创意园,步行只要15分钟就能到,那是上海最洋气的新晋网红打卡地。

　　上生新所,地处有着"上海第一花园马路"之称的新华路历史风貌区。园区内有邬达克设计的孙科别墅、近百年历史的哥伦比亚乡村俱乐部、海军俱乐部等3处历史建筑,还有11栋改造一新的现代工业建筑,整体风貌别具一格。

　　海军俱乐部的游泳池是上生新所的视觉锤,网红头牌,为数不多地保留了英制马赛克贴面的户外泳池。走近泳池,你很容易联想到那些文艺气十足的老电影。恍惚之间,法国电影《游泳池》里帅气的阿兰·德龙仿佛就站在对面，他朝你微微一笑，脱下衬衫，露出性感的身材，然后一跃入水。这种糅合着历史、文艺与时尚的穿越感让小韩满足。泳池边的水岸回廊被改造成提供咖啡甜点的休闲餐饮小铺，在周末下午的暖阳里，点上一杯甜蜜的焦糖玛奇朵和一小块蒂凡尼蛋糕，对着碧蓝的泳池发上一会呆，浪费一点慵懒的时光在美好的事物上，难道还有比这更奢侈的事情吗？

　　日本网红书店茑屋书店将它的上海首店定在了拥有96年历史的哥伦比亚乡村俱乐部。为什么要选择上生新所，茑屋书店的宣传语里是这么说的："以记录和延续历史文脉为主轴，用博物馆般的场景设计赋予阅读仪式感，唤醒你的感性思维和想象。"在这栋西班牙巴洛克风格的历史建筑里，红砖地板、柯林斯柱，还有厚重的欧式壁炉都以原样的方式得以保留与呈现。如果说书店是小韩周末的标配，那么茑屋则是书店中的奢侈品。她热爱赖在茑屋书店里的感觉，她将它比作是行走在博物馆之内，古典的历史空间与精美装帧的现代图书在这里相遇，凝滞的时间上流动着艺术的乐章。她深呼一口气，带着一双发现美的眼睛和一颗敏感的心脏，在这里寻找她感性的美学乐园与精神栖居地。

　　除了上生新所，小韩还爱逛北外滩的绿丘，那里的滨江风景是最好的。她常去徐汇滨江，那里有Manner咖啡的网红店，还有龙美术馆和油罐艺术中心，她选择民生码头的8万吨筒仓艺术中心看展，那里有最前沿的艺术展。她偶尔也去虹口沙泾路的1933老场坊，那里阴森的气息还有错综复杂的内部格局，是别具一格的拍照圣地。她每周都要去武康路大楼下面的甜点店吃法棍，那家店的面粉是地道的法国货……偶尔，小韩也会约上三两闺蜜，到上海的周边或是更远的城市来个微度假，在洋气的莫干山民宿里呼吸

海军俱乐部泳池：上生新所最大的网红"视觉锤"。

一下新鲜的山林空气，或者去长沙，体验一下超级文和友全世界最大的龙虾馆……

如果你要问，小韩是怎么知道这么多网红打卡地的，答案是小红书。小红书是她最爱的App，即使是睡前，她也要刷上一会。她的微旅游目的地几乎都是从小红书里得到的。这个注册用户数已经突破3亿，月活跃用户过亿的App，旨在为年轻人提供一个美好生活的分享空间，用户可以通过短视频、图文等方式记录生活点滴,分享生活方式。数据统计,小红书70%的用户是"90后",在小红书创始人看来,"90后"等年轻群体爱记录、爱分享的群体特征,为网红打卡地的诞生提供了基础。

"90后"群体肖像

"青年志"是一家长期关注中国年轻消费群体的市场营销咨询机构,曾为耐克、可口可乐、宝马、阿里巴巴和华为等提供基于年轻人的品牌策略咨询。青年志犀利地指出,"中国社会的个体化"是理解年轻人的关键视野所在。它在《游牧:年轻人的消费新逻辑》一书中将中国社会的个体化与欧美社会进行了有趣的对比:欧美社会的个体化经历了三大进程,从19世纪工业革命之后的以民族国家、大型官僚组织和核心家庭为核心制度的第一阶段,到20世纪60年代之后,以全球化与个体高度流动为代表的第二阶段,再到2000年以后网络化给个体的高度赋权以及随之出现的全新社群组织方式为代表的第三阶段。相映成趣的是,中国社会的个体化进程更为压缩与混杂,如同中国用了30年完成了欧美200年现代化进程一样,中国个体化进程的最大特点是欧美三阶段的压缩——"工业化现代性、流动性现代性与网络化现代性三者的共同积压。"[①]青年志将中国个体化的视角投射到了中国三代年轻人之上,他们分别是"个体化萌芽"的"80后","个体化崛起"的"90后",还有"个体化演进"的"95后""00后"。

[①] 青年志:《游牧:年轻人的消费新逻辑》,中国发展出版社2018年版,第6页。

"90后"是个体崛起的一代人。他们从小便拥有更好的物质条件,但也看到了随之而来的前所未有的风险,大学扩招、就业困难、996、房价上天、育儿成本高企、独生子女的养老压力等。他们是互联网的原住民,社交媒体与移动互联网潜移默化地影响着他们的群体面貌。相比较"80后""70后",他们的个体化特征更为明显。

第一,品质生活,守护日常。和"80后"相比,"90后"的父辈们有着更为殷实的财富积累,所以他们幸运地拥有更好的物质条件,也自然拥有更大的消费欲望。他们不屑于向未来妥协,追求一种当下的及时的生活品质,正如花上工资的60%用来租房的小韩并不是这一代人中的特例一样,他们渴望一种有闲暇、有惊喜、偶尔有奢侈的生活。网络流行词"隐形贫困人口"也许就是对他们最好的形容——"所谓'隐形贫困人口',大部分人月收入1万多元,但在护肤、穿衣、饮食上毫不吝啬。穿着3 000元的西装,敷着100元一片的面膜,吃着来自智利的最顶尖的葡萄,租着1万元带落地窗的大房子。所谓'隐形贫困人口',更多是自我消费不节制所造成的——不是没有钱,只是花得多而已。"[①]

第二,深度自我,兴趣驱动。这是个体崛起的一代人,"90后"以有个性为荣,不是表面的个性炫酷,而是追求一种深度的自我,希望能找到自己的兴趣所在,并以此驱动自我人生。相比而言,"80后"对挖掘自我兴趣和天赋的需求,远没有"90后"来得强烈。对于"80后"来说,工作更多是为谋生而考虑,而非天赋与兴趣的匹配。"90后"向往的生活,是认识自己,知道自己想要什么,并且

---

① 参见百度百科"隐形贫困人口"。

去实现它，因为他们相信一旦发现了兴趣，就发现了内心的动力和快乐的来源。例如，"90后"羡慕的一类对象不是成功学里的大人物，而是身边同伴中的所谓"大神"。"大神"们不一定富有，但他们做自己喜欢做的事，而且做得超乎常人。"90后"对这个世界拥有自己的看法，他们是独立清醒的，而非人云亦云。

第三，独而不孤，社群认同。"90后"是互联网的原住民，他们天然地更容易触达到更多的人，但孤独也是他们提及最多的话题之一。"90后"的"独"在于保持自己的想法，维护个人空间，不屑于"戴面具"，因此他们更愿意沉浸在自己的世界里，就如村上春树所说的那样，"哪有人喜欢孤独，不过是不喜欢失望罢了。"互联网给了"90后"新的交友渠道，他们在线上寻找自己的同类，获得归属感与认同感，从而构建自己的精神家园。物以类聚，人以群分，互联网无疑进一步放大了这个规律，从而催生出新的经济形态"社群经济"——互联网时代一群有共同兴趣、认知、价值观的用户抱团，发生群峰效应，在一起互动、交流、协作、感染，对产品品牌本身产生反哺的价值关系。①

青年志惊呼，"这是自我意识前所未有强烈的一代。""新的个体向往、具体的生活、自我与社交形态，正在基于网络化的社会、商业和文化底层新设施的成熟，演变为全新的形态。"②诚如斯言，中国"90后"的人口规模有1.8亿人左右，大概占总人口比重的13%～14%，但他们却是中国互联网的第一大用户群体，占比28%，而且构成了中国消费市场的第一梯队。著名数据分析

---

① 参见百度百科"社群经济"。
② 青年志：《游牧：年轻人的消费新逻辑》，中国发展出版社2018年版，序言第1页。

公司尼尔森的研究显示,在消费意愿方面,"90后"以63点,高于"80后"(60点)、"70后"(54点)、"60后"(54点)等其他年龄段群体。[①]携程网《2019国民旅游消费报告》指出,"90后"已经悄悄超越"80后"成为出行游客的第一梯队,他们的占比达到36%,超过占比35%的"80后"。京东、淘宝等互联网平台也纷纷佐证,"90后"已成为它们的第一消费主力。

Z世代

在欧美市场营销界,"80后"以及1995年之前出生的"90后"被统称为"千禧一代",而1996年到2010年之前出生的一代人则被称为"Z世代"——受互联网、智能手机和平板电脑等科技产物影响最大的一代人。

和千禧一代相比,Z世代的社交更依赖互联网。社交平台已经成为他们日常生活不可缺少的一部分,在他们眼里,智能设备不是生产力的巨大变革,而是与家人、朋友互动和娱乐的一种稀松平常的途径罢了。在这群年轻人看来"没晒图就等于没发生"。CNN曾做过一项针对13岁少年的调查,数据显示,他们每天查看社交平台超过100次。[②]研究显示,和线下社交一样,Z世代非常在意能否在社交平台上获得认可,他们渴望获"赞"。当青少年看到自己发在社交媒体上的照片收到大量"赞"后,他们脑回路中的活

[①] 《尼尔森中国消费趋势指数调查:90后成为消费主力军》,https://finance.sina.com.cn/roll/2019-01-23/doc-ihrfqzka0353403.shtml。

[②] 杰夫·弗若姆、安吉·瑞德:《Z世代营销——洞察未来一代、赢得未来市场的通用法则》,电子工业出版社2020年版,第25页。

跃区域与吃巧克力或者赌博赢钱时相同,[①]也就是说获"赞"能帮助分泌多巴胺,从而让他们产生上瘾行为。所以,这些年轻人会花大量的时间来修饰自己的朋友圈——以向他人展现自己最酷的一面。他们会对着一个场景拍无数的照片,然后选出最完美的一张上传到社交平台,他们渴望不断获得更具创造力和灵活多变的产品来帮助他们塑造自己的社交圈,所以他们总是寻找机会让别人看到自己的与众不同——去看话剧、艺术展、一次小众的旅行或者去各类网红地打卡。

在笔者看来,Z世代是"90后"个体崛起的一种天然延续。与"90后"相比,Z世代是更为彻底的线上化的一代人。无论是娱乐、休闲、消费还是社交,他们都在互联网平台上实现。互联网不再仅仅是基础设施,更是生活环境。他们是一切网络流行走红现象的拥趸,更是创造者。

新中产

"新中产"的概念源自财经作家吴晓波2015年发表的一篇名为《去日本买只马桶盖》的文章,在那篇引起广泛讨论的网络热文中,吴晓波发现了日本智能马桶盖畅销背后涌现的一个新兴消费群体。吴晓波说,这是一个有别于传统中产阶层的高消费群体,他们是"理性消费观"的坚定用户,更愿意为新技术和新体验买单。吴晓波把这个群体称为新中产。

[①] 杰夫·弗若姆、安吉·瑞德:《Z世代营销——洞察未来一代、赢得未来市场的通用法则》,电子工业出版社2020年版,第72页。

据吴晓波的统计,新中产的基础人群由"80后"构成,占比约为54%,其次是"90后"和"70后"。新中产的平均年龄是33.7岁,年轻人"80后"和"90后"的比重高达74.7%。[①]

吴晓波从价值观、经济、职业和教育四个方面定义新中产。其中新中产的价值观颇为值得关注。和父辈们相比,新中产有着清晰的、符合当代商业美学的审美趣味,既不人云亦云,也不盲目崇洋媚外。他们更愿意将时间和金钱投到自我修养的提升上,购买更多的与体验有关的商品和服务。[②]迈入而立之年、奔向四十不惑的新中产大都已经迈入相对富足的阶段,他们的消费取向带有明显的体验性色彩——舍得花钱追求更好的服务和互动体验。新中产不再迷恋品牌,而是崇尚品牌态度,个性化的品牌更能获得青睐;他们喜爱休闲旅游,更多考虑的是品质和服务,追求格调、潮流、高科技和体验感;情感消费在消费需求中占比提升,主打情怀、情感的产品更容易获得认可;"80后"有强烈的自我增值动力,学习型的产品和服务是新中产的消费热点之一。[③]

年轻人创造了网红打卡地现象。笔者认为,以"90后"为主体,以新中产与Z世代为两翼的消费群像结构,是塑造与消费网红打卡地现象的主力群体所在。

第一,移动互联网催生新消费空间。从拥抱互联网到互联

[①] 吴晓波频道:《这个国家的新中产——新中产画像与未来商业白皮书》,中国友谊出版社2020年版,第9、16页。

[②] 吴晓波频道:《这个国家的新中产——新中产画像与未来商业白皮书》,中国友谊出版社2020年版,第9页。

[③] 吴晓波频道:《这个国家的新中产——新中产画像与未来商业白皮书》,中国友谊出版社2020年版,第228页。

原住民，从"80后"到"00后"，移动互联网渗入年轻消费群体生活的方方面面，开始对他们的社交、消费、娱乐等产生显著影响。互联网不再仅仅是生产的基础设施，更是生活的舞台与秀场。没有移动互联网就没有网红打卡地，独异化的线下空间通过这个群体以另外一种方式进入大众的日常生活。

第二，虚拟社交要求更加多元、好看、有趣的场景。虚拟社交构成了年轻人的新型社交方式，这种社交方式要求年轻人拿出更具创造力和灵活多变的产品和空间来"装饰门面"，这些空间往往好看而有趣，以达到塑造个人形象，构建具有吸引力的社交圈的目的。

第三，年轻人追求拥有更为独特的体验感的空间。无论是初步富起来的新中产，还是年轻气盛的"90后""00后"们，都在追求体验性。在物质与功能变得稀松平常之后，拥有颜值、情感、温度、刺激等精神性、体验感的商品和空间正变为新的流行所在。

笔者以为，网红打卡地现象是"90后"、Z世代和新中产这些新兴消费群体的共谋。这个群体是移动互联网时代的拥趸和原住民，他们运用互联网自发地传播和分享这些时尚而高颜值的线下空间，是基于移动互联的新型社交的本能需求，是一种对更稀有、更新奇、更深度的超越日常之体验的汲汲渴望，更是他们内在兴趣驱动的自然结果。

这个年轻群体已经悄然成为中国当下消费市场的主力，并将持续影响消费产品品牌及各类文旅线下空间的生成，捕捉到这个群体的价值观念、生活方式以及衍生出来的消费需求，将是当下和未来商旅文从业者的必修课。

社交货币与形象建构

> 社会是舞台,人人皆演员。
>
> ——美国社会学家欧文·戈夫曼

社交货币

宾夕法尼亚大学市场营销学教授乔纳·伯杰的畅销书《疯传》是一本解密传播秘密的书,曾一度是亚马逊、纽约时报等各大图书畅销榜的常客。知识付费的代表企业,拥有5 000万注册用户的樊登读书会的创始人樊登就是《疯传》的忠实拥趸。他宣称,他只是照搬了《疯传》中的做法,就在短短的时间内把企业做大做成功了。

乔纳·伯杰敏锐地注意到:"为什么某些思想几乎能够一夜流行,而另一些却石沉大海?为什么有些产品会无处不在,而另一些则无人问津?"这其中一定潜藏着某些隐秘的不为人所察觉的规律。作者经过多年的悉心研究,总结出"计一切事物疯传"的六大原则——社交货币(Social Currency)、诱因(Trigger)、情绪（Emotion）、公共性（Public）、实用价值（Practical Value）和故事（Story），英文简称为STEPPS。

六大原则之首便是社交货币（Social Currency）。什么是社交货币呢？法国社会学家皮埃尔·布尔迪厄在《社会资本论》中首次提出社交货币的概念。他将其定义为一种存在于虚拟的网络及离线的现实中所有真实的而又潜在的资源，而人们通过社交活动所产生的连锁反应则是社交货币购买到的商品。顾名思义，也就是一种能够在社交关系中发挥类似货币作用的东西。不同于常规的货币能买到商品或服务，使用社交货币能够买到的，是朋友同事还有社交对象的认可、好评和更为积极的印象。那什么能构成社交货币呢？乔纳·伯杰认为非常规事件可以增加人们的社交货币。非常规之事被认为是一种超乎想象且引人注目的事件，因为其本身新奇、惊异与刺激，所以它能够吸引人。谈论那些打破常规、卓越非凡的事件能让他人觉得你消息灵通、见识广博、富有品位，你的形象在他人眼中自然而然地就会变得优秀起来。如果事件所受的大众关注度很高，则意味着社交货币的购买力越强，事情越是引人注目，大家就越有兴趣关注它、讨论它。

无疑，网红打卡便是这样的事件。它很容易引发跟风与效仿行为，其社交货币购买力自然很强。整个过程中，社交货币不停在不同的群体之间流动——首先是几个网红发现了这样的地方空间，他们前往打卡"种草"，创造出第一波货币流；接着是他们的粉丝跟进，通过朋友圈和短视频的二次传播，地方空间的图片影像以倍数级的方式增长，货币被进一步增发；接着是粉丝的朋友圈，他们捕捉到了这些地方空间的趣味性，开始更大规模地创造并撒发货币流；最后是朋友圈的朋友圈。网红打卡地因其强大的社交货币购买能力,持续地在不同圈层不同群体之间连接与扩散,直至最终成为公共狂欢。在整个过程中,处于第一环节上的网红们的打卡是社交货币影响力最强的一个环节。因为网红的目标非常明确,即在给粉丝提供差异化内容的同时,悄无声息地构建自身的形象、地位与影响力,从而最终引导并影响粉丝的消费活动。

形象建构

网红们在建构自身形象,普通人亦是如此。

"90后"还有更为年轻的Z世代,是移动互联网的原住民。与年纪更大的一辈人相比,他们的社交空间与方式从传统的"线下一维"转向了"线上线下二维"。也就是说,线上社交同样构成他们社交方式的重要板块——在很多时候,这一维度往往比线下更为重要。不难发现,年轻的一代人本能地在各种小屏幕上社交,手机、Pad、电脑等。他们是乐于分享私人生活的一代人,从抖音等新媒体的主要玩家就可以看得出来。当年均稍大的"80后""70后"面对短视频自拍还扭扭捏捏不好意思的时候,年轻人早就跃跃欲试一马当先了。他们认真对待线上社交,如同线下社交一样,线上内容的展示同样构成了塑造自我形象的一部分。

"拍照5分钟,修图2小时"成为年轻人发朋友圈的常态,随着各类美颜App的普及,修图成为线上社交的基本技能。社会学家们认为,人们对于修图的热衷,契合了社会心理学中的一个概念"印象整饰",即通过一定的方式影响别人形成对自己的印象的过程——"个体化的社会,人们在人际交往的过程中总希望美好的东西存在,于是有了恰当的印象整饰,它是人际交往的辅助手段。

人际交往可以分为'前台'和'后台',人们希望在'前台'展现自己更加美好和整洁的一面,增加赏心悦目的成分,这也成了热衷修图的来源。"[1]同样,对于内容的呈现,年轻人也费尽心思。他们渴望寻找更稀有的、更新奇的分享内容,他们精挑细选,以体现自我价值与独特个性。一个经常秀美食打卡地的姑娘,想要向外界传递她的"吃货范儿";一个经常晒旅游打卡地的姑娘,在有意识地秀她的"诗和远方范儿";一个经常泡书店和艺术展的姑娘,往往是"文艺范儿"。网红打卡地因其高颜值与文化性,天然地符合网络社交的"印象整饰"需求,因此自然地被年轻人所青睐与追逐。

有一个互联网金句这么调侃,"人生如戏,全靠演技。"我们每个人都是人生这个不可捉摸的舞台上的演员,这是一种自觉不自觉。在表演的过程中,我们会根据舞台的情景定义,调整自我形象与姿态,以满足社会规范和他人对自我的角色期待。美国社会学家欧文·戈夫曼率先运用戏剧透视法来看待个人与社会的关系——"社会是舞台,人人皆演员。"他在其代表作《日常生活中的自我呈现》一书中认为,个体会通过印象管理的方式在日常生活中把自己及自己的行动展现给他人,进而引导和控制他人形成对自己的印象。无论是基于与外界的博弈互动,还是出于内心本性的自然驱动,个人都不可避免地将自我呈现出来,这种呈现往往是有意识的。在社交媒体上,这个规则特别明显。个人也会在虚拟社群中运用印象管理,区分辨别和定位自己的观众,通过信息分享的行为来建构他者对自身的印象。

---

[1] 《为何很多人热衷"拍照5分钟,修图2小时"?》,https://baijiahao.baidu.com/s?id=1604957492368460121&wfr=spider&for=pc。

这一代年轻人格外地热爱表演与自我呈现。哈佛大学两位神经学科学家通过实验证实,"自我表现格外让人满足,为了谈论自己,人们甚至愿意放弃金钱。"尤其在社交媒体之上,以一种戏剧化的方式呈现自己,让大多年轻人乐此不疲,这足以在他们的大脑中激发出类似多巴胺这样的愉悦性激素。

精神消费

较之普通的旅游行为,网红打卡背后的大众心理分析显然要复杂与微妙得多。

首先,这是满足自我认同的心理需求。如上述所言,网红打卡是一种虚拟舞台之上的自我呈现,契合了人类基因中根深蒂固的自我表达需求。在网红打卡过程中,个体通过印象管理,向外构建出自身想要向外传递的个体形象,从而获得隐秘的个体满足与快感。网红打卡的背景往往是一些高颜值的、充满美好意向的空间画面,表达出个体对美好生活的追求向往,这也反映出年轻人的生活态度与自我期待。同时,网红打卡所代表的时尚行为,增加了个体的社交货币,最终进一步强化了自我认同。

其次,这是寻求社会认同的心理需求。网红打卡在彰显个性的同时,也意味着对时尚行为的跟风,是一种群体趋同的表现。打卡之后获得的话语权,能让个体获得参与公共事件讨论的门票,是避免被孤立在时尚热点、集体狂欢之外的一种现实需要。

最后,这也是一种寻求独特个性体验的心理需求。和大众旅游所不同的是,网红打卡具备独特性,是个性化的体验过程,代表了一种生活情趣与仪式感,是记录生活的表现。

我们身处一个产品早已过剩的时代，从小便衣食无忧的年轻人早已对千篇一律的产品失去了兴趣，他们更热衷于挖掘更好、更独特的体验。因此，更稀有、更新奇、更深度的体验成为市场的新宠，各种文化热、艺术热、知识热、科技热和小众旅游热正成为年轻人所追逐的新生活方式。

网红打卡正是这种消费变迁的一个极好佐证。从传统的物质消费、价值消费转向体验消费、精神消费。年轻人对商品及空间的实际功用性能的需求正在弱化，相反，对商品及空间所附着之上的看不见摸不着的文化、颜值、意义、情感等精神性特征更为青睐。年轻人借助于这种新型的精神消费来表达自身的情趣品位、身份形象以及独特个性等。

法国社会学家皮埃尔·布尔迪厄、哲学家让·鲍德里亚等人都看到了这样的变化——即随着丰富的物质逐渐满足大众日常需求之后，消费系统开始转向商品的符号价值和区分的编码之上。不同的消费性趣味与审美背后，是不同阶级的符号和注脚。人们开始用趣味和审美来区分阶级，划分出一道道无形的墙，把有形的人们割裂开来。[①] 我们不难理解这样一个变化过程。在物资匮乏的年代，渴求个性的年轻人将追逐稀有商品作为标榜自我的方式，但随着物质匮乏年代的终结，年轻人开始抛弃物质消费，转向需要更高审美的精神消费，并以此建立人群区分的壁垒。

[①] 参见皮埃尔·布尔迪厄：《区分：判断力的社会批判》，商务印书馆2015年版。

社交货币与形象建构

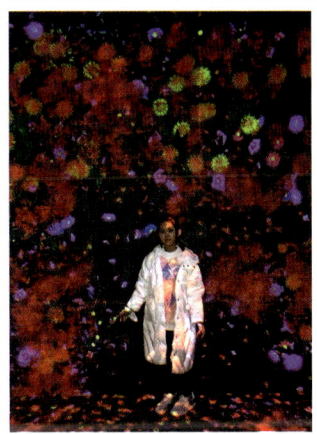

上海teamLab无界美术馆：越来越多的美术馆、艺术馆、博物馆、书店等以文化艺术为核心的商旅文空间成为网红打卡地的常规业态，其背后的逻辑是体验性消费、精神性消费正成为新的流行趋势。

独异性社会

> 在如今的社会,不论往哪个方向看,人们想要的都不再是普通,而是独特。不再把希望寄托给规范化和常规的东西,如今的机构和个人,其兴趣和努力方向都只是追求独一无二,追求独异于人。
>
> ——安德雷亚斯·莱克维茨《独异性社会:现代的结构转型》

人、货、场

用一句话来概括中西文化的差异——中国文化的思想内核是群体意识,而西方文化的思想内核是个体意识。[1]我们对这样的观点并不陌生。

千百年来,中国传统社会始终秉持"隐恶扬善、执两用中"[2]的中庸之道,因此个体主义遭受到了整个社会文化的集体压制,极端

---

[1] 易中天:《闲话中国人》,上海文艺出版社2018年版,第11页。
[2] 语出《中庸》,隐恶而扬善,执其两端,用其中于民的意思。

的个性往往都以悲剧而收场。到了近代,爱国知识分子群体将中国的落后错误地归因于文化的落后,个人与群体之争于是浮出水面。因此才有胡适对青年们说,"争你们个人的自由,便是为国家争自由!争你们自己的人格,便是为国家争人格!自由平等的国家,不是一群奴才建造得起来的!"鲁迅也大声疾呼,呼唤"个人的自大"与"独异",他在《热风》中热切地评论道,"个人的自大,就是'独异',是对庸众宣战。他们必定自己觉得思想见识高出庸众之上,又为庸众所不懂,所以愤世嫉俗。但一切新思想,多从他们来,政治上宗教上道德上的改革,也从他们发端。所以多有这'个人的自大'的国民,真是多福气!多幸运!"[1]

然而,对"独异"的执着与肯定,并非到了近代才有。早在先秦时期,老子就曾赤裸裸地自爆"顽且鄙"的独异形象。他在《道德经》中把自己描绘成一个无欲无为、疲倦闲散、愚钝暗昧的愚人形象,与他人的有志进取、纵情奔欲、智巧光耀形成了鲜明的对比。

"众人熙熙,如享太牢,如春登台。我独泊兮其未兆,如婴儿之未孩,儽儽兮若无所归。众人皆有余,而我独若遗。俗人昭昭,我独昏昏;俗人察察,我独闷闷。众人皆有以,而我独顽且鄙。我独异于人,而贵食母。"[2]

我注意到,老子的独异与通常情况下极端的个性独异并不相同,后者往往与群体利益剧烈冲突,而老子的独异始终与他人群体

---

[1] 语出鲁迅杂文集《热风·随感录三十八》。
[2] 语出《道德经》第二十章。

保持同频和谐——"人之所畏,不可不畏。"更进一步,老子中和了个体与群体的冲突,并将之看作一个浑然不分的整体——"圣人不积,既以为人,已愈有;既以与人,已愈多。天之道,利而不害,圣人之道,为而不争。"[1]利他思维是《道德经》的核心思想之一,个体与他人,个体与群体的矛盾由此从二元对立转变为互利统一。

随着中国对外开放的深入,全球化、互联网及消费主义共同网织起中国新的社会底层架构,经济、产业与就业的多样性让个体逐步从庞大而严密的社会组织结构中脱离出来,个体意识的崛起变成一股无法阻挡的洪流。特别是年轻的"80后""90后"和"Z世代"[2],强烈的个体意识成为这波人的独特标识。"80后"是最早的一批独生子女,他们也被称为"小皇帝",是中国个体意识的萌芽一代;"90后"是个体崛起的一代,更是自我意识前所未有强烈的一代;"Z世代"是网络化的一代,他们对个体独异的追求比"90后"有过之而无不及。

马克思曾言,"现实的人在本质上是自由的存在物,个体自由与人类解放是同一的历史过程,实现每个人自由而全面的发展是人类解放的出发点和归宿。"马克思的论断为个体的自由发展之路指明了方向,但我以为,中国青年人的个体独异无疑还是要回归至老子的独异思想框架之下,即这种个体独异并非是一种完全出世的或者与现实剧烈冲突的独异,它并不反对世界,也不与群体相悖,而是通过与外部的交往与互利来实现。

---

[1] 语出《道德经》第八十一章。
[2] Z世代是美国及欧洲的流行用语,意指在1995—2009年出生的人,又称网络世代、互联网世代,统指受到互联网、智能手机和平板电脑等科技产物影响很大的一代人。

标准化的货品正在快速失去吸引力。

迟到的工业化浪潮并没有阻碍中国拥有当今世界最强的工业制造能力，中国一跃而成为世界工厂，生产出巨量的各种规范化和标准化产品。今天，当我走进一家大型超市，还经常为货架上琳琅满目的熟悉不熟悉的无数品牌而感叹，要知道30年前，当我还是一个从农村走出、刚刚城镇化的少年时，路边小店货柜里商品品类的数量两只手就能数得过来。而如今的年轻人，早已习惯了数量庞大的货品陈列，他们生长在一个产能过剩的时代，能吸引他们眼光的不再是那些常规而普通，相反是拥有独异性特点的货品。这些独异性的货品，要么颜值别具一格，要么功能特立独行，要么文化深度赋值，总之，这都是一些带有"独异性体验"的产品，就如同10多年前横空出世的苹果手机，它不再是一个简单的手机，而是拥有独特体验感的手机，无论是颜值、操作便利性还是功能复合性，苹果手机都颠覆了传统手机，所以世人说，"乔布斯不是制造了一款手机，而是重新定义了手机。"拥有独异性的货品，往往也能在激烈的品牌竞争中脱颖而出，占据较大的市场份额，拥有较高的利润率。苹果手机的独异性红利虽然在日渐消失，华为等主要竞争对手正飞速弥合差距并实施超越，但美国知名市场研究机构Counterpoint Research发现2019年苹果手机依旧占据了全球手机行业总收入的32%，利润率达到惊人的66%。而那些常规的手机品牌只能挣扎在残酷的价格战泥潭之中，以争取那点日渐稀薄的市场份额。

标准化的空间正在快速失去吸引力。

商业综合体曾一度是各个城市所追逐的香饽饽，然而今天，年轻人对这些标准化的商业空间早已审美疲劳。星巴克、肯德基、优衣库,底层配条美食街,顶楼安个电影院,这些大而全的一站式服务曾经是商业综合体的最大卖点,如今却因业态雷同、品牌雷同而成为最大的硬伤。商业综合体正无法避免地日趋衰落,财经作家吴晓波断言,"未来我们将会看到很多让人恐怖的空壳式的购物中心,购物中心的拐点时刻即将到来,体验及服务型消费将全面替代物质性购物,商品的呈现会出现完全不同的场景。"①

  传统酒店正日渐衰落。数十年前,五星级酒店是普通人就业的最好职业之一,"哪怕是端个盘子,都觉得荣耀!"②上海一家五星级酒店的资深从业者这么说道。然而,如今标准化的五星级酒店身上的光环已所剩无几,差异化的精品民宿和特色酒店正取代它的位置成为新中产和高净值人群的新宠。2021年5月第一财经的一篇关于"五星级酒店转让潮"的文章,让大家重新关注这个城市住宿的过气明星,"上海豫园万丽酒店、新华联索菲特大酒店、深圳凯宾斯基酒店、佛山希尔顿欢朋酒店等都挂网出售!"③除了疫情冲击的原因外,五星级酒店吸引客户的能力确实显著下滑,标准化的配置,同质化的竞争,酒店的入住率和收益率都在下滑。相反,独异化、非标化的精品民宿正大行其道,如果你稍微留意一下携程网周末酒店的价格,就会发现精品民宿的价格早已远超五星级酒店,前者一房难求,后者问者寥寥。

---

① 《吴晓波:拐点到来 2021年会出现很多空壳式购物中心》,https://finance.sina.com.cn/hy/hyjz/2020-12-30/doc-iiznezxs9828398.shtml。
②③ 《重磅|五星级酒店集体被出售背后:盈利压力大,地产商"断臂回血"》,https://www.yicai.com/news/101059866.html。

从普适性社会到独异性社会

从人到货品,再到空间,规范的、标准的似乎正在从宝座跌落,快速失去吸引力,而独异的、非标的正大受欢迎。德国社会学家安德雷亚斯·莱克维茨窥见了这个隐秘的社会结构转型。他在《独异性社会:现代的结构转型》[1]一书开篇中这样写道:

> 在如今的社会,不论往哪个方向看,人们想要的都不再是普通,而是独特。不再把希望寄托给规范化和常规的东西,如今的机构和个人,其兴趣和努力方向都只是追求独一无二,追求独异于人。

莱克维茨观察到,典型现代社会即工业资本主义社会的结构性核心,形成于18世纪。它致力于社会所有单位的规范化、程式化和通用化。这种"现代化"彻底变革了传统农业社会,全面改造了它的社会实践、话语和制度体系,并不断赋予他们新的普适形式。[2]

现代社会的全面形式理性与普适化主要体现在三个领域:"技术的理性化""智识的理性化"和"规范的理性化"[3]。"技术的理性化"主要发生在制造业、现代农业以及城市建设中,为了提高生产

---

[1] 安德雷亚斯·莱克维茨:《独异性社会:现代的结构转型》,社会科学文献出版社2019年版。
[2] 安德雷亚斯·莱克维茨:《独异性社会:现代的结构转型》,社会科学文献出版社2019年版,第19页。
[3] 安德雷亚斯·莱克维茨:《独异性社会:现代的结构转型》,社会科学文献出版社2019年版,第23页。

效率，就必须按照规范化的流程和模式来彼此参照调整，最终生产出规范的、标准化的产品，如同以机械化、自动化、标准化为代表的"福特主义"的流水生产线一样，轻松地便能快速复制同样的货品；"智识的理性化"主要发生在自然科学领域，主要用于知识的普及。这些通用的、可以被传授和分享的知识必须可测量，自然需要被规范化和普适化；"规范的理性化"则是指调控主体间的秩序，主要体现在现代法治在社会话语体系中的发展和在国家管理中的应用。"法律面前人人平等"，法治必然要求同样的东西得到同样的对待，因此法治的规范化、程式化和普适化就变得自然而然。三股力量相互交织，合力制造着普适性的现代社会。这种普适性也让现代社会拥有了较高的可预测性、秩序和透明度。

然而，随着西方社会从工业现代社会转向晚现代社会，工业资本主义转向文化资本主义，以标准化、规范化的工业生产方式为代表的普适性社会，也随之转型为以物品和服务的全面文化化为代表的独异性社会。

莱克维茨敏锐地发现，科学技术和产业经济原本是推动工业化现代社会前进的两大核心引擎，然而，在20世纪七八十年代后，这两大引擎开始转向推动制造独异性的进程。

互联网制造独异

以互联网、数字化为代表的新兴科学技术正在系统性地制造独异品。莱克维茨认为虽然电脑最早被认为是"工业化调控理念的完善"，但事实证明，以电脑、互联网和数字化的复合体正在反过来制造独异品——"追求与众不同和关注度而不断竞争的个人形象、社交网络,从用户的数字足迹追踪,到独特的网络社群,再到有自己世界观的数字部落。"[1]

"网红"可能是互联网制造独异现象的最佳案例了。据百度百科的定义,网红即网络红人,是指在网络上因某个事件或行为而被网民所关注,并因此走红的人或长期持续输出专业知识的人。[2] 网红走红的本质在于这些个体的独异性通过网络无限放大,与网民的审美、审丑、娱乐、刺激、偷窥、臆想、品位以及看客心理等相契合,从而被广泛关注与讨论。回溯中国互联网的30年,网红大致走过了3个阶段,网红1.0是互联网文字时代涌现出的一批文字作者,如创作清纯系网络小说《第一次亲密接触》的理工男痞子蔡,因公开性爱日记有"下半身作家"之称的木子美等。随着互联网图片时代的来临,一票草根,或是才艺出众,或是颜值逆天,或是奇异搞怪的人开始在网络上吸引网民,其中依靠卖丑而红的芙蓉姐姐和凤姐是网红2.0的代表人物。互联网视频时代的到来,让一波能搞笑、能卖萌、能吃喝的人大受欢迎,"单口相声演员"罗永浩、戏谑搞笑的Papi酱,以及电商头部主播有着"口红一哥"之称的李佳琦等就是网红3.0中的佼佼者。网红毫无疑问是注意力经济的一种现象,没有独异特征,显然无法成为网红。

互联网与数字技术越来越深入地参与到日常生活的进程之中——私人交际、线上线下消费、旅行、娱乐乃至工作。调查显示,中国网民每天在手机移动互联网上的使用时间长达5个小时,而且这个时间还在变长。据艾瑞咨询的调查,短视频已经超越图

---

[1] 安德雷亚斯·莱克维茨:《独异性社会:现代的结构转型》,社会科学文献出版社2019年版,第168页。
[2] 参见百度百科"网红"。

文及其他方式，成为用户获取信息的首要形式。短视频声画结合，信息承载量大而丰富，符合当下碎片化的阅读场景，且易于分享扩散。"打开了抖音，就很难停下来，不知不觉中一两个小时就过去了。"这是很多人的共同感觉。2020年抖音日活跃用户突破6亿，毫无疑问成为短视频的霸主。但伴随着抖音、今日头条的火爆，其母公司字节跳动的"信息茧房"也成为同行集中火力攻击的靶子。

信息茧房可以追溯至麻省理工教授、传媒大师尼古拉斯·尼葛洛庞帝提出的"the daily me"（我的日报）。他在20世纪就预言，未来会有一种完全个人化的报纸出现，即在"我的日报"中，每个人都可以拥有自己所喜欢的，且与他人不同的主题和内容。美国法学家凯斯·桑斯坦在其著作《网络共和国》一书中假设了信息茧房的存在，即在互联网时代，人们面对海量的信息，会倾向于选择符合自己喜好的并加以关注，这种知识与信息的长期固化会将个人禁锢在自己的信息茧房中。字节跳动旗下抖音和今日头条的快速崛起，就在于它创新地运用了AI和大数据技术，将所有资讯内容标签化，通过内容分发和推荐机制的算法优化，不断将用户喜欢的内容推送给他们，成功打造出一个个"千人千面"的资讯服务平台。字节跳动并不是互联网企业AI与大数据技术的开创者，淘宝早在2013年就提出"千人千面"的概念，经过10多年发展，淘宝积累了庞大的用户及商品数据库，每个从淘宝上购买或者浏览商品的消费者，都会被平台打上各种数字化标签（年龄、地域、客单价、收藏偏好等），从而更高效率地给客户推送他们所更喜爱、更可能为之买单的商品。

有"中国互联网第一风险投资人"之称的红杉资本合伙人沈

南鹏曾将中国互联网的发展分为两个半场——上半场是"消费互联网",下半场是"产业互联网"。"消费互联网"即我们平时所常见的社交网络、电子商务、休闲旅游等以个人用户为主,以衣食住行日常生活为场景的互联网发展阶段,其中电子商务是其核心。我们不难发现,无论是因为追逐关注度与注意力而趋于多元化、个性化的社交网络,还是因大数据用户形象日渐明晰的电子商务,"消费互联网"的独异性特征越发清晰与显性。

沈南鹏指出"消费互联网"已经进入竞争尾声,大的市场格局已经形成,而互联网的下半场"产业互联网"才刚刚开始,在未来会有非常高速的发展。[1]产业互联网的概念,可以追溯至2013年德国在汉诺威工业博览会上提出的"工业4.0"。德国产业界和学术界认为,"工业4.0"是以智能制造为主导的第四次工业革命,通过人工智能、大数据、云计算、5G等信息通信技术,将虚拟与实体系统打通,从而实现制造业向智能化转型的目的。

"工业4.0"最主要的特征之一便是"柔性生产"。以前我们采用的是传统的、大批量的、低成本的、标准化的工业生产方式,未来,由于有了大数据、云计算、人工智能等技术,硬性的生产方式便能"柔性化"——即大批量的、依旧低成本的、定制化的生产。这是一种市场导向型的按需生产的先进生产方式,C2M便是其中的典型代表。C2M(Customer-to-Manufacturer)是一种用户驱动生产的反向生产模式,由于互联网、大数据、人工智能的普及化,单个用户的独特需求能够被快速传递到生产端,由于数字化、自动化技术

---

[1] 《红杉资本沈南鹏:产业互联网未来会有非常高速的发展》,https://tech.sina.com.cn/i/2018-11-08/doc-ihmutuea8184216.shtml。

的成熟，降低了综合生产成本，使得这种符合每一个客户需求的个性化、定制化、柔性化的生产变得可能。

如果说在工业时代，只有群体肖像才能通过一些基本数据得以描绘出来，那么到了数字时代，个体肖像也能像前者一般精准化。"凡走过必留下痕迹"，"大数据时代无隐私"，你的社会属性、生活习惯、消费行为，你爱聊哪一类话题，喜欢阅读观看什么内容，购买什么商品，每个月消费多少，爱去哪里娱乐，互联网都可以用数字给你描摹出一张精准而逼真的画像。这种个体的高度独异化反向串联日常生活、商业和生产，描绘出一个崭新的、属于未来的数字世界。

创意经济制造独异

产业经济的结构转型促使独异性创造成为主流。全球化带来的大面积的去工业化，使得创意产业跃升为西方国家国民经济的核心主导产业。以英国为例，英国是首个以政策推动文化创意产业发展的国家，文化创意产业对英国GDP贡献的占比甚至超过了金融服务业。而早在2011年，文化创意产业就已成为法国的支柱产业，GDP占比超过了家喻户晓的汽车业和奢侈品业。

工业资本主义社会对文化的漠视与损害一度让很多人忧心忡忡，其要求的规范化、理性化与标准化必然对独异的文化造成冲击。但到了后现代，文化得到珍视，而一旦与创意产业结合起来，文化便又重新变得生机勃勃起来。

文化创意产业通常包括影视、设计、艺术、建筑、广告、手工业、软件开发、动漫、时尚、传媒等，是强调个人或者团队通过技术、创意和产业化的方式开发、营销知识产权的行业。与传统的工业相比，文化创意产业生产制造出的是带有文化烙印的、含有文化价值的商品，这些商品因为文化的独特性而拥有天然的独异性；同样，文化创意产品的生产过程，也不再像工业化那般标准化、流水化，它因生产主体、生产空间与生产组织的非标准化而拥有独异性。

文化创意产品因为依赖于个人和团队的创造，所以拥有明显的独异性特征——著作权。这个著作权以版权许可、专利、商标或者设计的形式，使得文化创意产品成为特殊的货品，拥有了独特的文化价值和独异性。强烈的个人风格则将文化创意产品的独异性推向了高峰，一如建筑大师扎哈·哈迪德的超现实主义线条，安藤忠雄的清水混凝土，电影导演王家卫的斑驳光影，前卫艺术家草间弥生的无尽圆点……市场亦在重复验证，越是作者个性独异，其个人印记与风格强烈的作品越能取得成功。

追求独异的新中产

文化创意产业的壮大，培育了一个新的社会阶层——新中产。莱克维茨指出，新中产阶层拥有很高的文化资本，大多具备高等学历，而且在知识文化产业中就职。[1]新中产从西方传统的扁平的中产阶级中分离出来，这个阶层因为拥有高学历与文化资本，在新

---

[1] 安德雷亚斯·莱克维茨：《独异性社会：现代的结构转型》，社会科学文献出版社2019年版，第205页。

的创意经济中谋得更体面的收入而一路向上,形成了"新中产阶层"。与此相对应的是旧有的非知识中产,因为欧美的去工业化而只能从事简单服务业和重体力活,他们和失业者、社会救济对象一道沦为"新底层"。

莱克维茨对新中产的定义与吴晓波高度一致。吴晓波在《这个国家的新中产》一书中尝试给这个特殊的群体画像——超过94.9%的人拥有大学专/本科或更高的学历,24.4%拥有硕士或博士学历。新中产在就业上最大的特点是创意阶层和新专业主义的崛起。[①]

中国新中产虽然与欧美新中产产生的背景不同,但他们都是独异化生活方式的主体与积极实践者。马斯洛需求层次理论的最高峰是"自我实现"需求,而新中产的"自我实现"便在于追求一种高度文化化、价值化的生活方式——从生活水准转向生活质量,从"正常生活"转向"美好生活"。

这种"自我实现"要求新中产去体验这个世界的多彩博大与内在深度,它可以是创意化的工作、爱、宗教、自然、文化、艺术等,将自己活在多元的体验活动中,把自己的日常生活变成一个艺术品。

因此,这种日常生活的文化化、艺术化,必然要求新中产去追逐独异性的东西——一顿独特滋味、有故事的美食,一次小众的、文化感十足的旅行,一间有独特审美趣味的日常居室,一次有深度体验感的特色街区购物之旅,或是一场触及灵魂的心灵修行之旅……

---

① 吴晓波频道:《这个中国家的新中产》,中国友谊出版公司2020年版,第225页。

新中产通过这种日常生活的文化化与独异化,对自身进行文化化和独异化,从而获得"自我实现"的存在感与满足感。正如莱克维茨所言,"这种晚现代主体'编曲'的独异性,会赋予他价值:'我辽阔博大,我包罗万象。'"

舒适物与独异性空间

　　网红打卡地属于舒适物的范畴,本质是一种能够提供"独异性体验的商旅文消费空间"。这种新消费空间与传统的城乡空间相比,最大的区别在于其"独异性",即空间能够传递出一种独特的、异质的、与众不同的、超越日常生活的体验感。

——笔者

从生产到消费

　　城市是人之欲望的空间投影。生产力与技术的变迁改变着城市的功能结构与外在模样,但最终牵引城市发展方向的还是隐秘不现的人性欲望。无论这种欲望是自然或者扭曲的,崇高还是堕落的,文明或是疯癫的。

　　20世纪末期,随着全球化进程的深入以及资本技术所代表的生产力在全球的重新配置,美国的大部分城市开始从工业化走向后工业化时代——这种变化近些年也在中国的某些一、二线城市身上悄然显现。重工业在衰退,制造业的工厂被迁移到遥远的东亚,大片城市工业区沦为废墟,中心城区在凋敝,中产阶级开始向城市边缘地区迁徙,城市郊区化开始了。正如奥姆斯朗德在《美国城市的文明化》一书中所描绘的那样,"蔓延的城市如同大地生命机体上的一个个毒瘤,侵吞了乡村的自然环境和美景,人们所想象和追求的田园新村完全不是一种城市便利与乡野美景的完美结合。恰恰相反,这种郊区化既剥夺了紧凑城市的便利性,也剥夺了乡野的自然和美丽。"[1]中心城区则被穷人与罪犯所占据,基础设施陈旧,犯罪率上升还有无法抑制的社区衰败。

工业转型失败造就了无数的鬼城,美国汽车之城底特律就是其中之一。城市主导产业汽车行业的衰败迁延至城市的全面衰退与社会的动荡,犯罪激增过后,城市成了人人避之不及的地方,人口外流,特别是高素质人才的出走,反过来进一步加速了城市的衰败。

有失败者当然也有成功者,芝加哥就是优等生。工业衰落、城市空心和发展转型也一度是芝加哥这个美国排名第三大城市的急迫挑战。然而,芝加哥找到了问题的药方。芝加哥的知名市长理查德·戴利,还有他的继任者们,都看到了这样一个趋势——未来的城市居民不仅仅需要一份工作,还需要友好的环境和体面的生活质量。市长们在报告中多次宣称,要让城市有更多的树木和绿色景观,要将芝加哥变得像巴黎的塞纳河一般浪漫。政府带头发起植树运动,募集大量私人捐款修建了知名的芝加哥千禧公园,同时支持优质和有吸引力的房地产商来芝加哥建造大量有特色的新建筑。以前的城市主政者为了充分就业,提倡"宁愿要年收入3 000美元的产业就业岗位,也不鼓励发展年收入15 000美元的律

---

[1] F.L.奥姆斯朗德:《美国城市的文明化》,译林出版社2013年版,第253页。

师职位。"三十年河东三十年河西,尽可能地吸引更多的律师等高收入居民入住,成了芝加哥发展的当务之急。而吸引这些高收入创意阶层入住的政策关注点,转变为如何为居民打造一个舒适的生活空间,和尽可能提供多样的公共物品属性的舒适物。

在这个逻辑之下,芝加哥建造了超过200家剧院和46座博物馆——芝加哥艺术博物馆、科学和工业博物馆、菲尔德自然博物馆、谢德水族馆、阿德勒天文馆等都是世界一流。各种文化艺术活动在芝加哥更是异常繁荣,规模浩大的世界级音乐节、文化艺术节、国际电影节还有美食节等活动繁荣了城市经济,提升了芝加哥的人文形象。建筑大师们纷纷踏足芝加哥,在这里留下传世佳作。弗兰克·劳埃德·赖特、密斯·凡·德罗、路易斯·H.沙利文等均在芝加哥留下了大量建筑佳品。30多个历史保护街区、150幢地标建筑构成了芝加哥文化遗产的重要部分。除此之外,滨湖人行道、自行车道、大量的高品质公园,还有各类码头的改造,以及大量老厂房被改建为优质的高颜值住宅等,芝加哥的中心城区重新迎来了繁华与活力,芝加哥也成为1990年以来少数几个有所增长的中西部大城市之一。

新芝加哥学派的代表人物特里·克拉克在其著作《作为娱乐机器的城市》一书中认为,"如今芝加哥市的第一产业已经转变成了娱乐业,包括旅游、会议、餐馆、酒店以及相关的经济活动。"克拉克在其另一部著作《场景:空间品质如何塑造社会生活》中进一步指出,后工业时代的城市居民越来越关注生活质量,强调城市的审美、娱乐和消费功能。人们不仅在乎"如何挣钱",更在意"如何花钱"——消费与娱乐带给人的身心满足感是赚钱所不能取代的。特里·克拉克的观点鲜明而有力——在信息化城市中,高知识背景的新精英阶层的艺术和审美需求在上升,新的城市增长应该实现以娱乐消费和休闲为导向的"智慧增长"。而政府和公共部门也需要因此调整角色,以满足未来市民的新趣味和新要求——新鲜的空气、有吸引力的城市建筑和景观、公共艺术空间、广场绿地等。①

为了测试芝加哥舒适物对于精英及创意阶层的吸引力,克拉克做了一个非常有趣的调查。团队调查了即将毕业的大学生,让他们在皮奥里亚8万美元年薪和芝加哥5万美元的工作之间做出选择,他发现很多人还是选择了芝加哥。因为芝加哥显然能给年轻人提供一种更为舒适的生活方式。克拉克认为,芝加哥的"舒适物价值"在经济方面的衡量价值高达3万美元/人,这毫无疑问大大增强了芝加哥的城市竞争力。

舒适物

> 世界各地的城市和社区正在迅速变化,这些变化中引人注目的是向消费的巨大转变。以前不怎么显眼的地方,现在已被各种各样的舒适物设施与活动所占据,如餐馆、酒吧、咖啡馆、画廊、公园、学校、博物馆、俱乐部、沙龙……这些舒适物以组合的形式,共同创造出独特的场景,这些场景赋予城市生活意义、体验和情感共鸣。②

---

① 马凌:《城市舒适物视角下的城市发展:一个新的研究范式和政策框架》,《山东社会科学》2015年第2期。
② 丹尼尔·西尔、特里·克拉克:《场景:空间品质如何塑造社会生活》,社会科学文献出版社2019年版,序言。

舒适物（amenities）是20世纪50年代由美国经济学家提出的一个概念。其理论认为，人的流动不仅基于经济和工作机会，同样基于生活机会，尤其对于新知识阶层和创意阶层而言更是如此。舒适物已经成为影响城市吸引高端人力资本的重要变量，构成了城市吸引力和综合竞争力的核心因子之一。

顾名思义，舒适物是指能让人感到舒适、愉悦、满足的环境、事件、设施或者服务。广义的舒适物不仅包括设施空间等城市硬环境，也包括制度政策等软环境。我们的关注点聚焦狭义概念。狭义的舒适物主要包括两大类，一是自然舒适物，包括怡人气候、自然环境、绿地公园、自然景区等以自然为基底的舒适性环境空间；二是人造舒适物，又包括文化舒适物和商业舒适物。文化舒适物包括博物馆、艺术馆、图书馆、沙龙、画廊、影剧院等文化艺术空间，商业舒适物则指代酒店、餐馆、酒吧、咖啡馆、购物中心、创意园区、商业街区、主题公园等商业消费空间。

我们不难发现，网红打卡地的主要类型基本属于舒适物的范畴。

2020年北京首届网红打卡地评选活动，将网红打卡地分为自然景区、人文景观、文化艺术、阅读空间、街区园区、餐饮及创新零售和住宿七大主题。笔者将评选出来的100个网红打卡地做了功能业态分类，主要涵盖城市公园、郊野公园、自然景区、田园花海、城乡绿道、人文景区、游乐设施、城市公园、历史遗址、特色建筑、古村落、城市基础设施、电影院、博物馆、美术馆、展览馆、艺术中心、天文馆、文化馆、餐厅、咖啡馆、礼品店、特色工厂、小吃店、购物中心、特色商店、文创园、科创园、艺术园区、商业街区、特色小镇、城市酒店、民宿、帐篷酒店、树屋、温泉酒店、图书馆、藏书馆、书院、书店等。近些年,四川省、山东省、成都、武汉等地举办的网红打卡地评选活动,其分类及涵盖内容也大都类似。

这些网红打卡地基本涵盖了舒适物所展现出的"吃住行游购娱"等消费场景,不同的是,网红打卡地显然是舒适物中的独异者与佼佼者。它们能够从同类中脱颖而出,为消费者所钟爱,并且让其愿意主动掏出手机拍照分享的根本原因,还在于它们在美学颜值、文化体验、情感共鸣、休闲服务等精神及功能层面上给予了消费者别样的、独具一格的体验。

独异性空间

受机械功能理性思想的影响,自20世纪上半叶以来,城市空间被粗略地划分为居住、工作、游憩与交通等四大功能区。标准化、规范化、通用化等效率至上思维占据了城市规划师和建筑设计师的大脑,城市空间表现出极其严重的同质化倾向——"千城一面"是最为饱受诟病的问题所在,这一症状在中国似乎特别严重。

宽阔笔直的大马路对原有城市开膛破腹,代表着现代化的钢筋水泥侵蚀进入每一个角落,拔地而起的块状居住小区相差无几,所有的办公楼都贴上明亮晃眼的玻璃幕墙,大型购物中心与商业综合体都大同小异,就连公园和绿地都像一个模子里刻出来的。在现代化的名义下,我们的生存空间变得极为相似。不可否认,这种相似背后的高效造就了城市的快速扩张,但也让各类空间丧失了美感,变得冷漠,没有了人情味。

在城市规划思想家榜单上排名第一的简·雅各布斯在其知名的《美国大城市的死与生》一书中,曾为这种在现代城市中普遍出现的寂寥单调、没落衰败的趋势现象大声疾呼。雅各布斯给笔者最大的启发，是城市规划设计的注意力要重新回归到个体的人之上——关注人的基本欲望，人与空间的互动以及空间对人的行为产生的影响。她注意到人的日常需求的多样性与复杂性，因此她鼓励城市的功能混合、多样性与一定足够的人口密度，而非简单的大尺度的功能分区——她提倡短而小的街区，保障安全的"街道眼"以及老建筑的保留等。

因此，对于后工业社会涌现出的代表着未来的各类创意阶层、新专业主义者和年轻人等新兴群体，充分研判与摸准他们对城市空间的欲望与需求，才是成功塑造未来城市的关键所在。

特里·克拉克在这方面跑在了前沿，他注意到这些群体对精神、情感、体验、意义等层面的关注，他提出的场景理论认为，空间应该成为培养各类精神的地方，比如说自我表达、本土真实性、迷人、传统、越轨、睦邻或合作等。这些地方空间之所以变得有吸引力，就在于这些场景赋予了生活意义、体验和情感共鸣。安德雷亚斯·莱克维茨则认为这些新涌现的社会阶层更关注他们生活方式的独异化和文化化——"真"、自我实现、文化开放和多样性、生活质量和创造性都是这种生活方式的参数。问题就在于，我们提供的城市和乡村的各类空间能不能满足这些人群对自我实现的定义与渴求。

本书在"独异性社会"的理论框架之下，提出"独异性空间"的概念。笔者认为网红打卡地作为后现代社会中的舒适物空间，本质是一种能够提供"独异性体验的商旅文消费空间"。这种新消费空间与传统的空间相比，最大的特征在于其"独异性"，即空间传递出一种独特的、异质的、与众不同的、超越日常生活的体验感。

这种"独异性体验"往往与美学、情感、场景、文化、艺术、知识、时尚、科技、IP、人格化等代表着未来消费潮流、个性自由的关键词联系在一起。这种独异性体验透视出新兴消费阶层对美学颜值的追求,对情感精神的渴求,与本土空间真实性、文化的多元开放性、生活品质以及自我人生实现等高维度的自我需求息息相关。

独异性体验

湖南张家界玻璃桥是最早在抖音上走红的网红打卡地之一。行走在峡谷之上,体验透明之下深渊的惊险与刺激,这让很多网民和游客为之神往。刺激之余,玻璃桥的安全性如何呢? 2吨多重的沃尔沃XC90在桥上飞驰而过的短视频打消了所有人的疑虑,激发出更多的点赞和分享,这条短视频也一度被认为是张家界最好的营销方案之一。玻璃桥与玻璃栈道由此一炮而红,各地景区纷纷炮制拷贝,从普通的玻璃桥到有碎裂效果的玻璃桥,再到3D动态玻璃桥,张家界的大胆创意很快便被复制到全国各地的景区,甚至越南的一个景区也看到了玻璃桥网红的巨大能量,复制出一个更长的版本,据说正在申请吉尼斯世界纪录。

玻璃桥的大量被复制,快速地削减了其网红魔力。如今,玻璃桥多少有点烂大街的味道,普通游客甚至网民对其已经提不起多大热情了。因此,很多人都会产生这样的疑问,网红为什么能红,它只是一阵风吗,网红又如何能保持长红呢?

笔者以为,一个地方的网红,与一个商品、一个草根或者一个演员明星的走红,并没有太多的区别。走红从常规意义上来说,是一件短暂的事情,也就是说短红是常态,而长红并不多见,始终受到高关注度,持续地上热搜更是天方夜谭,是不可能之事。这与人性的底层逻辑相关,人是喜新厌旧的物种,始终追逐新奇独异的事物,新鲜劲过后,关注的热度自然会下降。因此,走红的对象就必须常态化更新话题,保持热度,就像很多演员明星的营销一样,要么持续不断的出新作品,要么持续地制造热点话题。就连迪士尼乐园这种知名度极高的商业巨无霸,也需要保持常态化的项目更新与话题营销,否则品牌的被淡忘就只会是时间问题。

尽可能长地保证网红的时效性,还有一个秘方就是保持独异性。一个网红打卡地如果能够被轻松快速地复制,网红的时效性就很难得到保障,就像玻璃桥一样。如果一个网红打卡地的独异性本身代表了某种无法复制的壁垒,那么这个网红打卡地就可能成为"老网红",持续地享受到流量红利。

成都的宽窄巷子、大慈寺——太古里在成为成都网红打卡地评选的前两名之前,其实已经走红多年,正是因为两者资源的独异稀缺性与不可复制性,让两个地方持续地网红。阿那亚的"孤独的图书馆"从2015年在"一条"上走红以来,视频播放量已超10亿次,成了一个知名的"老网红"。"孤独的图书馆"这种另辟蹊径凭借情感叙事获胜的项目,很难被复制,因此这种独异性得到了很好的保存。还有许多因为IP,例如通过建筑师个人IP构筑独异性壁垒的网红——如扎哈的极具个人风格的建筑,像这种类型的网红打卡地也往往具备较为长久的生命力。

通过简单复制他者,来达到网红效果的,也并非不可行。但如上述所言,因为这种独异性是可以拷贝的,网红的效果必然要打些折扣,网红的持续性也会相应地递减衰弱。一些网红打卡地注定只能昙花一现,其核心原因就在于其空间并不具备独异性。

那如何拥有独异性呢？网红打卡地的独异性体验又体现在哪些方面呢？笔者尝试给出一些规律总结。

一、"异"景观。高颜值是一个地方网红的必备要素，网红打卡地的美学逻辑往往表现为一种"异质景观"的美。举例来说，如最早在抖音上走红的自然景观类网红敦煌鸣沙山月牙泉、青海茶卡盐湖，世界旅游胜地希腊圣托里尼岛，以及有着网红鼻祖之称的建筑作品西班牙红墙等，都是通过大体块的色彩组合与冲撞（沙漠的金黄、盐湖的碧蓝、悬崖之上房屋通体的白、红墙的粉红等）来制造巨大的视觉冲击力。这种美学呈现在日常生活中并不常见，具有稀缺性与独异性，因此一旦被捕捉，异质景观就非常容易在短视频中被追捧。

二、"富"内涵。网红打卡地涉及人文景观和文化艺术等类型空间，这些网红打卡地都是一些拥有历史、人文、知识、艺术等丰富内涵底蕴的地方空间，因此受到网民与游客的青睐。后现代社会知识阶层是一个高度文化化的阶层，因此这些空间自然很受欢迎。如前文"独异性社会"所述，文化化是一个独异导向的过程，文化本身的独异性使得这些空间都拥有了独特而丰富的内涵与外在表征，因此像博物馆、美术馆、艺术中心、古建筑群落、古村落、人文景区等类型的人文艺术空间都是独特的，无二的，拥有自身唯一性的。

三、"新"场景。最早作为电影和戏剧领域概念的"场景"一词，被引用至社会学领域，也只是近10年以内的事情。在城市发展转型与商旅文空间应用中，场景作为一个新锐的概念或者某种设计理念正受到越来越多的关注与重视。特里·克拉克认为，场景由舒适物、活动和服务组成，不仅蕴含了功能，而且还传递出特定的文化价值观。相对于日常生活，场景拥有主题性，往往是一种植入的拼贴式的独异存在，是超越日常生活的，因此给人一种不一样的新奇体验感。在笔者看来，场景拼贴是打造网红打卡地的一条捷径，把两种错位的毫不相关的场景大胆而巧妙地拼贴在一起，往往能呈现出意想不到的效果。

四、"真"情感。当下的年轻人、新兴的创意阶层以及新中产等人群，早已摆脱了物质短缺的困扰，对情感与精神的追求成了他们秘而不宣的潜藏需要，好的空间营造者往往能捕捉到这种需求，但真要满足它并非易事。阿那亚的"孤独的图书馆"便是这种所谓"精神性建筑"的网红鼻祖。顾名思义，精神性建筑或者空间，是能表现精神需求的文化建筑或空间，带给使用者的不再简单的是感官身体上的愉悦，更多地还要满足精神与情感的需要。联通精神对话，释放情感压力，启迪哲学思考，促发一种与内在灵魂沟通的潜能。不难发现，孤独、爱、失意、怀旧等情感关键词已经与不少地方空间巧妙结合，营造出很多广受欢迎的网红打卡地。

五、"酷"技术。我们身处一个技术日新月异的时代，各种新奇酷炫的技术与线下空间的结合，往往能制造出不一样的独异体验感。如teamLab无界博物馆运用数字科技融合艺术的方法，操纵光影声响来实现人与影像的互动，从而打造沉浸式展览。沉浸式展览或者演出也成为这几年文旅发展的一个热点现象。未来，随着AR、VR、MR等数字技术的逐步成熟，这种现象将司空见惯。酷炫的技术必须有独异的内容所支撑，技术是形式，内容是核心。只有通过文化演绎、艺术绘新等新内容的挖掘，结合新奇酷炫的技术，才能创造出独特的空间体验。

六、"强"IP。IP本身带有独异属性，IP也是流量的保证。IP

与线下空间的结合,让原有的粉丝找到了二次体验的可能。如这几年火爆全网的"圣地巡礼"现象,传统的动漫、游戏、小说等IP带动了一大批网红打卡地的诞生。粉丝们到现场打卡,以表达对IP的喜爱与忠诚,也催生出新的文旅模式。IP的内涵与概念也在不断扩展延伸,影视、综艺、文学、体育、时尚甚至包括名人等都在形成IP。

创意阶层、创意园区与创意城市

把自己创造为主体,把自己的生活变为一件艺术品。

——法国哲学家米歇尔·福柯

《庄子》外篇《田子方》中记载了这么一个小故事:宋元君要画画,所有画师都来了,行礼作揖之后恭敬地站在一旁,调理笔墨。来的画师很多,还有一半人因为没有位置而被迫站到了外面。有一位画师迟迟而来,神态悠闲散漫,行礼作揖之后也不恭敬而立,而是直接返回了住所。宋元君派人跟随查看,画师已经解开衣襟,袒露上身,盘腿端坐。宋元君说,"行了,这才是真正的画师。"[1] 庄子似乎想要通过这则玄妙的小故事告诉世人,真正的画家能够突破规格的约束,做到悠然自在。大画家黄永玉很喜欢这则寓言,他后来用"田子方"这个名字给上海的一个创意产业园命名,这才有了泰康路上赫赫有名的"田子坊"。

---

[1] 陈鼓应:《庄子今注今译》下册,商务印书馆2016年版,第631页。

创意阶层、创意园区与创意城市

石库门里弄"田子坊"的名字来源于《庄子》中的画家"田子方"。

田子坊是上海的第一批文化创意产业园。它原是一个由石库门建筑构成的里弄式社区。太平天国时期,江浙一带的富商、地主、官绅举家涌入上海租界避难,外国的房地产商乘势大量修建住宅,这种中西合璧的石库门建筑也因此成为上海老派住宅的典型样式。田子坊是其中保存完好的石库门建筑群之一,徐悲鸿、张大千等名家大师都曾在这里留下居住踪迹。[①]1998年,当时的卢湾区政府通过旧民宅、旧厂房和旧仓库的转让置换,引入国内外的一批艺术家、画家和设计师入驻。在这个被称为"上海创意产业的发源地"的里弄里,不仅仅有陈逸飞、尔冬强等国内知名艺术家,许多国外艺术家和海归派艺术家同样喜欢在这里扎根聚首。如今的田子坊已经成为沪上地标之一,外地游客来上海旅游不可或缺的一站,更是知名的网红打卡地。

据上海文创办的数据统计,2018年上海的市一级文化创意产业园的数量达到了137家,总面积近700万平方米。越来越多的老厂房、老街区、老里弄被改造一新,它们追随田子坊的脚步,为一个新兴的特殊阶层提供办公与交往的空间,这个阶层就是创意阶层。

创意阶层

美国人理查德·佛罗里达是最早提出"创意阶层"概念的学者。他敏锐地发现在后工业社会,传统的劳工阶层正在衰落,一个区别于传统中产的新阶层浮现出来。他在《创意阶层的崛起:关于一个新阶层和城市的未来》一书中,将创意阶层定义为"为创意经济的需求而催生出的一个新阶层。这个阶层的核心成员包括科技、建筑设计、教育、艺术、音乐以及娱乐等领域的工作者,围绕这个核心,创意阶层还包括一个更为广阔的'创造性专业人员'的群

[①] 参见《城市中国》杂志编著:《创意之旅——上海创意产业集聚区TOP20》,第139页。

体,分布在商业和金融、法律、卫生、保健等相关领域"。①

佛罗里达强调,创意阶层的所有成员都具有共同的创意精神,即重视创造力、个性、差异性和实力,这使得他区别于"劳工阶层"和"服务阶层"②。后两者主要通过执行规定来获得酬劳,而创意阶层主要通过创造来获得收入,因此相比而言,创意阶层拥有更多的自主性和灵活性。佛罗里达指出,2000年左右,美国的劳工阶层人数大约占到总就业人口的25%,服务阶层的比重则是45%,是数量最为庞大的一个阶层。相比而言,美国的创意阶层人数在两者之间,达到了3 800万人,占到了总就业人口的30%。虽然在人数上少于服务阶层,但创意阶层显然扮演着更为重要的角色——他们是制定时代准则、引领社会风潮的阶层,他们的收入也往往是其他两个阶层平均水平的2倍,因此毫无疑问是最有影响力的阶层。

我们从社会学家丹尼尔·贝尔的《后工业社会》一书中也能找到类似观点。贝尔把人类社会发展的历史分为三个阶段,第一阶段是前工业社会,即农业社会,人们依赖于自然界的原料和体力生存,经济主要由农业部门构成;第二阶段是工业社会,能源代替了体力,技术和机械成为主角,经济主要由制造业、交通运输和商业等部门构成;第三阶段则是后工业社会,人们开始依赖于信息与知识,服务业成为主导产业,而其中以研发设计、信息服务以及金融保险等为主的生产性服务业占据了主导地位。今天,我们对这样的状况早已不陌生,后工业社会制造业比重下降,服务业比重

---

① 理查德·佛罗里达:《创意阶层的崛起:关于一个新阶层和城市的未来》,中信出版社2010年版,第9页。
② 佛罗里达认为服务阶层主要是从事卫生保洁、个人护理、餐饮服务以及文员工作的劳动者。

不断上升，创意产业更是个中翘楚。头部城市的产业结构三产化趋势更为显著。同样以上海为例，2020年上海的服务业增加值占全市GDP比重已经达到了73.1%。《上海市服务业发展"十四五"规划》提出到2025年，服务业比重要达到75%左右，而其中，生产性服务业占整个服务业比重达到2/3，知识密集型服务业要占到全市GDP比重的40%。[1]我们从这一组数据不难发现，服务业特别是生产性服务业、知识密集型服务业已经成为上海就业人口的主要部门。而从事这些高端服务业的人群，恰恰就是佛罗里达所提出的"创意阶层"。

《庄子》所描绘的这位个性极强的画师，实则是这个新兴创意阶层的一个群体缩影。由于拥有较高的知识水平，经济收入远高于其他阶层，且摆脱了对传统组织机构的生存依赖，因此这个阶层的成员们个性极强。从某种程度上看，这种个性也与他们的创意工作息息相关，设计、艺术、娱乐等创意工种往往要求创造者拥有强烈的个性与自我表达的倾向。现代中国与世界全面接轨，与传统社会对个性化的抑制相比，当下社会的包容度在扩大，这种包容度反过来也促进了个性化之花的进一步盛开。

创意阶层的高度个性化，也体现在包括工作时间、工作场所以及对生活方式的追逐等层面。创意阶层更加自由，正如佛罗里达所言"创意是无法设定为在某一时间开启或关闭的，同时创意本身就是结合了工作和娱乐的奇妙的混合体"。[2]创意阶层从事

---

[1] 《上海市人民政府办公厅关于印发〈上海市服务业发展"十四五"规划〉的通知》，https://www.shanghai.gov.cn/nw12344/20210714/0759ac81330648dfa02a53d34ed61a75.html。

[2] 理查德·佛罗里达：《创意阶层的崛起：关于一个新阶层和城市的未来》，中信出版社2010年版，第15页。

创意工作，自然希望围绕创意体验来构建他们的生活方式，他们个性而大胆，渴望丰富多维的体验经历，把生活看作是一种探索无限可能的实验。这种体验性的生活方式反过来丰满他们的知识结构与生活阅历，进一步提升他们的创意能力。从本质上说，他们的生活方式是一种生活、工作、学习与娱乐高度一体化的奇妙结合。

创意工作环境

正如田子坊等创意产业园区的不断涌现，创意阶层对工作场所与环境也有着独特的要求。他们坚持认为，工作环境首先要能反映并强化他们作为创意阶层的身份认同，一个没有"调性"的工作环境会损害他们在客户眼中的创意能力评估，工作环境从某种意义上成了如同着装、手表、汽车等的因素，他人能借由这些因素对创意者悄悄的施行某种创意实力评估。创意产业园区往往由一些工业遗址、老旧厂房及居住区改造而来，这些改造融入了新的创意理念与设计手法，本身便构成了创意作品。

在这群创意工作者看来，工作环境的地方品质正变得越来越重要。这不仅仅与工作相关，更是其生活方式的重要组成部分。佛罗里达将地方品质分解为三个要素，一是自然与建筑融合的创意环境；二是各类创意型人物的交流互动；三是街头及户外活动，以及由此而创造出的活泼而刺激的创意生活。相比于传统的、呆板而千篇一律的写字楼，创意产业园区显然在这方面更胜一筹。加上这些园区往往有着较为低廉的租金，或者由于产业集聚需要，政府提供各类补贴与政策红利，创意园区的吸引力进一步提升。

创意城市

创意阶层的壮大，创意产业集聚地的增多，让整个城市的创意能力得到提升，创意氛围变得浓厚，于是，创意城市应运而生了。

2010年，上海加入了联合国教科文组织的"创意城市网络"，获得了"设计之都"的称号。创立于2004年的联合国"创意城市网络"致力于发挥全球创意产业对经济社会的推动作用，促进全球城市之间的交流合作，拥有设计、文学、音乐、民间艺术、电影、媒体艺术和烹饪美食7个主题。上海获此殊荣，基础原因在于2009年上海的创意产业增加值比重已经占到全市GDP的7.7%，成为名副其实的主导产业之一，当年上海全市就拥有268万平方米的80多家创意产业园，创意产业从业人员近100万人，更吸引来自30多个国家和地区的11万创意人才和上百亿元的社会资本。[①]进入联合国"创意城市网络"的城市并非只有上海，杭州、成都、深圳等14个中国城市，全球共计246个城市加入了这一场创意主题的盛大狂欢。

纵观全球，诸多有影响力的大都市都在探索创意城市的发展之路。如伦敦早在1997年就成立了创意产业特别工作组，提出建设"世界卓越的创意和文化中心"的目标；东京制定了"充满创造性的文化都市"的城市发展战略等。查尔斯·兰德利是最早提出"创意城市"概念的学者之一，他对这些城市蜂拥进入创意城市赛道的原因洞若观火。

[①]《上海获得联合国教科文组织"创意城市网络——设计之都"称号》，https://news.un.org/zh/story/2010/05/131442。

"任何真正拥有雄心的城市,都会想在价值链上步步提升,以争取自身的核心地位,并借出口贸易、低成本活动和吸引诸如研究与知识创造中心、先进制造、文化和艺术创意等高价值活动落户本地,而摇身一变成为某种中枢。这些城市的整体目标,就在于提升自身的'吸引力',并成为众所关注的焦点。适当的组合借由种种层面来吸引政治掮客、投资人、实业家、顾客、观光客、房地产开发商、创意精英等不同的支持者,使城市显得既富有吸引力,又令人向往。"[1]

创意城市构成了一种推动城市复兴与再发展的新模式,它也不再依赖于自然资源与简单的劳动力,而是转向一种取之不尽用之不竭的高附加值新资源——人的创意、创新能力。于是我们看到,创意城市占据了产业链"微笑曲线"的两端,将产业链的大部分利润收入囊中;创意城市复兴了城市文化,提升了城市公共空间品质,城市的宜居度也要远远高于其他城市。创意城市始终保有巨大的吸引力,无论是对创意人群,还是对其他人,抑或是这些人群背后的诸多资源。

独异性与网红

上海是最早推动创意产业园落地的城市之一,从1990年代末的田子坊开始,如今的创意产业园已经遍布全市各区,而其中成为

---

[1] 查尔斯·兰德利:《创意城市:如何打造都市创意生活圈》,清华大学出版社2009年版,第2页。

网红打卡地——打造独异性体验空间

网红打卡地的比比皆是。

创意产业园之所以能网红，与其拥有的独异性特征息息相关。每一个园区都拥有自己独一无二的历史文化，或建筑风貌，更因其独有的改造方式、个性化十足的创意活动而获得独异性特质。田子坊以里弄为核心独异性，反映出一个时期内海派文化的积淀过程，街区内建筑样式丰富多样，拥有极高的历史文化与建筑遗产价

陶溪川文创园：景德镇的城市新名片。文化创意园并非只是一、二线城市的专利，老空间的文化化改造已成为催生网红打卡地的常规操作。

值。同为上海第一批创意产业园的M50,为苏州河怀抱,从一大片老旧工厂中获得新生,成为上海时尚潮流的前沿阵地,举办了包括上海国际服装文化节、上海国际时装周在内的各种活动,是上海文化创意产业当之无愧的发源地之一。而上海老场坊1933、8号桥、老码头等老牌创意园区也同样网红知名,在广大市民游客与创意阶层心目中占据着独一无二的心智印象。

创意阶层是创意园区的忠实拥趸,他们输出了各类创意能力、资源供给,甚至运营管理,他们是这个新物种的制造者,亦是消费者。这个人群渴望品质化的办公与生活空间,借由文化、艺术、科技、时尚等新元素,希冀创造一次超越日常生活的无二体验,一场感官与精神同时莅临的狂欢,一种时刻戏剧化的生存状态,就像米歇尔·福柯说的那样,"把自己创造为主体,把自己的生活变为一件艺术品。"

创意城市或者更精准地说城市决策者,更希望城市能释放出一种更为高端的吸引力。不仅取决于工作机会、房价、基础性公共服务设施等,而是在文化、艺术、消费、娱乐等软实力方面成为媒体与公众的关注焦点。

总而言之,各类创意空间的网红化只是城市转型大冰山之上露出的一角,而海平面之下,是创意产业、创意阶层以及创意城市的崛起,归根结底是高度个性化、追求体验化的创意人群对高品质空间的内在需求。

网红成都

未来的城市形态将从"生产导向型"向"消费导向型"转变,"消费城市"(consumer city)已经来临,能提供更好城市舒适物、更宜居的城市将受益于此。

——《城市的胜利》作者爱德华·格莱泽

诗人打卡地

东晋《华阳国志·蜀志》有云:"蜀沃野千里,号为'陆海'。旱则引水浸润,雨则杜塞水门,故记曰:水旱从人,不知饥馑,时无荒年,天下谓之'天府'也。"成都"天府之国"的称号便由此而来。到了唐代,成都成了除洛阳、长安之外最受欢迎的繁华大都市,文人骚客更是趋之若鹜,有"天下诗人皆入蜀"的说法。《全唐诗》便是一个很好的佐证,其中写到成都的诗歌有千首,写到成都的诗人近200人。可以说,几乎所有的唐代大诗人必写成都,到成都打卡做诗一时蔚然成风。

李白在《上皇西巡南京歌》中写道,"九天开出一成都,万户千门如画图。草树云山如锦绣，秦川得及此间无。"诗仙赞叹成都犹如九天所开，万户千门像画作一般秀美，草树云山等自然风光更是如同锦绣，就连长安也无法与其相媲美。王勃更是称赞成都"优游之天府，宇宙之绝观"。李商隐则把注意力集中到成都的美酒与美女之上，他笑称"美酒成都堪送老，当垆仍是卓文君"。成都的美酒足以用来安度晚年，何况还有卓文君这样的美女当垆卖酒呢。杜甫是众多诗人中最有发言权的一位，他旅居成都多年，在城

成都杜甫草堂：诗圣曾在这里写下忧国忧民的大爱诗篇《茅屋为秋风所破歌》——"安得广厦千万间，大庇天下寒士俱欢颜。风雨不动安如山。呜呼！何时眼前突兀见此屋，吾庐独破受冻死亦足！"

西浣花溪畔茅屋内躲避安史战乱，留下了大量关于成都的诗篇，既有"云掩初弦月，香传小树花"的清新雅致，又有"晓看红湿处，花重锦官城"的浓墨重彩。到了南宋，陆游宦游成都，从初到天府的"客魂迷剑外，归思满天南"到后来发出"前生定蜀人"的感慨，调离成都时更是恋恋不舍"依依向我不忍别，谁似峨眉半轮月？"回到江南后，每次吃饭时都要想起成都的美食，不由感慨"举箸思吾蜀"。

可见，成都自古以来便让无数大诗人折服倾慕。"此心安处是吾乡。"成都之于墨客文人，更像是精神故乡，让人梦萦魂牵，放眼全球，恐怕只有巴黎这样的城市才能与之齐肩。

休闲之都

成都普通街巷里的一家茶馆，门口的对联颇有意思："余生很长，何事慌张？"成都的灵魂气质可见一斑。张艺谋给成都拍的宣传片口号是"一座来了就不想离开的城市"，因为成都拥有一切让你爱上它的元素，美景、美食、美女，川酒川剧，茶馆麻将，当然还有"巴适"安逸的美丽心情，在成都普通人都能"进退自如，浮沉自安"，在成都你能感受到生而为人少有的从容。

成都人对吃喝玩乐的痴迷世人皆知。有道是"食在中国，味在四川"，成都的餐馆数量高达15万家，排名全国第一，堪称"吃货第一城"。2010年联合国教科文组织将成都纳入"全球城市创意网络"，授予成都"美食之都"的称号，成都也由此成为亚洲第一个"世界美食之都"。成都是一座泡在茶馆里的城市，茶馆的数量近万家，当仁不让的全国第一，比北上广深的总和还要多。到成都体验茶文化必去鹤鸣茶舍,人民公园的鹤鸣茶舍已有近百年历史,整个茶舍可容纳3 000人之多,一壶老茶、几个老友,很多成都人在这里喝掉了大半生的时光。中国第一个农家乐诞生在成都,1986年成都郫县(现改为"成都市郫都区")农科村的"徐家大院"开了中国第一家农家乐,由此开启并引领了全国郊野休闲、乡村旅游的风潮。

  休闲是成都与生俱来的气质,更赋予了它独异的灵魂。随着

鹤鸣茶舍:休闲成都的精神堡垒。一壶老茶,几个老友,很多成都人在这里喝掉了大半生的时光。

资本、技术与人才等要素在全球的加速流动与重新布局,各大城市之间的竞争也越发激烈,一个精准的城市定位变成一个城市能否吸引外部资源要素,尤其是高端要素的重中之重。2000年之后,成都就开始重新思考自己的定位,与长三角、珠三角以及京津冀相比,成都的经济体量要小得多,如何与东部一线城市错位竞争,打造一个让人记得住、爱得上、有吸引力的城市成为成都的新课题。"休闲之都"的提出可以追溯至2001年成都的"城市旅游发展座谈会"①,当时成都与杭州同时提出建设"休闲之都"。放眼全国,可以说时至今日,也没有第三座城市可以在休闲层面与这两城相提并论。

宽窄巷子的改造拉开了成都建设休闲之都的大幕。2003年,历史文化保护区宽窄巷子的保护型改造工作启动,这个以3条街巷为重点,以巷子院落为建筑特色,融合旧与新,兼顾传统与现代的城市会客厅项目,一经推出便成为成都的旅游头牌,成为外地游客到蓉体验打卡的必到一站。次年,锦里景区建成开放,街巷与水岸交错,湖泊与河塘相连,川剧、川菜、川酒、川茶、川文化,锦里和宽窄巷子一道成为外地人体验"最成都"的城市名片。2014年,以千年古刹大慈寺为依托的低密度街区型购物中心远洋太古里的开业,则把成都推上了新的流量高峰。这是一个汇聚国际一线奢侈品牌、时尚潮流服饰、米其林星级餐厅等高端休闲功能的潮流新地标,历史文化元素与时尚商业的碰撞融合,激荡出诱人的慢享氛围,成为成都年轻人最喜欢打卡的城市公共空间。

---

① 张立伟:《打造"西部休闲之都"——成都休闲文化资源开发研究》,《中国文化产业评论》2007年第1期。

笔者曾于2016年左右多次到访成都，游遍宽窄巷子、太古里、锦里、武侯祠、杜甫草堂等主要景点，之后拜水都江堰，问道青城山，造访郫县乡村旅游先行区，把成都内外大致走了一遍。我认为，当年成都休闲类公共空间的建设还处于基础阶段，布局呈散点状，无论是数量规模还是整体品质，特别是在"舒适物场景"的建设层面，距离"中国休闲之都"的定位要求还有较大的差距。近两年，成都在舒适物场景建设层面的持续投入印证了我的看法，成都"消费城市"的建设才刚刚开始起飞。

随着中国大城市逐步迈入后工业时代，城市正在从"财富增长机器"转向"消费娱乐机器"。哈维·莫洛奇曾形象地把城市比喻为一台"财富增长机器"，以前，围绕着人口与土地的增长，城市政府、开发商、工厂企业主以及城市居民等构成了利益同盟体，GDP的增长成为官员考核的核心指标。然而，随着创意阶层的崛起，生产性及消费性服务业逐步成为产业结构的主体，城市市民开始追逐消费、文化、艺术、体育、娱乐等带来的体验性生活方式。特里·克拉克在《城市作为娱乐机器》一书中提出后工业时代的城市应当聚焦在休闲娱乐、文化艺术等有关的舒适物场景之上。他通过对纽约、伦敦、东京、巴黎、芝加哥等大城市的研究分析之后，发现未来城市经济增长和社会发展的关键因素已经由传统的工业生产向休闲娱乐、符号消费、文化艺术等领域转变。[1]

博物馆、艺术馆、画廊、创意集市、咖啡馆、精品民宿、城乡绿道、特色餐饮、郊野公园、田园综合体、古村落、创意建筑、戏剧中

---

[1] 吴军：《文化舒适物：地方质量如何影响城市发展》，人民出版社2019年版，第8页。

网红打卡地——打造独异性体验空间

成都远洋太古里：时尚慢享的低奢氛围。

心、图书馆、特色街区小镇等新型的城乡公共空间场景与具有高度美感的网红功能业态，正成为塑造城市形象、吸引创意阶层的主力。美学布道者蒋勋曾言，"天地有大美而不言，美无处不在，我们要放缓节奏，感受生活中的点滴之美。"在经历过工业化时期的"快"之后，创意阶层与新中产在寻找这类带有美学性质的"慢"空间。2016年，成都的这类公共空间场景数量还很稀少，最近两年，休闲之都捕捉到了这个变化趋势，正在快步追赶。

抖音之城

作为休闲之都,成都摇身一变成为网红城市可谓水到渠成。抖音牵头编写的《短视频与城市形象研究白皮书》[1]中披露,自2016年9月抖音上线以来,成都、重庆和西安三市的城市形象短视频播放量就占到所有城市总量的四成,远远超过了北上广深一线城市。成都的城市形象短视频播放量88.8亿次,仅次于重庆和西安,热门视频Top100中有10条来自成都——成都是名副其实的"抖音之城"。白皮书指出,成都是少有的在前移动互联网阶段和移动端图文阶段就进行过成功的城市形象设计与传播的城市,"中国第五城""休闲之都"名声在外,因此,抖音等短视频平台只是进一步扩张和传播了成都多彩丰富的休闲空间与内容,使成都"来了不想走"的城市形象得到更全面的展示。

抖音在分析各大城市形象的短视频传播规律之后,总结出一个"BEST"定律——即城市形象的四大符号载体:BGM城市音乐、Eating本地饮食、Scenery景观景色和Technology科技感。[2]四类符号载体以一种更加本土、市井和鲜活的形象取代了过去文字时代扁平的城市印象,让城市的特点更加凸显,城市的独异性和辨识度跃然而出。

和我在成都的街头走一走,喔……

---

[1][2] 抖音、头条指数、清华大学城市品牌研究室:《短视频与城市形象研究白皮书》,2018年9月。

直到所有的灯都熄灭了也不停留。
你会挽着我的衣袖,我会把手揣进裤兜。
走到玉林路的尽头,坐在小酒馆的门口。

民谣歌手赵雷的一曲《成都》唱红了大江南北,便是"BEST"定律的最好演绎。这首场景感十足,略显忧郁的歌曲是赵雷送给

宽窄巷子:成都人的文化会客厅。

成都的情歌。很多人来成都，就是因为《成都》，这首歌带火了一座城，也带火了一家小酒馆。玉林路尽头的"小酒馆"（little bar）因为《成都》一炮而红，抖音关键词播放量已经突破千万。很多来成都的游客都要慕名来这个小酒馆坐一坐，感受一下当年赵雷坐在门口的寂寥心情。每天下午3点，门口就开始排起长队，人行道上挤满了很多拍照的外地游客，小酒馆已然成为一个打卡景点，外地游客和年轻人的情感寄托。

美食类视频是抖音传播力最强的视频类型之一。在抖音平台上，成都城市形象播放量最多的TOP10视频中有7条是美食，可见美食的号召力之强。牛肉饼、甩面、石棉烤肉、小龙虾还有火锅，"成都美食"在抖音上的关键词播放量更是高达35.9亿次。

2020年，成都举办了首届网红打卡点评选，挑选出50个最受市民欢迎的打卡地，包括10个"明星奖"和40个"新星奖"。10个"明星奖"中老牌休闲空间太古里和宽窄巷子高居前二，成为成都市民投票数量最多的网红。这多少有点出乎意外，因为在大众印象中，网红似乎都是新锐空间现象，其兴也勃焉，其亡也忽焉。太古里和宽窄巷子的"长红"似乎印证了网红并非都是一阵风，高品质的休闲空间能够经受得住时间的考验，依然能成为市民心中难忘的那一抹红。太古里和宽窄巷子之后，紧随着猛追湾、明月村、鹤鸣茶社、天府广场、熊猫基地等知名景点和休闲空间。40个"新星奖"中囊括的空间种类较多，主要为各类型公园、水系湿地、民宿、特色小镇、田园综合体、美丽乡村、商业综合体、文化创意园、历史文化街区古镇、创意及历史建筑等，从空间布局上来看，这些网红打卡点并没有高度集中在城区，而是散落在成都广阔的城乡大地之上。

网红打卡地——打造独异性体验空间

联合国创意城市网络美食之都：食在中国，味在四川，成都的美食小吃天下闻名。

在成都的50个网红打卡地之中，公园是最多的一个类型。抖音数据显示，2020年五一假期，成都的江滩公园脱颖而出，超越了众多知名的老牌景区，出人意料地成为抖音点赞最多的成都景点。成都公园的爆红，与成都这几年着力打造"公园城市"息息相关。2018年，习近平总书记为成都提出了新的建城方向"公园城市"——"突出公园城市特点，把生态价值考虑进去，努力打造新的增长极，建设内陆开发经济高地。"随后，一场轰轰烈烈的公园城市建设运动拉开帷幕，全国首个公园城市建设管理局，全国首个公园城市规划研究院，全国首个公园社区规划导则，全球首个公园城市指数等纷纷出台，成都提出3～5年内新建100个城市公园的宏伟目标。最令笔者赞叹的是，成都出台的锦城绿道规划大气磅礴，围绕着成都四环将形成一条500千米长的锦城绿道，其中包括200千米的主干绿道和300千米的支线绿道。沿着绿道规划形成四级配套服务体系，分别是以16个特色小镇为形态的一级驿站，以30个特色公园为形态的二级驿站，以170个林盘院落为形态的三级驿站以及以亭台楼阁为形态的四级驿站，规划还包括20平方千米的多样水体和100平方千米的生态农业景观区。在锦城绿道沿线，文化展示、文化体验、科普教育、休闲运动等文化与体育配套设施同步建设。[①] 如何将绿道、公园、景观以及新的生活场景、新的经济形态有机集合起来，或许是成都公园城市样本的核心价值。

成都东郊的龙泉山城市森林公园丹景台园区便是成都公园城市的典型网红样本。园区刚刚建成，便一跃而成为成都市民的打卡胜地，更是进入成都网红50强的前10名。站在观景台高处举目

---

① 参见《锦城绿道发展规划简介》，成都天府绿道投资建设有限公司。

网红打卡地——打造独异性体验空间

公园城市：穿CBD而过的运动绿道。

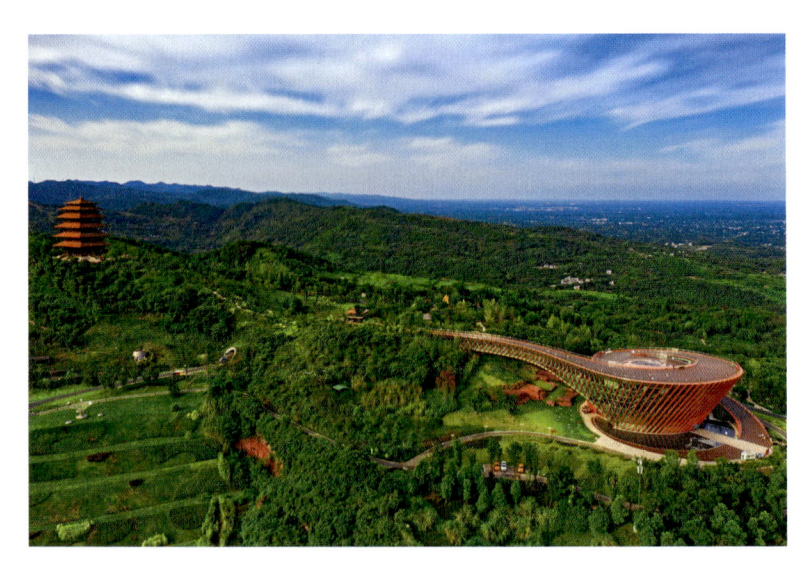

龙泉山城市森林公园丹景台：成都是全国首个公园城市建设试点城市。

成都天府新区麓湖生态城。

远眺，连绵起伏的山丘，三岔湖的粼粼波光便尽收眼底，美不胜收。在成都，像龙泉山这样的高品质开放绿色空间正变得越来越多，它们润物细无声地改变着市民生活，给他们带来新的休闲方式，让他们感受到美好生活就在身边。

成都引力

检验一个城市的魅力成分如何，最好的指标就是看其对人才，尤其是对年轻人的吸引力。正如葛优的那句梗"21世纪什么最贵，人才！"2017年以来，中国各大城市纷纷掀起"抢人大战"。出台人才新政的城市中，既有成都、西安、武汉等二线城市，也有北上广深等一线城市，抢人的对象主要以青年大学生为主。各大城市的主政者都意识到，中国经济转向高质量发展，人才才是创新驱动的根本所在。

"少不入川"的古话正在被改写。2017年，36.4万人在成都落户，是排名第二的杭州的两倍之多。成都出台了各项优惠政策，包括快速的人才落户制度、人才住房的配套供给等，这些条件并非其他竞争对手所没有的，但成都依然能拔得头筹，很重要的一个因素就在于它的宜居魅力。正如很多"新成都人"所坦言的那样，他们选择成都的最主要原因是——"成都除了工作，还有生活！"

如果说工业时代是"乐业带动安居"，那么到了后工业时代，则恰恰相反"安居带动乐业"，高素质人才对城市宜居性的要求越来越高。正如特里·克拉克所说的那样，休闲娱乐、符号消费、文化艺术等舒适物场景正成为构建城市吸引力的核心要素。

在第一财经发布的《2018年中国城市商业魅力排行榜》中，

成都在15个"新一线城市"中名列第一。[①]排行榜以商业资源集聚度、城市人活跃度、生活方式多样性、未来可塑性和城市枢纽性五大指数构建排名机制。成都是商业大品牌落户西南的首选城市,连续三年在消费品牌门店总数中超过广州及其他新一线城市,成都也是大型购物中心最多的新一线城市。成都人爱耍的基因让城市活跃度高涨,成都的夜晚永不寂寞,很多火锅店、茶馆、酒吧都是24小时营业。"休闲之都"生活方式的多样性自然胜人一筹,无论是餐厅、电影院、咖啡馆、运动场所,还是书店、艺术馆、博物馆等,成都人都有不输一线城市的多样选择。

成都在消费场景的构建方面拥有天然的优势,这是它能够吸引年轻人,特别是高素质年轻人的根本原因。《城市的胜利》一书的作者,哈佛大学经济学教授爱德华·格莱泽早在2001年就提出了"消费城市"的概念,他认为一个新的城市时代已经悄然来临,一个从"生产导向"转向"消费导向"的后工业城市形态已经到来,未来城市的竞争力将取决于能否吸引消费者即高级人力资本的能力。成都这样的新一线城市已经初露端倪,传统制造业在撤出,学界将此现象称为"退二进三",IT科技、金融服务、文化创意、休闲娱乐等新兴产业方兴未艾,而从事这些行业的人群构成了新的社会阶层——"创意阶层"。理查德·佛罗里达是创意阶层概念的提出者,他敏锐地发现,创意阶层作为新兴产业的主体,正成为未来城市发展的核心阶层,这个阶层将成为各大城市之间争夺的主要人力资源。佛罗里达判断,创意阶层作为大都市的精英群

[①] 《自豪! 2018中国新一线城市排名出炉! 成都稳居第一!》,https://www.sohu.com/a/230785943_317812。

体，不仅是巨大的生产力的代表，更拥有史无前例的消费能力与意愿。他们对音乐、影视、动漫、服装、餐饮、图书等文化与艺术实践乐此不疲。而想要吸引这个阶层的人，城市就需要反过来主动提供与满足他们以新文化设施与各类消费场景。

网红效应

网红打卡地显然是这些新文化设施与消费场景中的佼佼者，他们不仅满足了创意阶层的体验需求，而且因为其高品质与独异性特征，通过互联网扩散得到了大众的喜爱与追捧。网红打卡地和网红城市给一个城市带来的正面效应已逐步得到印证，笔者把这种正面积极的增益效应简单概括为六点：

第一，空间品质提升。网红打卡地无论是在美学颜值、人文温度还是景观活力等层面，都能大大地提升城乡公共空间的整体品质，让这些区域变得更有吸引力。

第二，旅游产业带动。网红打卡地和网红城市的直接效应是大大扩张了一个城市的旅游接待量，直接带动了旅游产业的发展，与此同时，网红打卡也常常因其"触媒"作用，带动其他相关行业及周边区域的发展。

第三，城市个性找魂。网红对独异性的要求，使得这些高品质的公共空间都呈现出独特的灵魂与气质，从千城一面到千城千面，网红正在帮助城市找到属于自己的独异灵魂。

第四，软实力的增长。一个城市除了经济增长、基础设施等硬实力，还有历史文化、城市活力、时尚消费等软实力，这些软实力愈发成为一个城市核心竞争力的重要组成部分。

第五，幸福感的升华。城市的网红也在悄悄提升本地居民的自豪感与幸福感，这种被媒体与外围关注的感觉让他们发自内心的为自己的城市感到骄傲。

第六，竞争力的提升。以上这些效应都在整体上协助并提升城市的综合竞争力，城市对外来人才特别是年轻人与高端创意人才，以及资本、技术等生产资源要素的吸引力都在显著增强。成都无疑就是这样的受益者。

民宿酒店：新旅游之锚

> 我们很小，我们与众不同，就是这样。
>
> ——安缦酒店创始人阿德里安·泽查

新旅游之锚

"浪涛追逐着海岸，火山爱上了云霞。漫山遍野插满稻田的旌旗，街头巷尾弥漫艺术的芬芳……"位于13 500多个岛屿之上的印尼巴厘岛名闻遐迩，是全球游客的梦想之地，素有"天堂岛"之称。2015年美国著名旅游杂志《旅游+休闲》更是将巴厘岛评为世界最佳岛屿之一。全球游客都爱巴厘岛，中国人也不例外。最近几年，中国游客一跃而成为巴厘岛最大的金主，2018年入境的中国游客人数达到136.2万人次，占到全岛游客总数的两成之多。

海岛千千万万，世人为何钟爱巴厘岛呢？

巴厘岛从一个遗世独立的宁静港湾，摇身一变成为炙手可热的拥有4 000多家酒店10万间客房、年接待游客接近千万的旅游胜地，也只仅仅花了40年左右的时间。游客们对巴厘岛的旅游资

巴厘岛稻田上的崇山日出

源有着这样的评价,"一流的酒店,二流的沙滩,三流的景点。"按照旅游发展阶段理论,以景点为主的观光游构成了旅游发展的早期阶段,随着经济增长与居民收入的提升,旅游也逐步从浅表的观光游向休闲游及深度的度假游转变。世界旅游组织的研究数据表明,人均GDP超过5 000美元,即步入成熟的度假旅游阶段。巴厘岛则好像直接跳过了前两个阶段,直接进入了度假游阶段。

地处热带雨林气候的巴厘岛终年高温多雨,地势北高南低,旅游资源异常丰富。阳光、沙滩、悬崖、珊瑚礁、森林、火山、稻田还有印度教文化浸染之下的淳朴民风,各类庙宇、雕刻、绘画、音乐、歌舞等人义艺术资源亦是丰富异常。然而这些旅游资源并没有像常规的旅游景点一样,构建出强大的旅游吸引核,40年前,在世人眼里,巴厘岛就是一个贫穷荒蛮之地,游客稀少,直到它遇见酒店。

顶级酒店的纷纷入驻就像一支强大的催化剂,让巴厘岛一夜之间变幻了模样。安缦、丽思卡尔顿、宝格丽、虹夕诺雅、瑞吉、四季、阿丽拉等世界顶级奢华酒店品牌纷纷抢滩巴厘岛,他们对这颗印度洋上的珍珠是如此的钟爱,以至于很多品牌都不止建造了一家酒店。小众顶级酒店的代表安缦,通常只在一个国家建一间酒店,而巴厘岛就有三家安缦;知名的五星级酒店四季在巴厘岛建了两家酒店;而阿丽拉的巴厘岛店达四家之多。

笔者观察到这样一个新现象:在度假旅游阶段,好的酒店正逐步取代景点,成为"新旅游之锚"。我们对此早已不陌生,和观光旅游阶段以景点为核心所不同的是,新中产和高净值人群等新兴阶层往往首先会通过移动互联网来查定度假酒店,然后围绕酒店来安排度假行程与旅游线路。度假酒店成为事实意义上的中心目的地,围绕中心再形成以30分钟到1小时车程为半径的度假辐

我以为,如果说观光旅游是"走在风景里",那么度假旅游则是"睡在风景里"。

射圈,这个辐射圈往往囊括传统景点、各类休闲设施和网红打卡地等。尤其是随着全域旅游时代的到来,自驾出行成了最主要的出行方式,如果我们把自驾车比作是旅游之船的话,那么船之锚就是度假酒店。这种以酒店为中心的出行现象正在旅游新贵中变得普及。更有甚者,对于一小部分人来说,度假的全部含义干脆就等同于度假酒店本身——他们会将大部分的度假时间都花在酒店内部,而酒店之外的景点观光则沦为可有可无的"餐余甜点"。

作为度假天堂的巴厘岛,安缦、宝格丽等一流的酒店才是游客们慕名而来的真实梦想目的地。这些顶级的奢华酒店往往拥有最靓丽的风景线,它们坐落在海岸边、丛林深处、寺庙或是火山的附近,内部配套了豪华餐厅、酒吧、SPA、泳池、网球场、高尔夫、小型剧场等附属功能,让你足不出户就能软绵绵地深陷其中,一待好几日而不腻烦。度假酒店的主力客群往往是那些从忙碌职场偷得浮生半日闲的高收入人士,度假也意味着找到一个舒适愉悦的休闲空间彻底地放松,"上车睡觉、下车看庙"疲于奔命的观光游已不再是他们的兴趣所在。

从配角到主角

在观光游时代,核心景区是主角,酒店是配角。而到了度假游时代,酒店反客为主,变成了主角。

位于浙江德清的莫干山,是中国著名的四大避暑胜地之一。19世纪末西方传教士首先发现了莫干山的消夏避暑功能,并随后大量购置土地,兴建居所,莫干山因此而兴。民国时期,国民党大量军政要员与权贵纷纷上山,营造别墅,蒋介石与宋美龄的蜜月地就选在了莫干山。莫干山逐步成为避暑胜地。20世纪80年代,莫干山再次对外开放,成为红极一时的景区,然而好景不长,由于山顶别墅破败,设施陈旧,加上其他景区的竞争,莫干山旅游再次由盛而衰。①

2012年,《纽约时报》评选出全球最值得去的45个地方,德清莫干山名列其中。《纽约时报》对莫干山的青睐,究其原因,并非被称为"世界建筑博物馆"的山顶别墅群以及与之伴生的各路名流的故事,主要原因还在于前几年在半山腰上蓬勃兴起的一股奢华民宿热。

>一段时间的寂静后,在过去的10年中,外国人再次使莫干山沉睡的山坡活跃起来,把古老的别墅改造成自己的家或者宾馆。在2011年末,这座山因两个新的奢侈房产的诞生而登上上流地位。Naked Stables(裸心谷)是一个拥有121个房间的生态圣地,它的别墅顶端栽有树木,阳台上还有按摩浴缸,可以俯观众山。另一个是有40个房间的Le Passage Moganshan(法国山居),将在12月份部分开放。设计者于莫干山历史上有名的家庭庄园采集其灵感,使用了世纪陈旧的再循环木质地板,建造了种有1.2万株玫瑰灌木丛的花园。②

一个叫高天成的南非人开启了莫干山度假的2.0时代。在敏

---

① 陆超:《读懂乡村振兴:战略与实践》,上海社会科学院出版社2020年版,第244页。
② 参见《纽约时报推荐今年全球值得一去的45个地方,中国两地上榜》,《钱江晚报》2012年1月11日。

网红打卡地——打造独异性体验空间

网红裸心堡,莫干山度假的新地标,古堡曾属于国民党元老张静江。

锐地嗅察到富裕的长三角地区巨大的度假旅游需求之后,高天成大胆地拿下了莫干山山脚的一片山谷,成功地打造出一个拥有无敌景观山顶别墅和非洲风情夯土小屋的生态度假村"裸心谷",泳池、马场、水疗 SPA 和路虎俱乐部等配套设施一应俱全。和巴厘岛那些知名的奢华度假酒店相比,或许裸心谷在品质档次层面还有差距,然而它的房价与盈利能力却丝毫不逊色。拥有 121 间客房的裸心谷每年的收入超过 1.4 亿元,凭借每个房间 100 万元的年收入,它一跃而成为中国最赚钱的酒店之一,要知道上海排名第一的香格里拉酒店的单间年收入不过才 55 万元。[①]裸心谷的一房难求让高天成看到了长三角高端度假旅游欲壑难填般的巨大需求,

---

① 陆超:《读懂乡村振兴:战略与实践》,上海社会科学院出版社 2020 年版,第 246 页。

古堡营造出一种完全独异的度假消费新场景。

之后他再接再厉,把莫干山顶的一栋古堡改造成了另外一家度假村"裸心堡"。裸心谷开业于2011年,那时候抖音等短视频还未出现,因此并没有享受到网红的流量红利,裸心堡则不然,2017年开业之后迅速走红网络,抖音的话题播放量已经超过2 000万。

以裸心堡、裸心谷、法国山居、大乐之野等为代表的莫干山网红民宿热,重新定义了传统景区与酒店民宿之间的关系。传统的景区逐步从旅游的主角变为配角,就像今天去莫干山度假的大都市新中产们,他们的目的地不再是山顶的景区,而是那些拥有无底景观视野,拥抱竹林溪水,幽静舒适的高端民宿酒店,而借助于互联网短视频的流量威力,其中的网红民宿越发变得一房难求。

品牌酒店下乡

中国社会科学院的一份研究报告指出,[1]2016年是中国"大乡村旅游时代"的元年,乡村旅游的人次占到国内旅游总人次的半壁江山,达到25亿。乡村旅游热还在膨胀,因为70%的休闲旅游资源在乡村,超过一半以上的旅游景区景点布局在乡村,随着全域旅游、自驾游等新型旅游形态的出现,品牌酒店、网红酒店的下乡之路就变得顺理成章。

阿丽拉的中国首店选在了两山理论的发源地,中国美丽乡村的示范县浙江安吉,第二家店落地在了山水甲天下的桂林阳朔,第三家则在水乡乌镇。日本殿堂级酒店集团"星野"的奢华酒店品牌"虹夕诺雅"是酒店控们的朝圣之地,无论是东京都市圈外的轻

---

[1] 参见中国社会科学院:《中国乡村旅游发展指数报告》,2017年。

井泽店,还是位于京都郊外岚山需要乘船出入的京都店,都是世界级奢华酒店的代表作品。星野集团将虹夕诺雅的中国首店落户在了浙江天台山的绿城莲花小镇。悦榕庄在国内的布局则要更早,安吉、丽江、杭州西溪湿地、黄山脚下等地的作品都是业界的翘楚,自然浪漫的情怀,远离喧嚣的体验,让游客们流连忘返。

浙江湖州安吉县可能是国际品牌酒店下乡最有代表性的一个案例——它是中国拥有最多高端酒店的县城。早在2014年,继婺源之后,安吉就被国家旅游局列为第二个"国家乡村旅游度假试验区"。2019年,安吉这个长三角的生态后花园接待旅游人数超过2 800万。在这个人口不到60万,以生态立县的小县城里,悦榕庄、阿丽拉、JW万豪、CLUBMED、凯悦扎堆集聚。这些品牌的入驻极大地提升了安吉的旅游度假品位,带动了旅游人口的飞速增长。

以往在城市中赚得盆满钵满的品牌酒店们突然发现,城市酒店正逐步失去吸引力,与自然融为一体的乡村酒店才是未来酒店行业利润保持增长的新空间,它们的群体下乡也自然变得顺理成章。

酒店独异性

"现代管理学之父"彼得·德鲁克认为,企业只有两个基本功能:第一是开创差异化的产品和服务;第二是通过品牌营销成为顾客心智中某个领域的首选。被财富杂志评为"史上百本最佳商业经典"第一名的《定位》一书的作者艾·里斯和杰克·特劳特指出,抢占顾客的本质在于抢占他们的心智,在一个极度竞争时代的生存之道，就是"与众不同"！

品牌化构成了天然的独异性优势，尤其是国际化的知名酒店品牌，而越发与众不同的定位与气质则让某些品牌迅速脱颖而出，安缦酒店便是这样的特立独行者。与其他大型品牌相比，安缦不再追求成为最大的，而是偏向于小型的、隐秘的和迷人的。创始人阿德里安·泽查提及安缦酒店的成功之道时曾坦言，"我们很小，我们与众不同，就是这样。"他透露安缦选址的三大原则，原生态的周边环境，酒店与当地文化相互融合还有宜人的气候。[1]独特的周边环境、地域文化还有气候都是塑造酒店独异性的重要因子，于是我们看到了杭州西子湖畔一个散发出禅隐气息的18世纪原生态古村落被改造成为"法云安缦"，在北京皇家避暑的园林之中，用颐和园部分院落修复改建而成依旧保留皇家院落景致的"颐和安缦"，还有在丽江狮子山顶，用传统纳西族建筑复刻而出可以远眺丽江古城和玉龙雪山的"大研安缦"……

近两年，抖音、小红书等短视频及社交平台持续不断地涌现出一批批网红民宿酒店，它们享受了免费的流量红利，一房难求的火爆程度绝不亚于这些老牌的国际酒店品牌，成为令后者都艳羡的对象。很显然，这些网红酒店都没有如安缦一般的强大品牌实力，却因为创造出了"与众不同"的独异性体验而受到消费者的青睐。

线下媒体的霸主分众传媒的创始人江南春，深谙如何高效地运用广告通过"饱和攻击"赢得客户的心智。他犀利地指出，"企业经营的最大成本来自顾客的认知成本。消费者选择你，而不选择竞争对手的根本理由是什么，这才是商业的本质。商品越来越

---

[1]《安缦酒店背后的传奇创始人》，https://zhuanlan.zhihu.com/p/32620038。

隐匿于古村落之中的杭州法云安缦。

上海养云安缦酒店。

多，竞争越来越激烈，所以我们要问老板，请用一句话说出消费者选择你而不选择竞品的理由。"

江南春的话适用于那些在电梯和楼道内拼命打广告的产品和企业，也同样适用于酒店和民宿。所以我也要问一句：精品酒店民宿越来越多，请用一句话给我一个睡你的理由。

塑造民宿和酒店独异性的方式显然有很多种，笔者初步尝试列举两种：场景营造和IP借力。

场景营造

传统的品牌化的城市酒店都走了一条标准化的道路。同样的外在形象、同样的内部装饰和同样的居住体验，但是到了最近10年，这种同质化的模式走到了尽头。客户希望能有不一样的体验，这种需求反映到市场上，就是城市酒店的衰落和乡村民宿酒店的崛起。打开携程，你不难发现周末高品质民宿的价格已经超过了城市五星级酒店的价格，而且前者一房难求，后者则问者寥寥。原因不难解释，其中一个重要原因就是乡村能提供城市提供不了的多元化的场景。而这种场景是与当地的自然社会环境、地域历史文化、独特气候和社群民风等因素联系在一起的，后者赋予了前者独异性，使得客户能得到与众不同的体验感。

对地域的悉心追求，往往能催生出高度场景化的酒店民宿。在今天越发激烈的市场竞争中，精致的装修风格、高品质的设施配套甚至是优美的自然环境已经越来越难构成酒店民宿的核心竞争优势了，未来的酒店民宿需要寻求新的差异化竞争路径。具有高辨识度的场景化便是路径之一。

民宿酒店：新旅游之锚

宁夏中卫沙漠星星酒店。

  上文提及的莫干山裸心堡便是场景化的一个极好案例。古堡赋予了酒店新鲜的体验感，同时塑造出崭新的场景，这种鲜活的场景和代入感极其适应于短视频的传播，让用户产生快速前往消费并在线上分享的冲动。宁夏中卫沙坡头的网红星星酒店是中国沙漠场景酒店的一个典型样本。设计师将酒店的布局具象化，犹如一座星星状的火星基地，游客们不仅能夜观星空，更能穿上宇航服，经历一次穿越火星的大片体验。

"三生一宅"是近两年崛起的一个浙江民宿品牌，笔者认为其深谙场景化的网红之道。三生一宅目前只开了两家店，一家在桐庐深奥古村；另一家在杭州湘湖金融小镇，然而两家店在抖音的"浙江住宿人气榜"上都杀入了前10名。笔者最早在抖音上刷到桐庐店，是一个身着旗袍的女子在古宅2楼临窗的桌前享用农家午餐的画面，评弹的背景乐响起，镜头随之慢慢往窗外游走，露出天井上方的一个蓝色水池。桐庐店以古村老宅为大场景，配合以木雕大梁、格窗坐塌、古井石板等小场景，再运用混搭手法植入迷幻酒吧、蓝色水池、精致沙发等现代元素，成功地打造出了诱人的休闲度假场景。杭州店则另辟蹊径，以西班牙阿尔罕布拉宫为灵感，通过异域及时尚的场景打造来吸引网民。绿野仙踪的庭院、水下世界的酒吧、热带植被烘托下的红色亚力克浴缸，以及屋顶的无边泳池与星空泡池，每一步每一个角落都是绝佳的拍照打卡点。民宿创始人高明坦言，"杭州店在做设计的时候，就会去想象各种画面和场景，什么样的取景框是最美的，什么样的拍摄动线是最流畅的。"

一个好的场景，最基本的要求是让消费者第一时间产生拍照录像并上传分享的冲动。如果没有这样的冲动，很遗憾，在短视频时代，这样的场景就不算是一个好场景。

湖州野界度假酒店在场景创新上是其他小型度假酒店的榜样。这家酒店在距离莫干山不远的湖州吴兴区的一个小山村中搭建了一个"穴居星球"。主创团队透露，从构思到落地，方案耗时整整3年。建筑采用覆土形式，独特的类蘑菇造型，绿色覆土的屋顶上是连绵起伏的草坡，你好像很难在现实中找到这样的场景。它是独一无二的、不被定义的，唯一让你确信的是，它似曾在某些科幻电影大片中出现过。夜幕来临,灯光从高耸的顶窗、落地的圆窗向外弥漫出来,如果你有一架无人机,你就能俯看到星星点点的灯光点缀在静谧的山谷之间,仿佛把你带进爱丽丝梦游仙境的童话世界。在灯光明亮的洞穴之内,纯白色的墙体、大小不等的圆窗以及圆弧流线的拐角设计,让空间充满了异域外星的场景感。最后,你只需要爬上柔软的床,透过顶窗仰望星空,然后慢慢闭上眼睛,准备开启一段外太空的寻梦之旅。

湖州野界的场景设计完全是一个无中生有的杰作,它也促使笔者重新思索,策划与设计是否应该跳脱从原址本底中汲取灵感的窠臼,因为无中生有的场景拼贴正在赋予空间前所未有的宽广想象力。

IP借力

IP是英文"Intellectual Property"的缩写,意为知识产权。互联网界把IP理解为所有成名文创(文学、影视、动漫、游戏等)作品的统称,也就是代表智力创造的,比如发明、文学和艺术作品这些著作的版权。[①]

IP的内涵外延始终在扩张。个人IP就是这些年伴随网红及粉丝经济而新出现的互联网新名词。每个人都是产品,把自己当成这辈子最好的产品去打造,从而产生经济价值。这多少能让人想起法国哲学家列斐伏尔,他极具浪漫主义地鼓励人们应该将个人日常生活打造成艺术品,用"诗意生活"来摆脱日渐商品化及消

---

① 参见百度百科"IP"。

网红打卡地——打造独异性体验空间

把书店搬进酒店:亚朵酒店与单向空间书店的融合。

费主义的现代性命运。[①]两者都将个人作为对象加以改造,但区别是,前者商业化,而后者文化化。要成为IP,必须满足3个基本条件,一是高品质的独创内容;二是有一定的知名度;三是拥有一定规模的粉丝群体。显而易见,IP天生自带独异性。而酒店民宿与IP的结合,正催生出全新的独异空间体验与价值重塑的机会。

---

① 参见列斐伏尔、阿格妮丝·赫勒:《让日常生活成为艺术品》,云南人民出版社1998年版。

亚朵酒店是IP酒店先河的勇猛开创者。2016年,亚朵和知识网红吴晓波联名合作打造了"亚朵·吴酒店",首创IP酒店模式。之后,亚朵就一发而不可收,在上演百老汇沉浸式名作 *Sleep no more*(不眠之夜)的上海麦金侬剧院旁,亚朵开了以莎士比亚戏剧为IP的The Drama酒店——顾客订的房间不再是202、305和406,而是《麦克白》《李尔王》或是《仲夏夜之梦》。之后,亚朵与虎扑合作篮球酒店,与腾讯出品QQ会员酒店,网易严选、网易云音乐、知乎、马蜂窝等互联网品牌也纷纷加入了亚朵IP酒店的阵营。

亚朵创始人王海军曾表示,"如今的酒店空间面临着价值重构的机遇。"诚如斯言,亚朵普通大床房的价格在400～600元,而IP酒店房间的价格可以轻松突破千元。IP自带的"粉丝"流量以及酒店的场景更新,都给亚朵带来空间增值效应。"代表着亚朵3.0的IP房间,投资成本大概14万～15万一间,4年左右便能收回成本。"[①]王海军认为亚朵IP酒店的模式非常健康,在他眼中,IP并非雪中送炭而是锦上添花,亚朵的目标是直指创造一个更加独特而有魅力的"第四空间"——IP房间从此变成一个互联网流量入口,IP方通过线下空间来展示自己的内容,并将流量导入自己的平台,比如亚朵·吴和亚朵网易严选酒店最大的特色便是将商品售卖植入酒店,数据显示,严选酒店房间每天的单间非客房收入要比之前翻了一番。

随着新兴消费阶层的崛起,自驾游等旅行方式的变化以及旅

[①]《亚朵又开了一家IP酒店,而他们说这不是在制造噱头》,https://www.huxiu.com/article/275690.html。

游进入3.0度假游阶段，拥有独异性体验的品质酒店与民宿正在成为新的旅游之锚。笔者以为，越发内卷的竞争让酒店民宿的生存境况变得越来越艰难，追求标准化空间与服务的时代已经一去不复返了，在短视频主导的网红时代，消费者渴望与众不同，因此拥有独异性，才拥有未来。如何拥有独异性体验，不止于酒店民宿，是未来各类文旅型、消费型线下空间的必修课，尽管这堂课看上去并不容易。

特色小镇的死与生

找准特色、凸显特色、放大特色,是特色小镇建设的关键所在。
——时任浙江省长李强

小镇登台

小镇从来都不是新鲜之物,但一旦与独异性相结合,便能催生出新的物种。这个物种在前几年掀起了一阵特色产业与文旅的投资热潮,引发了巨大的社会关注。

2014年10月,特色小镇这个新物种登上了中国城镇化的历史舞台。时任浙江省省长李强在参观杭州云栖小镇的时候,提出了一个新名词——"特色小镇"。云栖小镇由西湖区转塘科技经济园区转型升级而来,以阿里云为核心,瞄准了以云计算、大数据为主的产业方向,探索出了一条产业转型升级、城乡融合发展的新型城镇化之路。李强兴致勃勃地参观完云栖小镇后,高兴地感慨:"计杭州多一个美丽的特色小镇,让天上多飘几朵创新的彩云。"

李强的特色小镇概念并非无中生有,前无古人。他在《今日浙江》上发表的《特色小镇是浙江创新发展的战略选择》一文中解释道："瑞士的达沃斯小镇、美国的格林威治对冲基金小镇、法国的普罗旺斯小镇、希腊的圣多里尼小镇等,虽然体量都不太大,但十分精致独特,建筑密度低,产业富有特色,文化独具韵味,生态充满魅力,对浙江优化生产力布局颇有启迪。"[1]浙江省也明确了特色小镇的概念与内涵,即"相对独立于市区,具有明确产业定位、文化内涵、旅游和一定社区功能的发展空间平台,区别于行政区划单元和产业园区。"[2]

顾名思义,特色小镇的关键在一个"特"字,即"独异性"。小镇的定位要主打"独特",特色才是小镇的核心关键,而其中产业特色是重中之重。找准特色、凸显特色、放大特色,是小镇建设的关键所在。

特色小镇为什么首先在浙江生根?这与浙江独特的产业经济是分不开的。过去的20多年间,在"七山一水两分田"的之江大地上诞生了近500个工业产值超5亿元的产业集群,义乌的小商品、海宁的皮革、绍兴的轻纺、诸暨的袜子、瑞安的汽摩配、平湖的光机电、温岭的泵业、永康的五金、黄岩的模具……研究者们把这种独特的产业地理现象称为"块状经济"。浙江人凭借与生俱来的"鸡毛换糖"般的创业精神与市场意识,以血缘姻亲、地缘乡谊为纽带,通过家庭或家族经营的方式,在浙江的地理版图上无中生有地粘上了一块又一块色彩斑斓的"产业马赛克"。而特色小镇

---

[1]《特色小镇是浙江创新发展的战略选择》,http://cpc.people.com.cn/n1/2016/0104/c162854-28010139.html。
[2]《浙江省人民政府关于加快特色小镇规划建设的指导意见》,https://jxt.zj.gov.cn/art/2015/9/6/art_1562871_25386147.html。

就是以这些独特的"产业马赛克"为基础,通过产业升级聚焦,功能叠加聚合,文旅设施补强等方式,创造出一个全新的宜业宜居宜游的新产业发展空间平台。

除了传统产业的升级,浙江特色小镇还瞄准信息、健康、环保、时尚、金融等新兴领域,同时兼顾丝绸、黄酒、中药、青瓷、文房、木雕等历史经典产业,以这些具有高度特色化的产业为核心来打造特色小镇。

成也特色,败也特色

这股从浙江吹出来的特色小镇之风,很快便席卷了全国。2015年,时任中财办主任刘鹤前往浙江调研特色小镇,在中财办随后发布的《浙江特色小镇调研报告》中,刘鹤提出特色小镇是"集产业链、投资链、创新链、人才链、服务链于一体的创新创业生态系统,是新型工业化、城镇化、信息化和绿色化融合发展的新形式。"2015年底,习近平总书记就中财办的这份调研报告予以了重要批示,号召全国学习浙江建设特色小镇的经验。他指出"抓特色小镇、小城镇建设大有可为,对经济转型升级、新型城镇化建设,都大有重要意义。浙江着眼供给侧培育小镇经济的思路,对做好新常态下的经济工作也有启发。"于是,各地纷纷出台相关政策文件,从政策倾斜、资金支持、土地指标等方面给予大力支持,特色小镇这点星星之火,很快便以燎原之势在全国蔓延开来。

然而,好的初衷并非总能在第一时间就结出丰盛的果实,特色小镇亦然。过去几年,特色小镇经历了一波野蛮生长期,各路神仙妖怪纷纷登场,有房地产企业,有金融公司,有央企国企,有旅游类企业,还有大型互联网企业的身影,甚至还有些电影公司也耐不住寂寞插上一脚的。特色小镇的一哄而上,也从侧面反映出中国产业经济的一个独特现象:政策扶持下的某一类产业一旦揭开面纱,必定引来无数投机者蜂拥而上,从光伏到新能源汽车,再到芯片,无不是如此。一波野蛮生长之后,势必呈现出虚假的繁荣之相,接着政策收紧,潮水退去,弄潮儿浮出水面,而裸泳者终将原形毕露。这是一个大浪淘沙的过程,很多"市场原教旨主义经济学家"对产业政策颇有微词,然而事实证明,这种通过政策一收一紧来筛选"金子"的办法屡试不爽。

特色小镇同样经历了一波死与生的严酷洗礼。2021年4月,一篇名为《中国特色小镇死亡名单》的文章在朋友圈刷屏,文章称全国至少有100多个文旅小镇处于烂尾或倒闭的状态。投资3.5亿的陕西白鹿原民俗文化村开业后人气一路下滑,最终不得不面对被拆除的悲惨命运。演员李亚鹏一手操盘的丽江雪山艺术小镇,投资总额超过30亿,如今也是野草丛生,烂尾破败。同样上榜的还有成都的龙潭水乡,由于定位不清,特色不明显,这个曾经被寄希望于打造成都"清明上河图"的古街水乡最终也落得门可罗雀,草草收场。

与此同时,政策端还在不断收紧与规范特色小镇的创建与授牌。2021年9月30日,发改委等十部委联合制定并印发了《全国特色小镇规范健康发展导则》,标志着特色小镇的建设进入一个异常严格监管的新时期。"一张清单管到底",清单制便是这种高监管的集中体现。各个省份将开具特色小镇清单,未纳入清单的将不得不自行冠名"特色小镇",对不符合建设要求、虚假虚拟的小镇坚决清理,撤除宣传内容并消除负面影响。

小镇以一个"特"字而兴,同样,小镇因一个"特"字而败。我在《读懂乡村振兴:战略与实践》一书中曾经点破,大多数企业进入特色小镇只是瞄准了地产指标,尤其是一些实力不强、特色产业及文旅运营能力欠缺的公司,仅仅把特色小镇看作一扇廉价拿地的窗口,因此各种假小镇、伪小镇,毫无特色的小镇才会层出不穷。而一旦缺少特色,产业不能特而强,文旅不能特而美,小镇这两个核心引擎就彻底熄火停摆。

产业的培育需要"慢火煲靓汤",不可能一蹴而就,文旅又是一个重投入、风险高、回报周期慢的活儿。总而言之,小镇需要慢工出细活,绝非一日之功。成功的小镇都是相似的,而烂尾的小镇各有各的烂法。成功小镇的相似性之一,就在其"独异性"。

小镇打卡

小镇是网红打卡地的主要类型之一。特色小镇产业有特色、文化有韵味、生态有魅力,加上精致独异的建筑特色与风土人情,处处都是打卡的亮点。小镇天然的低密度建设空间,一扫摩天大楼的千篇一律,是孕育个性化、独异化建筑群落的最好载体,尤其是文旅类小镇,能够在建筑特色上有所作为。希腊圣托里尼小镇能够在蔚蓝色的地中海旁独异而出,成为世界级的旅游海岛,关键就在于悬崖峭壁上那纯白色的连片度假酒店。这些层叠错落、沐浴在金黄夕阳下的独特建筑群落,天然是明信片上的最佳构图。一望无际的海天之蓝,绵延无尽的屋墙之白,构成了强烈的视觉对比,营造出让人无法抗拒的异域魅力。笔者就曾痴迷于这种大体块色彩的纯净之美,慕"颜"前往希腊旅游。在爱琴海上,像圣托里尼这样的小岛不在少数,唯独其能脱颖而出,并成为世界级的旅游标杆,笔者认为其背后隐藏着网红打卡地的设计逻辑,尽管这种逻辑可能并非出自设计师,而是天然自发形成的结果。同样,在国内,如果没有粉墙黛瓦的原汁原味的古建筑群落,你很难想象乌镇会成为中国最挣钱的景区之一,更遑论成为世界互联网大会的举办地。在拥有新建建筑群落的网红小镇中,北京郊外的古北水镇,无锡灵山大佛脚下的拈花湾皆是业界的翘楚,它们无一例外是通过独特而精致的建筑群,为自己赢得了市场认可与业界口碑。

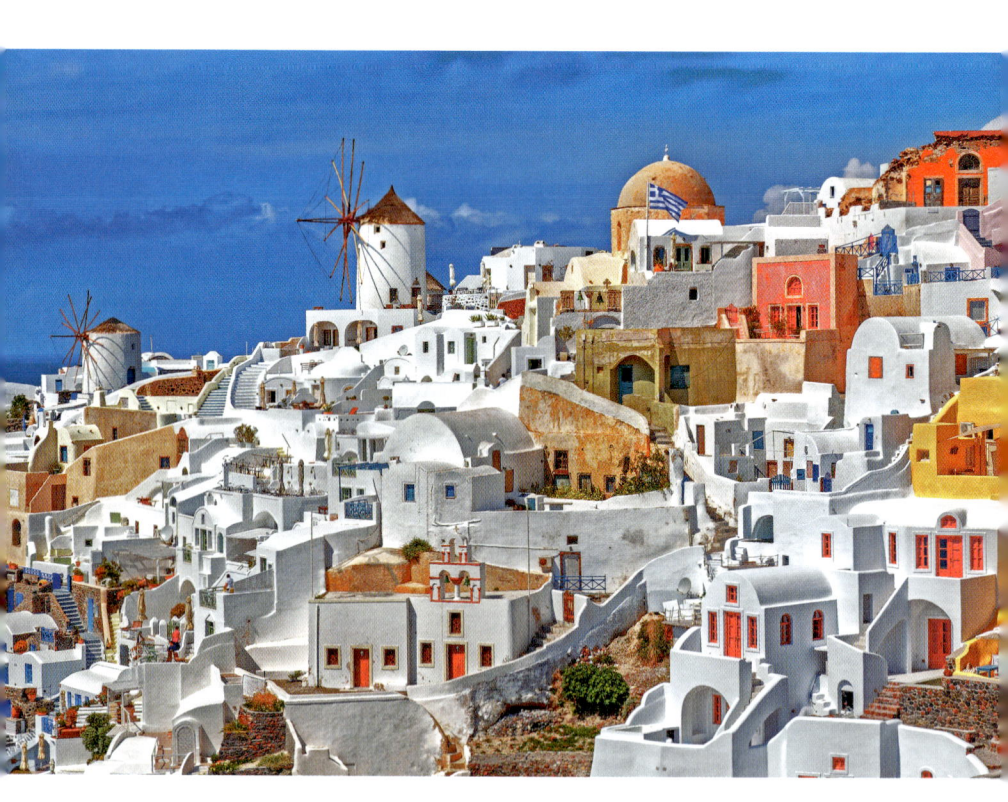

悬崖之上的纯白世界构成了圣托里尼的独异性。

小镇的文化是另一把营造独异性的利器。浙江兰亭书法小镇入选了浙江第二批特色小镇的培育名单,笔者曾为其出谋划策。兰亭镇地处绍兴城西南的兰渚山下,因王羲之创作《兰亭集序》而蜚声海外,有"书法圣地"之称。东晋永和九年三月三日,王羲之与谢安、孙绰等名流雅士聚会于兰亭,行修禊之礼,曲水流觞,饮酒赋诗。王羲之将众人所作诗文汇编成集,并趁着酒兴作序一篇,阴差阳错地成就了天下第一行书《兰亭集序》。书法文化塑造了小镇的灵魂,围绕书法而打造的各种文化及旅游空间则成了极具魅

乌镇的独异性最早在于其完整的、原汁原味的江南水乡格局与韵味,后被乌镇戏剧节、世界互联网大会等外在植入IP所代替。

力的打卡地、鹅池、曲水流觞、书法学院……

小镇是一个巨大的容器,除了建筑群落与文化灵魂之外,自然景观、人文景观、文化艺术、特色街区、阅读空间、餐饮零售、酒店住宿以及夜间经济这些网红打卡地类别或业态,都可以纳入小镇的组合板块。留给策划人、操盘人思考的是,如何通过一两个核心打卡点带动其他片区,最终引爆整个小镇。

独异性资源

人无我有的独特地域资源往往是营造小镇的核心密钥。笔者曾受邀给内蒙古自治区阿拉善盟的乡村振兴把脉咨询。地处腾格里沙漠边缘的阿拉善左旗有"丝路驼乡"之称,双峰骆驼数量占到全国总量的1/3。阿拉善盟也围绕骆驼这一独特资源打造了每年一度的骆驼文化节。然而很遗憾,这个事节每年只是短暂地举行,对阿拉善左旗的旅游并没有形成有效的带动效应,每年到阿拉善盟旅游的游客也很难领略到骆驼及其相关产品的独特魅力。

笔者给阿拉善左旗开出药方——找准特色、凸显特色、放大特色,打造一个独具魅力的骆驼风情小镇。以沙漠特色生态环境为依托,以骆驼文化为特色灵魂,以骆驼全产业链条为核心,打造一个集骆驼美食、骆驼骑行、骆驼竞技、骆驼亲子体验、骆驼拍卖认养、骆驼产品制作销售、骆驼文化体验等"骆驼+"功能业态于一体的阿拉善地区骆驼文化的集中展示、消费、体验的常态承载地,在此基础上叠加户外运动、沙漠旅游、休闲农业、民俗文旅等大乡村旅游功能业态,最终形成一个产业、文化、旅游三位一体,极具骆驼风情的绿洲型特色文旅小镇。

人无我有的独异性资源,无论这种资源是实物的、文化的,或是空间的,都有潜力打造成网红打卡地,即便有时某些资源看上去好像并不具备特殊价值。这时候,就需要创新的思维以及对人性、对消费市场的深刻洞察,进而创造性地打磨出爆款产品。

巴黎环城铁路(La Petite Ceinture,有"小腰带"之称)曾是笔者在巴黎市规划设计院(APUR)实习期间所做的一个规划项目。巴黎环城铁路是一条环绕巴黎主城区的老铁路线,这条拥有百年历史的客货运铁路线可以追溯至遥远的1850年代——奥斯曼巴黎大改造时期。20世纪90年代,铁路线最后的货运功能彻底停摆,在笔者巴黎留学期间,这条铁路基本处在废弃状态。在寸土寸金的主城区,换作其他城市,小腰带或许难以避免被拆除的命运,然而在以保护历史记忆和多样性著称的巴黎,环城铁路迎来了新生——特色餐厅和咖啡馆开进了火车站候车大厅,隧道悄然一变成了露天电影院,铁轨边的有机农场开业了,菜园、鸡舍、堆肥系统,还有周末开张的蔬果集市,原先被涂鸦覆盖的隧道墙边开始定期举办音乐会、俱乐部之夜和各种亲子活动,几个隧道改造的公园也陆续地开放了……小腰带给巴黎市民的日常生活带来了新的场景,成为巴黎一处拥有神秘感和惊喜感的后花园,这种难得的独异性体验也让小腰带一跃而变成巴黎市民喜闻乐见的网红打卡点。

网红阿那亚的起死回生

产业或许是一个小镇的核心,但最终,生活才是小镇的根本。特色小镇如果只能提供工作赚钱的机会,那它已经无法满足现代知识阶层的需求了。特色小镇的一个核心亮点,就在于生态与生活赋予的不同于城市居住的独异体验。如果一个小镇的操盘人能够对此有清醒的认识,他或许就能找到成功打开小镇盲盒的钥匙。

阿那亚就是这样一个从死到生的鲜活案例——一个濒死的旅游地产大盘,如何自觉不自觉地惊艳转型成一个被北京新中产奉为精神故乡的文化艺术市镇。

阿那亚位于秦皇岛北戴河新区,2012年还是一个陷于困境的旅游地产烂尾大盘,新的玩家入手后,逐步转变思路,通过社群营造的方式,从地产销售转向生活经营。令人惊讶的是,这种以生活为核心的经营思路,一下子引爆了北京文艺新中产这个消费阶层。"弱水三千只取一瓢",精准客户导向下的地产销售随之一跃冲天,成为国内文旅地产圈的一个现象级神盘,更是成为行业学习的样板项目。

阿那亚从"最孤独的图书馆"这个网红打卡地的引爆中受益,从而带动了整个小镇地产的销售与其他板块的发展,这种通过单点网红引爆的营销打法已经影响到很多后来者小镇的开发思路。但笔者以为阿那亚成功的关键,还是在于捕捉到了新中产们的潜在生活需求,一种更为隐秘的、潜藏的精神消费需求。

正如特里·克拉克所说的,未来的知识型消费群体更关注精神、情感与体验,对自我表达、精神成长、空间美学、生活意义等有着巨大的隐性需求,也就是说"如何更好地成为自己"才能够完整地概括他们的生活目标。这种目标反过来对居住空间、生活空间和文旅空间等都提出了新的苛刻要求。

阿那亚无疑是捕捉到了这种隐性的精神需求,但如何满足这种需求呢?从空间营造的角度来看,笔者以为阿那亚从未偏离过"网红打卡地"战略思维。从一个意料之外的"孤独图书馆"的网

阿那亚，让人有一种置身地中海蔚蓝海岸某个度假小镇的错觉。

一炮而红的"最孤独的图书馆"。

阿那亚艺术中心。

精神性建筑：阿那亚礼堂。

红开始,阿那亚似乎在一片迷蒙之中摸索到了一条成功之道——自始至终、有意无意地在延续这个网红效应。

继董功完成了阿那亚的地标"最孤独的图书馆"和"阿那亚礼堂"之后,阿那亚请来了日本建筑师青山周平,后者在建筑设计界有着"网红男神"之称,以设计有温度与精神体验的小而美的网红建筑著称,他为阿那亚设计的"唐舍酒店"造型独特,有着丰富的内部空间体验感,别致而舒服,让人有一种身处地中海蔚蓝海岸某个度假小镇的错觉。曾操刀另外一个知名网红打卡地"上海油罐艺术中心"的OPEN建筑设计事务所拿到了阿那亚山谷音乐厅和沙丘美术馆的设计合同。山谷音乐厅"一个如同巨石一般的建筑,由深灰色的混凝土浇筑而成,层层悬挑,形成上大下小的倒锥形形体……"沙丘美术馆则悄然隐藏于连绵的黄色沙丘之下,从天空向下俯瞰,犹如某个瘫倒的被沙土覆盖的白色巨人——独异的造型让音乐厅和美术馆博足了眼球。同样,由如恩设计操刀的阿那亚艺术中心、迹建筑事务所设计的阿那亚剧场、高目建筑主持的阿那亚犬舍等,都是让人眼前一亮的网红型建筑空间。

笔者以为,从空间营造的角度来看,阿那亚小镇本质就是一个拥有同类型温度与精神体验感的网红打卡地的集聚场——从优美的滨海生态空间,到各类文化艺术、休闲消费空间的组合,北京富足但依旧不满足的新中产们在这里找到了属于他们自己的文艺乌托邦。

舌尖上的网红

舌尖系列并不是一部单纯的美食纪录片。舌尖系列能被广大观众所喜爱,更多的还是因为它借助美食还原了其背后正在消失的多样化的生活方式与人文故事。

——《舌尖上的中国》总导演陈晓卿

云南香格里拉,被雪山环抱的原始森林。雨季里空气阴凉,在松树和栎树自然混交林中,想尽可能地跟上单珍卓玛的脚步,不是一件容易的事情。卓玛和妈妈正在寻找一种精灵般的食物——松茸……

2012年,深夜开播的纪录片《舌尖上的中国》意外地在互联网上掀起了一股美食热浪。每到晚上10点30分,吃货们就准时守在早已抛弃许久的电视机前,不放过每一集里推荐的珍馐美味。

精致细腻的画质,悦耳灵动的配乐,轻松明快的节奏,还有贴近生活的人物与故事,当然,最关键的还是那些活色生香、让人垂涎欲滴的美食。媒体人梁文道在谈话类节目《锵锵三人行》中评论道"《舌尖上的中国》就是部美食色情片。"他说的没错,《孟子》云"食色,性也。"食欲和性欲都是人的自然本性,美食片和色情片的工作原理似乎并无两样,它们都赤裸裸地挑逗人的生理欲望。

吃货们一边对着屏幕流口水,一边刷着淘宝下单血拼。据"淘宝数据"显示,《舌尖上的中国》播出之后,淘宝上原本冷门的食品如松茸、毛豆腐、诺顿火腿、乳扇等销量暴涨,最受宠的云南诺顿火腿,5天成交量就增长了17倍。[1]除了食品食材,节目还带火了各种烹饪器具。舌尖系列的第三集播放之后,来自山东的章丘铁锅网红了。短短4天,天猫上章丘铁锅的销量同比暴涨6 000倍,这款完全依靠手工打造的铁锅霎时就卖断了货,"洛阳纸贵,章丘无锅"一时成为网友调侃的热词。《舌尖上的中国》也带动了"舌尖上的旅游",各大旅行社看准市场纷纷推出美食旅游线路,携程网更是一口气推出了数十条线路,从江浙到云南、四川、陕西等地——"去西安观兵马俑,尝陕西臊子面和裤带面;爬四川峨眉山,吃乐山豆花和回锅肉;到临安呼吸好空气,品雷笋炒肉丝和油焖春笋;逛黄山宏村,吃徽州臭豆腐;……"[2]

在《舌尖上的中国》总导演陈晓卿看来,舌尖系列并不是一部单纯的美食纪录片。舌尖系列能被广大观众所喜爱,更多的还是因为它借助于美食还原了其背后正在消失的多样化的生活方式与人文故事。[3]诚如斯言,单珍卓玛这些普通人的故事潜藏在广

---

[1] 《舌尖上的中国带旺淘宝食品大卖 网友笑称拉内需》,https://news.sohu.com/20120523/n343841134.shtml。

[2] 《〈舌尖2〉引爆"美食之旅"旅行社纷推美食团》,http://travel.people.com.cn/n/2014/0505/c41570-249/4862.html。

[3] 参见谈话类节目《圆桌派》第三季,优酷网。

大观众的记忆深处,而这些活色生香的美食更像一把钥匙,打开了这扇通往温情与感动的大门。"窥天地,见众生。"《舌尖上的中国》的成功,关键在于美食天然地与历史文化、故乡地域、情感记忆等人文要素的连接与共振,美食的功能不再仅仅是满足口腹之欲,更是一场关乎大众记忆的精神共飨。

网红属性

如果要从众多日常食物中挑选出一个网红代表的话,非这几年异军突起的小龙虾莫属。

炎炎夏日的傍晚,三五好友围坐一圈,两三盘小龙虾,五六瓶冰啤酒,无论是朋友还是情侣,放下手机,腾空双手,一心剥虾,专注尝鲜,这构成了年轻人线下社交的重要场景。虾壳遇热变熟,呈现出热烈的绯红色,配上两三叶香菜的绿和三五片柠檬的黄,一张配字"深夜放毒,报复社会"的活色生香的照片就这样出现在了朋友圈里。

小龙虾是最近五年爆火的一个单品,它的走红与互联网息息相关。2015年小龙虾还是一个小众的消费品类,但随着移动互联网与冷链物流的高速发展,小龙虾成了"鲜食零售"的超级大品类。2015年全国小龙虾的总产量还只有72.3万吨,而到了2019年,短短4年时间,这个数值就翻了将近3倍达到208.9万吨。[①]据美团《小龙虾消费大数据报告2018》显示,2017年全国小龙虾门

[①] 《中国小龙虾行业总产值达4 110亿元,区域集中度高》,https://www.chyxx.com/industry/202011/913423.html。

店数量比2016年增加了近10万家,暴增95%;2018年又比2017年增加了超14万家。吃小龙虾通过朋友圈的病毒式传播,迅速成为炙手可热的网红消费行为,原本很少吃虾的人也都成了打卡专家,一时间各大社交平台都兴起了撸虾潮流。

小龙虾的走红是互联网时代流行现象引爆的一个经典案例。小龙虾具备了几个最基本的网红属性:第一,高颜值。颜值越高,互联网传播的纵深度就越强,在互联网法则里,这样的要素并不多,颜值是一个,"梗"也是一个;第二,社交场景。年轻人通过小龙虾找到了社交的新场景,在品尝美味的同时,满足社交需求;第三,日常高频消费。小龙虾的可高频消费带来了话题性,助长了相关信息的快速增长与传播。

新闻传播通行的法则显示,新闻报道中的四个题材一定会引

虾壳遇热变熟,呈现出热烈的绯红色,配上两三叶香菜的绿和三五片柠檬的黄,一张配字"深夜放毒,报复社会"的活色生香的照片就这样出现在了朋友圈里。

起公众的兴趣：犯罪、爱情、金钱和食物。和犯罪、爱情和金钱相比，食物似乎才是最重要的主题，因为日常生活可以没有前三者，但绝对缺少不了食物。从纸媒到电视，美食一直是最受欢迎的新闻题材之一。1993年，美国破天荒地开创了电视圈的新品类——美食频道（Food Network）。这个家喻户晓的频道24小时滚动播出美食节目，观众们如痴如醉。频道的受众高达9 000万人，它是如此的受欢迎，以至于之后美国又开辟了一个24小时专门讲烹饪的频道（Cooking Chanel）。[①]

在互联网时代，美食是天然的网络谈资与网红主角。2018年抖音发布的《短视频与城市形象研究白皮书》中揭示，中国抖音播放量Top100的城市形象短视频中，36%的视频是关于地方美食的，远远超过了第二名的商业景点（占14%）和第三名的城市景观（占12%），美食的"霸屏"地位可见一斑。网红城市成都播放量最高的10条短视频中，居然有7条是关于地方美食的——它们分别是石棉烤肉、烤鸡、饼、小龙虾、甩面、火锅，还有一家用折扇做菜谱的神秘美食店。以关中美食名扬天下的西安，则有过之无不及，短视频播放量Top10中关于地方美食的达8条之多。

咖啡与社交

美食的流行带动了美食类线下空间的网红。从星罗棋布的特色餐饮店到相对集聚的城市美食街、美食综合体，再延伸至乡村的

[①] 王仁忠：《美国电视美食节目的成功之道——以美食广播网（Food Network）节目为例》，《中国广播电视学刊》2012年6月20日。

网红打卡地——打造独异性体验空间

特色美食村，美食的火爆从线上燃烧到了线下。

以小资情调出道的星巴克是国内饮品品牌的对标模板，其精致舒适的空间一度是时尚消费者热烈追逐的目标，然而随着星巴克数量的急剧扩张，以及咖啡作为一种日常消费品渐渐被年轻人所习惯，星巴克独异的优势在慢慢消失，取而代之的是各种个性化的新饮品品牌的崛起，喜茶、Manner、茶颜悦色、％ARABICA等网红品牌就是其中的佼佼者。这些品牌通过有口皆碑的产品、高舒适度的消费空间设计以及创新的互联网营销等方式赢得了年轻人的钟爱，成为年轻人最常打卡的美食类线下空间。连锁化一度被

黄浦江边的新晋网红Manner coffee（徐汇滨江店）是小姐姐们最爱打卡休闲的地方之一。

认为是品质与信誉的保障,然而时至今日,连锁化却被认为是同质化的代名词,对求新求异的挑剔消费者来说,空间的独异性与多样化正变得无比重要。星巴克等线下零售连锁店嗅到了这种变化,纷纷从标准化的门店装修风格转向探索本地化的店面设计,通过尊重当地的文化来满足越发追求独异化的挑剔消费者。

除了喝咖啡本身,社交构成了咖啡馆功能的重要延伸。2021年《中国现磨咖啡行业白皮书》显示,中国大部分咖啡馆主要分布在二线及二线以上城市,占比达到75%,其中上海的咖啡馆数量近7 000家,是全球咖啡馆最多的城市。咖啡馆的布局与阶层消费有关,新中产及创意阶层对社交商务、朋友聚会的需求催生出了大量的咖啡馆,这些阶层的比重越高,所在城市咖啡馆的数量也就越多。我们可以从咖啡馆的故乡欧洲找到经验佐证,在巴黎等大都市,咖啡馆天然自带社交属性。徐志摩曾言,"如果巴黎少了咖啡馆,恐怕会变得一无可爱。"巴黎的咖啡馆从来都是作家文人和艺术家们新思想的渊薮,花神咖啡馆(Café de flore)便是其中的大网红。这家位于巴黎左岸的咖啡馆已有百年历史,可以说是巴黎名气最大的咖啡馆,游客们都是慕名而来,因为它是巴黎20世纪文化与艺术思潮的见证者。海明威、毕加索、杜鲁门·卡波特、安德勒·布勒东、萨特和波伏娃等作家文人是这里的常客,罗曼·波兰斯基、阿兰·德龙、碧姬·芭铎、简·方达等电影明星们也热爱光顾这里。萨特和波伏娃更是将咖啡馆当作自己的工作室,从早上9点到晚上8点,他们写作、吃饭、会客都在花神咖啡馆。法国人有句俗语,"我不在咖啡馆,就在去咖啡馆的路上。"巴尔扎克也说,"咖啡馆的柜台就是民众的议会厅。"

新知识阶层的社交需求是咖啡馆扩张的主要驱动力。正因为咖啡馆的天然社交属性,使得其越来越成为书店、美术馆、博物馆等文化空间的功能标配,并伴随这些空间的高度美学化,成为网红空间的重要载体之一。

美食综合体

传统的美食街区一直是各大城市的重要旅游名片,是外来游客的必到一站,如武汉的户部巷、南京的夫子庙、成都的锦里或是西安的回民街等。这些美食街区往往搜罗当地的小吃与传统美食,形成天然的旅游吸引核。但我们也注意到,并不是每个拥有美食资源的城市都能成功地打造出美食街,这与地方政府的规划与整体运营能力相关。有趣的是,倒是有一些企业和经营者看到了美食的独特性与稀有性,更看到了美食在移动互联网时代强大的话题性与引流能力,创造出一个个新型的线下美食新物种。

2020年,马云和湖南卫视主持人汪涵在长沙一家老旧馆子里吃饭的照片传遍了朋友圈。很多没去过长沙的人都叫不出这家馆子的名字,照片里有20世纪八九十年代的门窗,老式样的壁橱,墙上还挂着《还珠格格》的招贴画。马云坐在中间,右手边是汪涵,左手边是一个穿白色背心的年轻人,几个朋友围成一圈,坐在一张摆满了各式菜肴的圆桌上,桌上有腊肠、臭豆腐、卤翅、小龙虾等。网上很快有人就认出了这个地方——"超级文和友",长沙这两年最火的美食综合体,那个穿白色背心的年轻人就是文和友的创始人文宾。

2019年才刚刚开业的超级文和友一飞冲天,已然取代橘子洲、岳麓山等经典景区成为年轻人心目中长沙最新最潮的城市形

超级文和友广州店的快速冷却，证明了硬核美食和独异场景缺一不可。

象代表。《纽约时报》曾撰文报道超级文和友的火爆，标题为《一家作为文化符号的餐馆》。超级文和友竖起了复古情怀的文化大旗，将许多一线城市已然消失的旧城街景和人间烟火鲜活地复刻出来，成为长沙城里的网红头牌。

很多人都说，超级文和友的成功核心在于文化场景的大胆创新，此言非虚。然而，唯独有场景恐怕难以支撑综合体的可持续经营。超级文和友在广州太古汇商圈的冷遇，也许可以佐证：同样是怀旧场景，同样是开门即高潮，然而开业不到一年，代表了文和友全国连锁雄心的广州店便陷入经营窘境。有分析人士指出，广州店通过复制长沙美食的模式遭遇到了水土不服，"老广"爱吃善吃，湖南美食想要在广州赢得一席之地，关键还在于提高用户的黏性，即做出更硬气的美食来。相反，沙场超级文和友则非常接地气，创始人文宾从2011年便浸淫在长沙小吃圈内，经营过龙虾、香肠、臭豆腐等地方美食，而且非常成功。超级文和友的打造，其实是硬核内容之上的文化场景提升，这样看来，广州店和长沙店的两种截然不同的命运也在预料之内。

美食综合体的打造，归根结底核心还是美食本身。企业的初心应该是维持长期的经营红利，而非仅仅通过新鲜的场景来攫取短期红利，只有内外兼修，才能创造出持续稳定的正向收益。

乡村美食大网红袁家村便是个中翘楚。2007年，这个西安近郊的村庄，还是一个连一条小河、一片树林、一个土地庙都没有的空心村，是贫瘠的关中土地上再寻常不过的一个小村子。然而，正是看到了关中美食的巨大影响力，以及移动互联网时代网红品牌传播的新特点，袁家村摇身一变成了西安乡村界的"回民街"，一个游客到了西安必来打卡的美食王国。

袁家村破天荒地搜罗了300种不同的正宗关中小吃，首先，在网民的心智中种下了"西安美食打卡地"的草，然后，通过互联网高效地口碑传播，快速形成自己的初步网红效应。袁家村以村集体为管理主体，通过严格的食物管控体系，保证了村内小吃美食的一贯高品质。袁家村始终把重心放在客户体验上，对所有的食品原料进行统一供货，以保障原料的安全与新鲜，同时赋予这些小吃极强的"食品安全、价格公道、正宗放心"的信任体系。一旦小吃本身形成了核心竞争力，袁家村就立于不败之地了，接着逐步扩张并完善空间场景,之后不断叠加新的功能业态,最终成功打造出乡村版的关中民俗印象体验地。一个小小村落的日营业额达到200万元,年收入超过3.8亿元,年接待游客超过500万人,日游客数量最高可达惊人的18万人。[①]

美食本身自带网红属性,再加上独树一帜的场景化配置,网红打卡地的打造也就成功了一半。美食综合体的打造,要善于利用本地化的美食小吃资源,而拥有这些资源的城市或区域,更是不能忽略这样的天然优势。此外,还有一些区域拥有独特的吃的需求,洞悉这样的机会也能获得成功。

笔者曾给云南的某个贫困县策划过一个美食小镇。项目本底是一个历史文化古村,拥有悠久的人文历史,在大区域内有一定的知名度,古建筑环境与村落肌理也保留得相对完整,拥有较好的场景化打造基础。村庄以前做过多版规划,但一直没有找到很好的突破口让项目落地,如何触发城乡互动的按钮,特别是吸引城市人群进村消费是亟待破解的关键问题。笔者提出从美食入手,因为该村位于昆明与西双版纳高速通道的中心位置,无论是一早或是下午从昆明开车到版纳,还是从版纳到昆明,车辆经过该村的时候,正好是中午或者傍晚的饭点时刻。这个需求已经在该县的其他乡镇催生出一批集中的、数量可观的低档次饭馆,是一个已经被验证的潜在需求。村庄及所在县也拥有一定的美食小吃基础,其中几款产品还有一定的知名度。昆明到版纳的大通道上的巨型流量,特别是越来越多的自驾游群体是该村未来消费升级的重要客户来源,

---

① 陆超:《读懂乡村振兴:战略与实践》,上海社会科学院出版社2020年版,第80页。

只要将美食这篇文章做好，就能引爆并带动整个村落片区的发展。

联合国教科文组织在美食的产业化与创意化方面是重要的开创者。成立于2004年的联合国教科文组织"创意城市网络"，破天荒地将美食纳入了文化创意产业的行列。创意城市网络致力于发挥全球创意产业对经济社会的推动作用，促进世界各城市在创意产业发展、专业知识培训、知识共享与建立创意产品国际销售渠道等方面的交流合作。创意城市网络覆盖7个主题，分别是设计、文学、音乐、手工艺与民间艺术、电影、媒体艺术，还有美食。在教科文组织看来，美食已经不再只是一餐饭，而是人类文明不可缺少的符号之一，更是创意产业的重要组成部分。

18世纪的法国传奇美食家布里亚·萨瓦兰在《厨房里的哲学家》一书中写道："告诉我你吃什么，我会告诉你你是什么。"布里亚·萨瓦兰破天荒地将人类的日常饮食与社会、地理、政治、历史、经济、哲学、教育乃至宗教等学科串联起来，开创了划时代的美食哲学写作，彻底影响了后人理解美食与文明的关系。在笔者看来，美食不单单是口腹之欲，一种感官刺激，背后更是人类历史变迁、文化交融、技术跃迁、社群生活与饱满情感的鲜明载体。它是一种高颜值、厚文化、带故事、促社交的天然介质，其丰富的内涵赋予了它极强的网红属性。作为旅游六要素"吃住行游购娱"的第一要素，美食更是当仁不让的城市吸引力所在，也是撬动短视频时代城市营销的重要杠杆。围绕美食做好文化创意这篇新文章，可能是未来许多拥有特色美食资源的城市亟须补强的一课。

附：策划案例"文会谷·宋宴"

孙中山曾为中国饮食之道而自豪——"中国近代文明进化，事事皆落人之后，唯饮食一道之进步，至今尚为文明各国所不及。中国所发明之食物，固大盛于欧美；而中国烹调法之精良，又非欧美所可并驾。"[1]

笔者以为，餐饮美食的网红方向之一，就在于回头向中华历史的深处找文化。一方面通过文化来增强美食所拥有的厚度与话题性；另一方面通过文化来搭建美食的消费场景，从而促发信息的快速传播和提高分享频次，引爆美食主题的线下消费空间。

笔者曾经给"瓷都"景德镇浮梁县的一个精品度假村项目做过策划，给业主提供了一份名为"文会谷·宋宴"的美食主题方案。

策划方案的灵感来自《文会图》。《文会图》由中国诗画皇帝宋徽宗所作，描绘了北宋时期一群文人雅士在庭院柳荫下品茗雅集的一个场面。画面呈现的是一所庭园，旁临曲池，石脚显露。四周栏楯围护，垂柳修竹，树影婆娑。树下设一大案，案上摆设有果盘、酒樽、杯盏等。八九位文士围坐案旁，或端坐，或谈论，或持盏，或私语，儒衣纶巾，意态娴雅。竹边树下有两位文士正在寒暄，拱手行礼，神情和蔼。垂柳后设一石几，几上横陈仲尼式瑶琴一张，香炉一尊，琴谱数页，琴囊已解，似乎刚刚按弹过。大案前设小桌、茶床，小桌上放置酒樽、菜肴等物，一童子正在桌边忙碌，装点食盘。画中徽宗亲笔题诗道："儒林华国古今同，吟咏飞毫醒醉中。

---

[1]《看历史》杂志主编：《舌尖上的历史》，成都时代出版社2019年版，第25页。

网红打卡地——打造独异性体验空间

"三千年读史，不外功名利禄，九万里悟道，终归诗酒田园。"《文会图》让我想起兰亭的曲水流觞，它们都反映出中国传统社会知识分子对闲逸的诗酒自然理想生活的渴望，当下的知识阶层又何尝不是如此？

多士作新知入彀,画图犹喜见文雄。"

为什么选择宋宴为主题呢?理由大概有以下几个。

第一,文化巅峰。国学大师陈寅恪曾言,"华夏民族之文化,历数千载之演进,造极于赵宋之世。"宋朝是我国古代社会当仁不让的文化巅峰。

第二,高级美学。宋朝崇尚极简素雅之美,与当下美学品位相符。美学家蒋勋有言,"宋朝就是最早的极简,领先世界一千年,而一个时代只有真正的强大与自信,才敢于以简约示人。"

第三,宋宴美食。美食自带网红属性,是快速引爆一个项目的重要抓手,更何况是拥有历史文化深度、仪式感极强且具备体验性的宋宴呢?策划方案提出,以宋风度假村为空间载体,以"宋宴"为核心抓手,通过场景还原、文化活化、瓷茶体验、宋式生活方式再现等策略,将宋朝的山水、园林、建筑、宴饮、服饰、瓷器、茶道、香道、起居生活方式等与当下度假旅游的巨大文化体验需求巧妙结合,打造中国第一家沉浸式文化体验型精品度假村。

在"文会谷"度假村,你可以品尝到原汁原味的宋式佳肴,并领略到这些美味背后的典故与风情。一道名为"煿金煮玉"的清淡之菜,是宋代文士与禅僧的最爱。"煿金"即为油煎笋,嫩笋头蘸一层调味面衣,推入油锅,煎得表面金黄酥脆,咬开里面带汁,满嘴笋香。"煮玉"即为煮笋粥,笋茎切方片,加米和水熬粥,凸显出笋的鲜味。一笋两吃法,就来自南宋著名僧人济颠的诗句"拖油盘内煿黄金,和米铛中煮白玉"。[①]在宋代文化界,竹笋拥有极高的地位,苏东坡就说,"可使食无肉,不可居无竹。无肉令人瘦,

---

[①] 徐鲤等:《宋宴》,新星出版社2018年版,第46页。

无竹令人俗。"竹被定义为超脱的符号,因此清简式的烹饪法更被推崇。苏轼的表兄文同以墨竹绘画而闻名,且极爱吃笋,他在临川做太守时,一日午间正在吃笋,忽然收到苏轼来信,看见苏轼信中取笑自己胸中怀有"渭川千亩竹"(吃下了太多笋),不禁笑得喷了饭。[①]

走进"文会谷",你不仅能尝到从历史深处走出来的美食,真切地体味到美食背后的文化,还能身临其境、沉浸式地看见、听见、触摸、嗅闻和感受宋代。住进度假村,那是一所宋风的园林式建筑群落,竹林幽处有回归本真的逸然,瞬间能让现代人浮躁的心境安宁下来。度假村内工作人员都身着宋代精致素雅的服饰,以宋朝的礼仪向你问好。入住房间之后,每个人都会拥有一套属于自己的宋服,爱美的女性还可以到度假村内的发型沙龙里免费做一个宋代的发型,让自己看起来更像是回到了1 000年前。喜欢拍照的你还可以在酒店雇用一个专业的摄影师,整个度假村都是你的打卡背景。

通过提前预约,你就能在一间景观秀美的、面朝昌江的房间(昌江,昌江以南昌南便是中国China的来源)体验宋宴了,那是专门为士大夫文人与名媛举办的雅集。"烧香点茶,挂画插花",宋代文雅玩乐你都能一一体验,更为难得的是上手把玩几件景德镇才有的宋代瓷器真品,让你更加有一种回到宋代的穿越感。收藏家马未都曾说,"宋瓷是中国瓷器的顶峰,甚至是中国美学的顶峰。"宋瓷的天青色来源,至今为瓷器爱好者所津津乐道——据说天青色乃宋徽宗梦中所见,随即下旨"雨过天青云破处,这般颜色做将

[①] 徐鲤等:《宋宴》,新星出版社2018年版,第46页。

来"。宋画之美,则在于简约、含蓄和谦卑,虚实相生,寻幽空灵,是最高境界的美。宋服之美,在于款式简约修长,色彩淡雅文静,不仅与山水自然融为一体,而且十分符合现代人的审美情趣。宋代的茶道香道、插花投壶之娱亦是趣味盎然。

放眼全球,一线的奢华度假村基本还停留在空间环境营造的竞争维度之中,笔者另辟蹊径,提出"文会谷"将致力于成为4.0版度假村的开创者,一个精品度假村的全新物种,从3.0"精致的空间环境营造"向4.0"充满文化感的生活方式体验"转型提升,最终将其打造成景德镇的新文化名片,一个沉浸式文化体验的新网红。

网红触媒乡村振兴：鲁中川藏线

未来镇域的乡村振兴大策划，不再是大而全、平而弱的整体规划，而是沉接地气、精准聚焦，通过包装出若干个核心项目，创新IP，俘获资本，链接营销，迅速引爆的新型策划。

——笔者

2021年7月，山东省文化和旅游厅、好客山东网联合举办了"2021年好客山东网红打卡季"活动，面向全省征集并评选100个网红打卡地。活动收到报名项目超过3 000个，好客山东网日均流量超过50万，累计投票2 163万，引发了社会强烈关注与反响。最终上榜的100个网红打卡地中，有网友耳熟能详的传统知名景区，如泰山、蓬莱阁、天下第一泉、曲阜三孔等，也有一些新晋的网红打卡地，这其中便有鲁中川藏线之上的乡村书店"时间的森林·集美书社"。

鲁中川藏线位于山东省青州市庙子镇，是笔者主持策划与设计的一条网红自驾线路。自2020年10月落地以来，迅速在抖音上蹿红。在一年多的时间内，"鲁中川藏线"话题播放量超过200万次，网友因喜爱而自发制作的短视频数量更是数不胜数，成了名副

网红触媒乡村振兴：鲁中川藏线

乡村书店"时间的森林·集美书社"入围"2021年好客山东·100个网红打卡地"。

其实的网红打卡地。线路之上的网红书店"时间的森林·集美书社"更是一举入围了"2021年好客山东·100个网红打卡地"。

项目背景

2019年，一篇名为《市委书记震撼发问：感觉跟南方不在一个时代，究竟该向他们学什么》的文章刷爆朋友圈，文章的作者是时任潍坊市市委书记的惠新安。他在文中犀利地指出了山东与南方的差距——这种巨大的差距让"某些同志不仅有了强烈的危机感，而且产生了莫名的恐惧感"。他说，"所有差距的根源其实都在思想观念上。山东的官员缩手缩脚、过于保守——南方是法无禁止即可为，而山东是法无授权不可为，没有成例不敢为，创新意识不强，就怕触雷踩线，热衷于不干事不出事，因而导致错失了大量发展机遇。"①

惠新安的说法并非一家之言，参与过山东多地项目策划咨询的著名策划人王志纲认为，自2009年山东在全国GDP排行榜老二的位置被江苏抢走之后，山东就仿佛进入一个越跑越慢的滞后通道，在他看来，山东问题的根源就是"不作为"。②

青州市庙子镇的领导找到我们团队时曾坦言，政府对全域发展和乡村振兴并没有一个清晰的思路，他希望借助于"外智"为庙子镇找到一条长久发展之道。他是一位"80后"的年轻干部，格局开阔，作风踏实，在工作四平八稳就能稳步向上的大前提之下，

---

① 《市委书记震撼发问：感觉跟南方不在一个时代，究竟该向他们学什么？》，https://zhuanlan.zhihu.com/p/102755324。

② 《山东到底错过了什么？》，https://finance.ifeng.com/c/7q3ILdShFCK。

并没有"谋新篇"的刚性任务。相反,一旦做得不好,还有可能面临被质疑的风险。但他依然想为地方找到一条更上一层楼的路径,笔者被他的胆气所折服。项目的成功也直接验证了他在短时间内推动项目落地的坚强领导力,笔者从他身上看到了山东年轻一代干部的勃然生气。

发展把脉

庙子镇位于青州市西南,西接淄博,南临临朐,旅游资源禀赋较高。然而"三县通达、三镇领秀"的庙子旅游却呈现"低端化、孤峰化、同质化",坐拥巨量宝藏,却未能充分发挥应有优势,旅游资源与旅游效益不匹配。

"低端化"是指庙子旅游基本处于"1.0门票经济"观光阶段,好的资源低端利用,不能物尽其用;"孤峰化"是指庙子旅游"只见高峰,不见平原",过于依赖黄花溪景区,亟须开发新项目,形成全域型的旅游产品体系。"同质化"是指庙子在开发的项目,普遍呈现观光化、门票化、同质化的趋势,难以形成错峰竞争,相互携持,极易导致恶性竞争,造成资源极大浪费。

笔者给庙子把脉发现的几个主要问题:一是业态滞后。旅游3.0度假功能发展滞后,精品民宿、度假酒店等业态基本空白,现有业态经济效益低,亟待提档升级;二是定位混乱。众多待开发项目定位不清,同质化竞争严重,个别老板投入巨资建造的却是不受市场欢迎的项目,失败概率极大。亟待从镇域层面重新统筹定位,实现错位竞争;三是颜值不高。全域旅游整体外在形象不佳,部分山水界面、道路界面、村庄界面亟待提优;四是文化隐身。庙子只见山水,不见文化,文化项目、文化形象等亟待强化;五是抓手缺失。全域旅游发展处于一个放任自由的状态,政府没有顶层设计,无法指引具体项目建设落地。庙子镇政府更是缺乏一个强有力的抓手,能够快速引爆全域旅游。

重大机遇

庙子镇所在的青州市入围全国全域旅游首批示范区,给庙子旅游的发展带来了新的想象空间。在青州"一体两翼、三极多点"的全域旅游空间格局中,庙子镇扮演了非常重要的角色。

此外"济青高速中线"已经开工,从市场角度来看,庙子镇有望随着济南与青岛的第二高速的开通,成为济南大都市圈周末休闲度假游的重要目的地。济青高速中线穿越庙子镇,并在镇内设置了高速出入口。未来济南至庙子的时空距离将压缩至1小时以内,青岛到庙子的车程也会在2小时左右,山东两大城市巨大的旅游客流有机会源源不断地涌入庙子镇,核心关键是庙子镇能不能够提供足够有吸引力的旅游产品及产品体系。

策划引爆

笔者在给地方政府做讲座的时候,提出"未来镇域的乡村振兴大策划,不再是大而全、平面弱的整体规划,而是沉接地气、精准聚焦,通过包装出若干个核心项目,创新IP,俘获资本,链接营销,迅速引爆的新型策划。而庙子镇应该抓住全域旅游发展的大机遇,创新模式,找出一条短期引爆网红IP,快速引流,中长期持续提升换挡的创新之路"。

独异性网红

过去的两三年,笔者注意到抖音等短视频新媒体在旅游引爆方面起到的意外效果。这反过来加速推动了旅游行业对抖音等新媒介做出反应,带动了旅游产品的营销创新。抖音已经成为助力地方政府树立城市形象的新帮手,抖音带火一个地方,一个景区,甚至是一座城已经成为独特的互联网现象。这种更直观、更有力的城市形象塑造方式,也同时给当地旅游带来了发展助力,形成了非常良性的循环。

笔者反对"网红的低俗化"倾向,即通过对一些网红设施产品的简单复制来博取流量,这种做法很容易过气。网红打卡地的塑造,本质还在于找到这个区域空间"人无我有、人有我优、人优我特"的独异性所在。

庙子镇位于山东中部,而鲁中地区是整个齐鲁大地的山地丘陵区,拥有非常独特的山地地形特征。庙子镇境内更是拥有多处"九曲十八弯"的盘山道。留给我们思考的即是,这种山地地形的独异性特征,能否与新的消费模式和旅游产品结合起来,并且赢得消费者的喜爱。

我们不妨再来看消费市场端。2016年,自驾游总人数占据了出游总人数的六成,根据驴妈妈旅游平台的大数据分析,400千米以内的周边自驾游是用户选择的主流,占所有自驾游出行消费的82%。自驾游消费特征呈现出中高端化、家庭化和年轻化。自驾游的主流化，正催生出越来越多的网红自驾线路，除了318川藏线、青海环线、青藏线、北疆线等传统自驾线路，一批新的网红自驾线路正在抖音上蹿红，如新疆的独库公路等。传统的自驾线路基本集中在西部，笔者判断，未来东部将产生更多个性化的自驾线路，比如江苏溧阳的1号公路等。自驾游线路项目，正成为旅游界的新网红现象，在带动全域旅游方面具备极强的引爆能力。

因此，我们提出，庙子未来应大胆运用网红思维，巧妙结合域内独异性的山地地形地貌，自创自驾游线路品牌"鲁中川藏线"。借助于高颜值时尚化的标识系统及建筑空间设计，利用短视频的力量链接年轻化的自驾游消费客群，找到撬动全域旅游的杠杆。通过政府主导的形式，短时间内引爆"鲁中川藏线"IP，纲举目张，牵一发而动全身，从而撬动镇域其他文旅、农业产业类项目，实现全域旅游、乡村振兴的全面发展。

我们给庙子镇的形象定位是"幽谷花溪，奇庙之旅"，主推广语是"在乎山水，在乎你！"庙子镇独特的山谷地貌孕育出秀美的自然生态底色，风景如画的庙子更是青州规模最大的写生基地，是打造文创乡村的有力支撑。金秋的庙子像是被打翻了的调色板，吸引着来自山东乃至全国各地的游客，而鲁中川藏线就是新的引爆点，将大大加速庙子全域旅游和乡村振兴的发展进程。

全面效益

鲁中川藏线落地仅半年，便在抖音上爆红。各类打卡的短视频不胜枚举，有普通的游客，有自驾游爱好者，也有亲子家庭；视频发布人有青州本地的，有周边城市的，也有北京等其他省份的。

庙子牛角岭：自驾游客群对这类地形有特殊的爱好。

仰天山九龙盘：九曲十八弯的独异地形。

网红打卡地——打造独异性体验空间

时尚化高颜值的视觉界面设计。

庙子宣传语：在乎山水，在乎你！

截至2022年6月，"鲁中川藏线"话题播放量已经超过210万次。

鲁中川藏线不仅得到了旅游消费者与网民的喜爱与认可，青州市及潍坊市的领导也多次给予批示。庙子镇作为全域旅游发展的创新代表，在青州市全域旅游发展大会上作典型发言。潍坊市市长刘运在给市文旅局《青州市打造网红自驾线路"鲁中川藏线"，构建全域旅游发展新格局》的批示中，高度认可了"鲁中川藏线"品牌的创新性，要求文旅局再接再厉，完善工作思路重点，继续向前推进项目。鲁中川藏线也成为区域内知名的乡村振兴观摩点，吸引了济南、青岛等地各级领导干部前来观摩学习。

鲁中川藏线网红带来的流量红利直接给沿线的农业产业、文旅乃至普通老百姓带去了实实在在的效益。前两年猕猴桃农庄的猕猴桃不好销售，鲁中川藏线落地之后，游客量大增，采摘人群络绎不绝，这两年猕猴桃不愁卖了，农庄老板娘还给猕猴桃注册了新品牌"玉秀姐"。圣峪口村的党支部书记说，"自从庙子打造鲁中川藏线以来，游客明显增多，特别是自驾游游客。红叶节期间涌入13万游客，给我们村的村民带来了很多就业机会。"精品民宿青苔小院借助于游客数量的暴增，入住率稳定在60%以上，这让老板下决心扩大投资，把小院的房屋数量扩大一倍以上……

区域知名度的扩大，毫无疑问给地方发展注入了信心，吃下了定心丸。无论是政府端、市场端，抑或是原住民，都看到了巨大的游客流量红利。因此他们愿意投资，敢于投资，投资也能收获实际的回报。一年多来，政府按照我们制订的顶层规划，持续不断地在基础设施、文化挖掘、环境提升等层面继续投入，一些地方乡贤与老板则在景区扩建、业态升级方面发力，老百姓们则源源不断地开起了农家乐，卖起了土特产……所有这一切反过来丰富了庙子镇的文旅内容，提升了综合品质，对外部游客的吸引力得到了进一步的增强，从而使得综合投资与回报进入良性的正向循环。

鲁中川藏线入口牛角岭站。

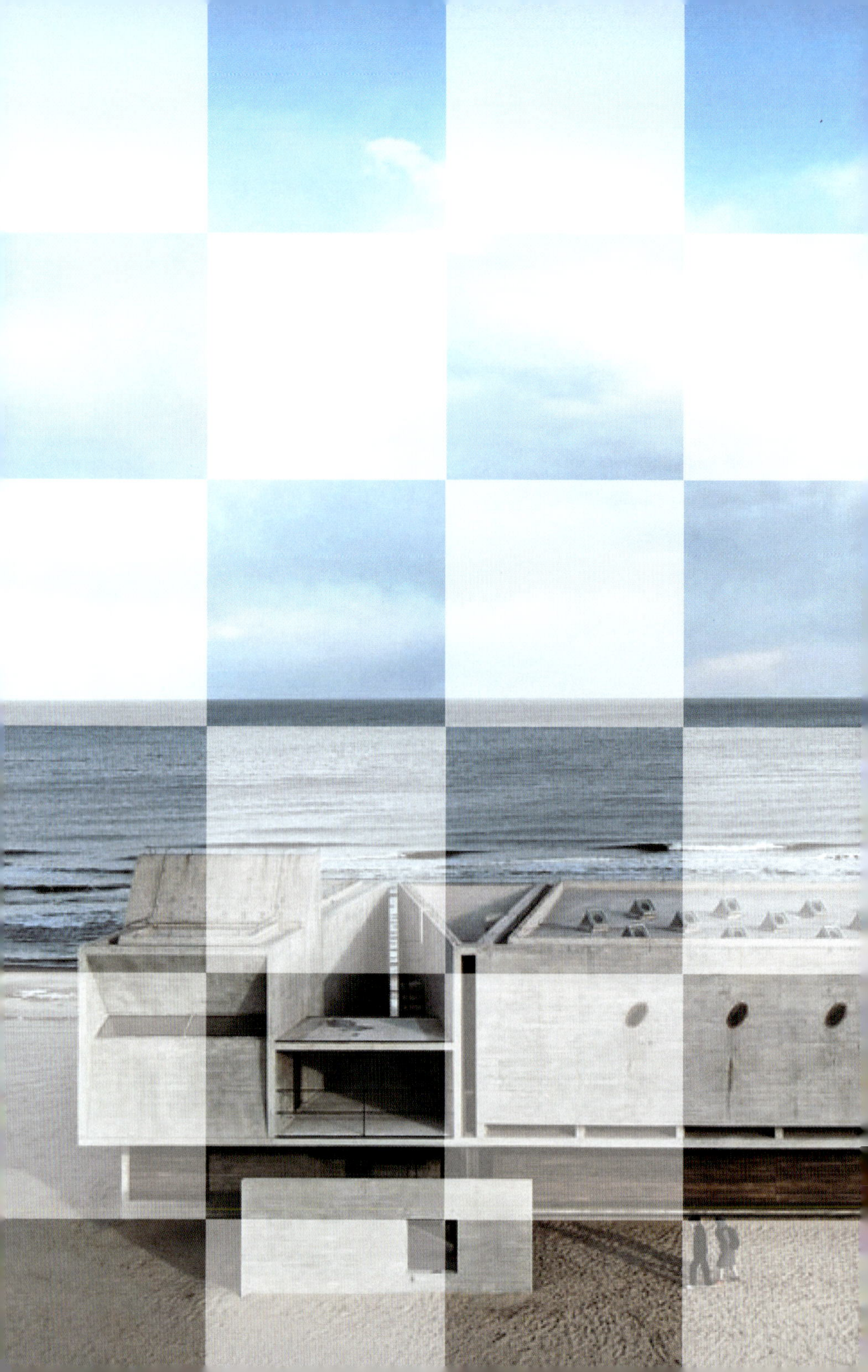

下 篇

颜值担当

颜值即正义。

——网络流行语

中国人对颜值心怀矛盾。一方面,我们热切追逐颜值,褒扬西施、昭君、貂蝉、贵妃的"沉鱼落雁,闭月羞花",不吝啬对美貌男子"颜如宋玉、貌比潘安"的赞美;但另一方面,我们又对颜值心存芥蒂。孔子曾经懊恼:"吾以貌取人,失之子羽。"[1]子羽曾求学于孔子,但孔子见其相貌丑陋,身材粗短,似乎不是学习的好料子,于是婉言拒绝了他。后子羽发奋自修,数年后到南方游学,跟他求学的人有300多人。孔子后悔懊恼,我根据相貌来判断一个人,看错了子羽。孔圣人以他的一手经验告诉后人,不可单纯地以相貌美丑给人划分三六九等。这种对颜值的反思,悄无声息地把我们的审美推向了反面。明朝正统年间,景德镇富商陆子顺上贡宫廷瓷器5万余件,龙颜大悦。他的上贡有个特点,就是将连同捧花瓶的美

---

[1] 语出《史记·仲尼弟子列传》。

女一起进献给了皇帝,这一送不要紧,要紧的是可怜后世的美女都要被叫作"花瓶"。渐渐地,只有美丽容貌,没有德行才华的女性,不再受到追捧,反而遭受蔑视。还有部分人认为"丑妻家中宝,红颜多祸水",高颜值甚至被认为是危险与陷阱的同义词。

新媒介推崇颜值

如果说在古老的中国,人们对颜值还有一个相对均衡的评价,那么在遥远的美利坚,这种评价正在走向极端。尼尔·波兹曼在《娱乐至死》一书中不无忧虑地警告:美国的公众话语正在解体,政治不可救药地正在娱乐化。他举例说,美国前总统理查德·尼克松曾经把一次竞选失败归罪于化妆师的蓄意破坏,这位老兄还就如何对待总统选举给了爱德华·肯尼迪一个严肃的建议——减去20磅体重。[1]媒介文化研究大师尼尔·波兹曼深谙其中的潜规则——媒介的形式决定了文化。他解释到,电视时代,话语是通过视觉形象传播的,美国的文化正不可避免地从以文字为中心转向以形象为中心。他嘲笑美国的电视播音员"他们中的大多数人在吹风机上花的时间比在播音稿上花的时间多得多,并且由此成为娱乐社会最有魅力的一群人"。[2]尼尔·波兹曼的戏谑并非虚言,美国公众人物的颜值在扮演越发重要的角色。希拉里·克林顿在重要的党内选举初次辩论时,打了肉毒杆菌以让自己看起来皮肤细嫩,容光焕发,候选人约翰·克里同样被曝光打

---

[1] 尼尔·波兹曼:《娱乐至死》,中信出版社2015年版,第4页。
[2] 尼尔·波兹曼:《娱乐至死》,中信出版社2015年版,第5页。

过针。华盛顿的政治分析家们揶揄道,"该轮到肉毒杆菌赢得美国大选的时候了!"政客们花大量的时间和精力在颜值上,并非胡乱下棋,而是以电视和互联网为代表的视觉大众媒体开始主导选举进程下的必然结果。"哇,她看起来精力旺盛,容光焕发,一定是一个勤奋优秀的领导人!""你看他气度不凡,形象颇佳,像极了一个大国总统!"从大众心理学的角度来看,在政治辨别能力参差不齐的选民眼中,颜值最有可能超越政治议题成为选择哪个候选人的第一因素。

从电视时代到互联网时代,颜值推崇开始从少数精英蔓延至平民阶层。尤其是社交网络的出现,让大众意识到,他们也可以像电视里出现的名人们一样,在互联网这个新舞台上,导演出不凡的自我。从KB级的文字时代,到MB级的图片时代,再到GB级的视频时代,带宽的增强犹如一支兴奋剂,让大众在颜值的追捧之路上一路狂奔。

加拿大著名传播学家M.麦克卢汉说,"媒介即讯息。"意即媒介不仅重构了信息的传播方式,而且重构了信息本身。我们可以从身边社交网络的变迁一窥究竟。文字时代,博客(blog)更倾向于展现有深度、完整性的信息,在这一阶段,文字是主角,图片是辅助,而后出现的推特、微博等将字数限制在140字以内,图片成为主角,信息的传播呈现碎片化,而后者的出现直接将博客送进了互联网的故纸堆。接着,短视频出现,文字和图片逐渐式微,走向边缘。画面感强、刺激性强、同样碎片化的短视频迅速占据了信息传播的第一把交椅。根据艾瑞咨询的调查,短视频已经成为中国互联网用户获取信息的第一渠道。

短视频时代对颜值的追捧,远远超过了文字和图片时代。无论是人、物，还是空间的网红，都在短视频时代迎来了爆发的高峰。艾瑞咨询与新浪微博共同发布的《中国网红经济发展洞察报告》显示，2017、2018年中国网红的人数增长率都超过了50%，而2018年头部网红（粉丝数量超过百万）数量的增长率达到了23%。网络红人的大规模涌现背后是粉丝们的卖力支持，报告显示，2018年中国网红粉丝数量已达到惊人的5.88亿人。在网红涉及的领域，我们发现时尚、美女帅哥、娱乐明星、美妆等与颜值高度相关的板块占据了大部分席位。

颜值经济

在劳动力市场，颜值在悄无声息地影响着收入。美国经济学家丹尼尔·哈默梅什[1]长期关注颜值与劳动收入的关系。他指出，颜值高低与劳动收入呈相关性，也就是颜值高的人要比颜值低的人挣得更多。根据他的调查研究，颜值低的男员工的时薪要比平均水平低9%，而高颜值的男员工要高出5%；女员工的情况差不多，两项数值分别是4%和5%。两位韩国经济学家也在相同的领域得出了相同的结果，颜值高的男性收入要比颜值低的男性收入高出15.2%，女性则为11.1%。[2]

在消费市场，颜值更是首要的砝码。法国哲学家梅洛·庞蒂指出，"人们在消费活动中，往往首先靠视觉提供的信息选择自己的消费对象，并在购买、使用和交流消费品的过程中，靠视觉的对

---

[1] 丹尼尔·哈默梅什：《颜值经济》，东方出版社2016年版。
[2] 《颜值到底值多少钱？大概是平均薪酬的10%》，https://www.163.com/dy/article/ECOJ2CS9053778IY.html。

比和鉴赏来决定对消费品的判断。"颜值可能并非影响消费判断的唯一因素,但确是其中最重要的一个。以颜值刺激性、画面感取胜的短视频,强化了"颜值即正义"的当下消费倾向。

网红经济便是大消费社会中颜值经济的一个重要表相。2016年,有"低配版苏菲·玛索"之称的网红Papi酱和知识付费网红罗振宇共同举行了一场众人瞩目的发布会,逻辑思维、真格基金等高调宣布投资Papi酱,其公司估值一度达到3亿元,Papi酱也顺势成为当年最知名的网红。网民们这才意识到,原来网红可以这么值钱。

2016年由此成为网红经济的元年。随着短视频的爆火,网红在获得大量粉丝之后开始寻求流量变现。与此同时,"90后"、Z世代等年轻群体的个性化消费趋势显现,他们不再局限于为产品功能付费,也同样愿意为代表品位、个性的文化认同付费。双方一拍即合,用户为网红偶像买单,网红持续提供可消费的资源,于是网红经济乍起!

网红变现的模式多样,包括粉丝打赏的虚拟礼物、社交电商平台的商品销售、广告收入、成立创业公司以及通过商业演出获得收益等。网红经济同时也衍生出不同的产业链条,形成一个庞大而复杂的产业圈层。除了产业链条上游的网红群体,下游的粉丝用户,中间还集合了包括孵化经纪公司、社交平台、音视频平台、电商平台、相关服务企业等分支链条,可谓五花八门。网红直播带货是近几年风起云涌的行业之一,特别是疫情对线下实体店的冲击,让网红直播带货成为2020年的风口之一。很多企业家,甚至是很多地方政府官员都按捺不住坐到了直播台前。据艾瑞咨询的研究,网红直播带货已经成长为千亿级的行业。2021年618大促,全网交易总额是 5 784.8 亿元,直播带货总额高达 645 亿元,[①]比重超过了 10%。头部主播的销量更是惊人,仅薇娅和李佳琦两个人的销售额就超过了 40 亿元。

大胆夺目的色彩

网红打卡地是网红产业圈层边缘的一种独特的空间现象。

随着网红数量的不断增多,网红们需要持续地为粉丝提供新颖的内容,其中不同的拍摄场景构成了这种不重复内容的重要组成部分。于是各种各样的高颜值"独异性空间"变成网红们汲汲以求的新目标。一旦某个高颜值空间被某个网红打卡,继而在社交平台爆红,会快速地引发其他网红同行的打卡效仿,这种病毒式的传播在短视频软件中屡见不鲜。反过来,由于网红们的打卡,粉丝们和普通游客了解到打卡地,引发了后者的线下打卡与拍摄,又促进了网红打卡地在社交平台的新一轮传播。

网红打卡地对颜值有着异乎寻常的高要求。高颜值不一定能成为网红打卡地,但网红打卡地必定有高颜值。我们不妨从网红建筑的鼻祖"西班牙红墙"(La Muralla Roja)身上一窥网红打卡地生成的秘密。

红墙非墙,而是一栋位于西班牙阿里坎特市卡尔佩小镇上的公寓型建筑。小镇四季如春,有着柔软细腻的白色沙滩,还有高达 332 米的巨大岩石,是西班牙地中海沿岸知名的旅游小镇。1973 年,有着"鬼才"之称的西班牙建筑师卡多·波菲在这里完成了他

[①]《2021 年 618 全网销售战报》,2021 年 6 月 20 日搜狐网。

建筑师生涯最早的项目之一"西班牙红墙"。红墙参考了地中海阿拉伯风格,是一栋居民住宅楼,由公寓、露台、工作室、屋顶游泳池等不同功能区域组成。这是一座无论是外形,还是颜色都充满了超现实主义色彩的迷宫式建筑。建筑平面映射的是古典的希腊十字,外部坚固的面块实体和穿插其中的楼梯、平台和连桥则是从北非的军事要塞中汲取的灵感,几何元素被淋漓尽致地应用,大规模纯色的大胆使用则让红墙呈现出一种极致的视觉感受。建筑物的表面被红色系的颜色所覆盖,粉红、砖红、淡红,而房屋的公共庭院和楼梯部分,则被靛蓝、天蓝和紫色等蓝色系色彩所占据,这些缤纷鲜艳的色彩与天空、大海为伴,错落成梦幻般的存在,构成了强而有力的视觉冲击力。从住宅落成直到近些年,红墙似乎还不是一个非常引人注目的项目,它很独特,很漂亮,但在大众眼里,还不能称之为炙手可热。直到这两年越来越多的Instagram博主纷纷前来打卡,小镇的居民才意识到,红墙好像火了。

红墙走红的源头是一款名为《纪念碑谷》的解谜类手机游戏,玩家通过探索隐秘线路来帮助主人公艾达公主走出纪念碑迷阵。游戏的场景像极了红墙,谜一般的空间,简单的几何体块叠加,加上梦幻般的童话色彩。手游的受欢迎,把红墙推到了走红的边缘。为什么不去"现实版的纪念碑谷"体验一下呢?红墙里居民渐渐发现楼里的潮人变得多起来,各类穿着时尚的Ins博主,接着是时尚品牌、杂志、模特还有歌手都纷纷前来拍摄大片和MV,红墙一下子网红了。

西班牙红墙的网红,《纪念碑谷》手游的流行构成了触媒,而建筑物本身的独异性则是其爆红的根本原因。红墙强而有力的大色块冲击,构成了建筑独异性的主体。模特、歌手、网红们趋之若

西班牙红墙（La Muralla Roja）：
网红打卡地的鼻祖。

鹜的原因,不仅在于建筑是酷的、美的,更在于这种场景是一种独特的、无二的、异质的、超越日常的存在。

大胆奔放、光耀夺目的色彩拼贴对于互联网的传播是利好的,它符合一条好的短视频的基本要求——画面感足,刺激性强。今天回看大部分网红打卡地,我们不难发现,和以往低调内敛的色彩系运用相比,设计师们开始乐于和频繁使用亮色系,色块体量更大,手法也更为大胆,鲜艳而多元的色彩运用已成为网红打卡地的共有特征之一。

普利兹克奖得主、法国建筑大师让·努维尔在上海新落地的恒基·旭辉天地项目上则把这种色彩的运用推向了另外一个极致。这个坐落在老法租界的商业办公综合体项目,大胆地只运用了米色和红色两种颜色,外街用米色,内街通体用饱和度极强的红色来渲染。让·努维尔的灵感来自"丹霞红",中国古建筑常用的一种红色,这红色中又有细微的渐变,在光影之中能呈现出不同的效果。综合体一开放,便引爆了社交媒体。短短几个月,抖音的话题浏览量就突破了百万。恒基·旭辉天地让普通游客印象最深的是红色,短视频点赞转发的原因也是红色。要知道,这么大面积的、铺天盖地的红,在公共建筑中的运用非常罕见,不是大师级的操盘,恐怕很难有业主能下得了这个决心。

难以判断让·努维尔是否把脉到了当下网红建筑的潮流,但大师绝对深谙建筑作品与公众和媒体的互动之道,那就是"让普通人感到震惊"[1]。让·努维尔曾经为意大利的一家汽车公司设计了一堵超过1千米的墙体,然后夸张地把它一股脑儿漆成鲜艳的

---

[1] 让·努维尔、让·鲍德里亚:《独异:建筑与哲学》,北京出版社2020年版,第14页。

网红打卡地——打造独异性体验空间

恒基·旭辉天地：让·努维尔深谙建筑作品与公众和媒体的互动之道，那就是"让普通人感到震惊"。

红色。这面超长的红墙由此给这家公司一个强大的视觉身份，一个生机勃勃的商业形象，当然更少不了的，是更为广泛的公众与媒体的关注。

大体量色块所带来的视觉冲击力，不仅仅在城市建筑上得到流量的印证，同样在乡村，也催生出一波网红打卡地。

意大利五渔村就是其中的先驱之一。五渔村是世界知名的彩虹村，是世界各地网红彩虹村的鼻祖。它位于意大利利古里亚大区的海岸边,是5个位于悬崖之上的村镇的总称。因为大体量的使用五彩之色涂抹房屋,使得五渔村犹如海岸边一个缤纷的梦境一般,在意大利众多乡村中脱颖而出。五彩斑斓的房屋、蔚蓝无垠的大海、雄奇陡峭的悬崖、狂野茂密的橄榄林,当然还有原汁原味的原住民生活,吸引着来自世界各地慕名而来的游客。五渔村的历史可以追溯至中世纪,现存的大量建筑仍然保存着中世纪的风貌,1997年五渔村被联合国教科文组织列入了世界文化遗产名录。可就是这么一个老派的五彩小镇,依然在社交媒体上占据着流量的潮头。如今在抖音上搜索关键词"五渔村",播放量超过了4 100万次,仍然是炙手可热的网红景点之一。

五颜六色的植被、缤纷多彩的花卉是塑造高颜值乡村的天然资源,利用多彩的花卉植被打造网红打卡地,已然成为常规操作。

贵州平坝万亩樱花园,号称是世界上最大的樱花基地。占地超过2.4万亩的农场上,种植了将近70万株的樱花,每到樱花盛开的季节,漫山遍野的白色和粉色,不仅仅让国人惊艳,而且让BBC等国外媒体震惊——中国也有不输日本的樱花美景。平坝的樱花以白如雪的早樱和粉如霞的晚樱为主,每当早樱盛放,碧蓝色的红枫湖、青黛幽幽的远山以及几棵绿树点缀其中的万亩白雪,构成了一幅绝美的人间胜景图,引来数以万计的游人。早樱凋谢,粉樱又开,又是一种气势磅礴、铺天盖地的美。在抖音上,关键词"平坝樱花"的播放量已经突破了2亿次。如今,像平坝这样的"田园花海"已经成为网红乡村、田园综合体的标配。

除了房屋建筑、植被花卉,乡村道路也在彩色化。在笔者的家乡江苏溧阳,一条红黄蓝三色的彩虹公路,将全域312个自然村、220多个乡村旅游景点串联起来,大大地促进了溧阳的全域旅游发展，并一跃成为全国知名的网红打卡地。

溧阳"一号公路"全长365千米，以路引景，以线串景，以境内核心山水资源"三山两湖"为中心，串联沿线的主要旅游景区和特色田园乡村。在此基础上，"一号公路"规划设置了9个驿站、15个观景台、13个休憩点，满足了自驾游客群的基本需求。"一号公路"直接带动了沿线的旅游经济，包括农场、民宿、农家乐、田园综合体等旅游业态层出不穷。

"一号公路"不仅仅是一条旅游核心线，也是一条生态支撑线，一条文化传承线，一条富民依托线。溧阳凭借"一号公路"多次登上CCTV，这条彩虹之路在城乡融合方面的创新促进作用，更是为溧阳赢得了"国家城乡融合发展试验区""绿水青山就是金山银山实践创新基地"等国家级金字招牌，成为生态文明建设的新标杆示范。

我们回头看这条"最美农村路"，放眼全国，其实这条乡村道路优势并不突出。溧阳地形以平原丘陵为主，在喜爱自驾的游客群看来，平坦的乡村道路与地势陡峭、蜿蜒曲折的山地道路相比，驾驶的趣味感要逊色不少。这两年，热门的自驾游线路基本集中在中西部，以318川藏线、青海环线、青藏线等为主，还包括一些异军突起的网红线路如新疆独库公路等。溧阳"一号公路"的走红，与其色彩的大胆运用是分不开的，彩虹三色给稀松平常的乡村公路增添了一道魔力，让其因色彩而变成梦幻一般的景观。正因为这种独异性的操作，大大提升了日常驾驶的乐趣性，也促进了游客在社交媒体的分享。总而言之，是色彩让"一号公路"拥有了魔力，变得与众不同，使其具备了可传播的独异性。

我给家乡的建议是，依托"一号公路"的网红效应，乘势打造

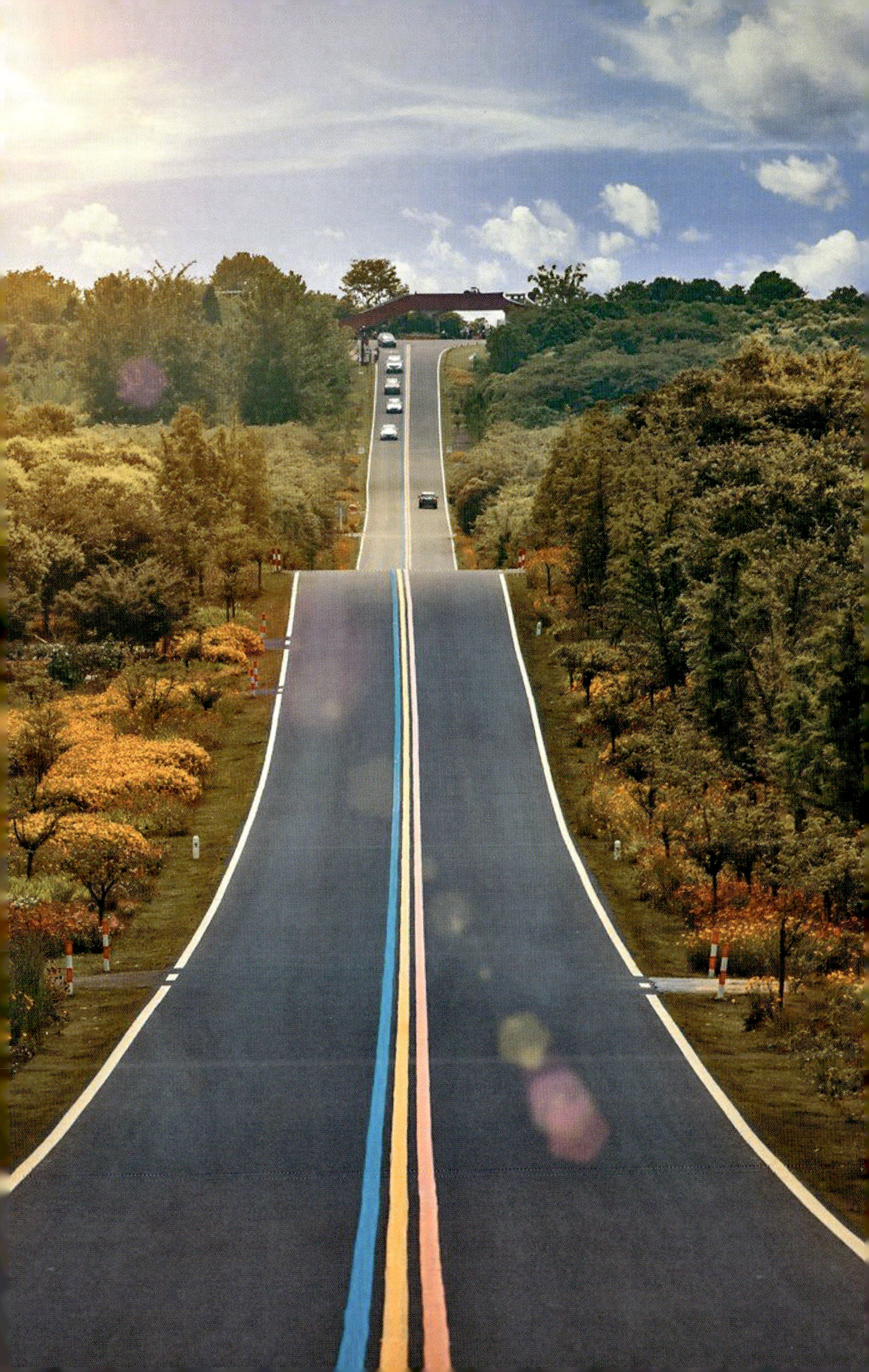

"网红城市"。通过塑造新的城乡网红空间格局,构建一二三产联动的网红产业体系,将溧阳打造成长三角城市群中的首个县级网红城市。以此快速地在消费者心中形成网红的心智印象与优势,成为上海大都市圈中一个年轻化、时尚化、创新化的特色节点城市,为溧阳下一个20年发展注入创新活力。

不拘一格的造型

澳门摩珀斯酒店一落地,便成了赌城的新地标,吸引着来自全球各地的游客粉丝。摩珀斯酒店是全球首个采用自由形态外骨骼结构的摩天大楼,所谓外骨骼,就是把原先裹在墙体中的钢筋外移到建筑表面。这种结构外露的手法,让人想起巴黎的蓬皮杜艺术中心。

摩珀斯酒店是有着"女魔头"之称的建筑大师扎哈·哈迪德的遗作,她也是首位获得建筑界诺贝尔奖"普利兹克奖"的女性建筑师。建筑界对扎哈的天赋有着特殊的青睐。普利兹克奖评委们这样评价道:"扎哈·哈迪德的作品中始终含有强烈的个性视觉,这种视觉已经改变了我们观察、体验空间的方法,碎片几何的结构和液体流动性是一种探索和表达我们世界的主要工作。""她让建筑成为都市精力的虹吸管,让我们看到了城市生命力的喷薄和流动。"扎哈个性化极强的作品不仅是业内的独异品,而且频频出圈,成为媒体和大众追逐的对象。

走进这座耗资11亿美元的酒店,你有一种置身外太空的科幻感。35米高的中庭大堂气势恢宏,金色镂空的立体网状金属包裹大厅两侧的立面,乘坐12台炫酷的全景观光子弹电梯一路向上,让你感觉仿佛在穿越异度的时空。

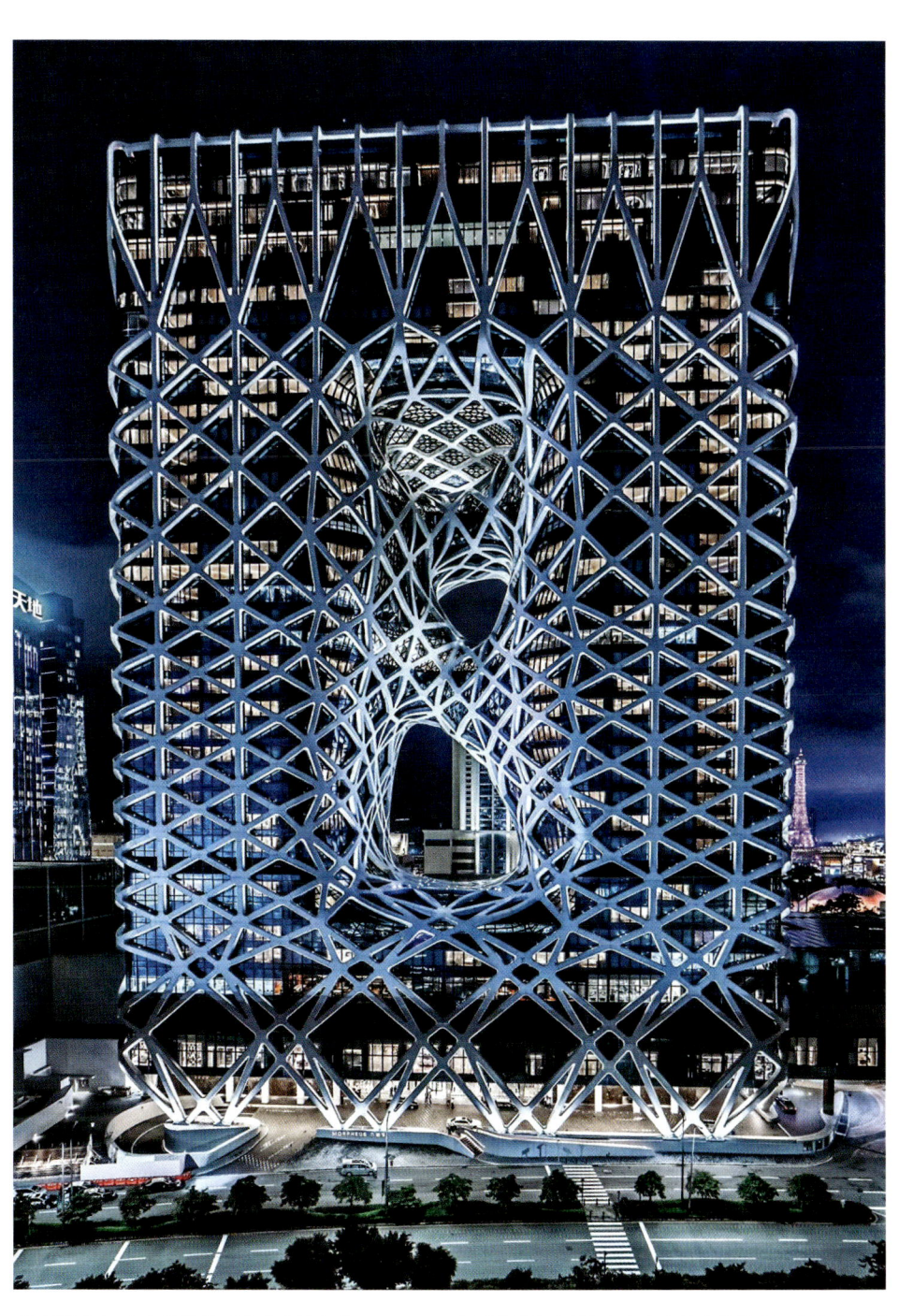

摩珀斯酒店，取名希腊神话中的梦境之神Morpheus。电影《黑客帝国》中主人公尼尔的导师，引领尼尔摆脱梦境，进入现实世界的人。

扎哈作品,长沙网红打卡地梅溪湖大剧院。

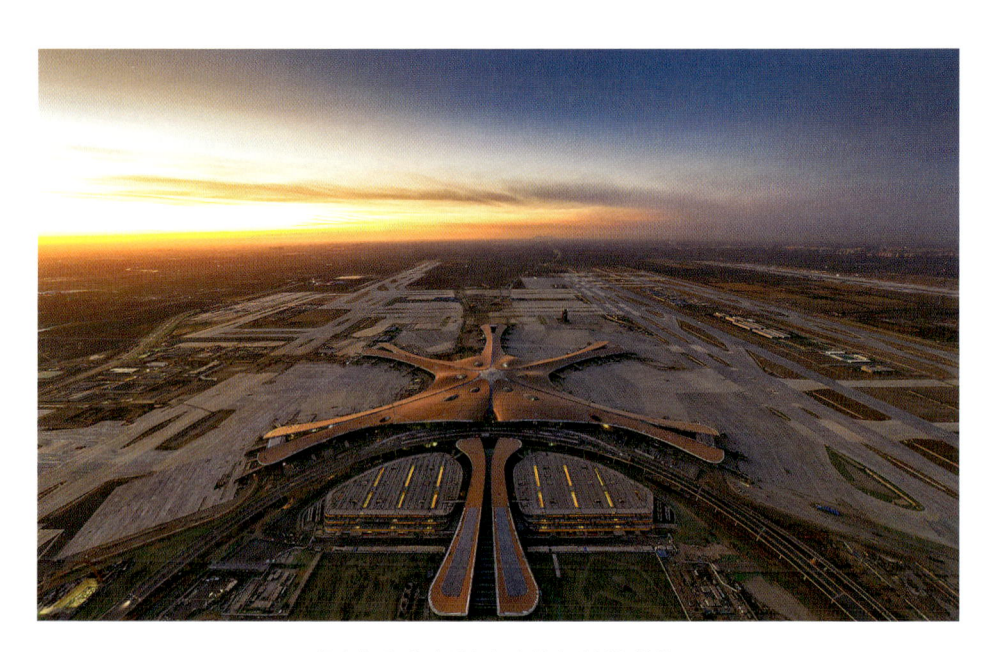

扎哈作品,北京网红打卡地大兴国际机场。

扎哈作品夸张而充满未来感的造型，是其个人最大的独异logo所在。沙特阿卜杜拉国王石油研究中心，从正在生长繁殖的细胞有机体中获取灵感，用水晶体一般的造型，通过模组化结构组合而成。在黄沙遍野的沙特，研究中心犹如一座外星基地，给利雅得带来了科幻感极强的视觉盛宴。而扎哈给安缦集团老板设计的私人别墅，则像极了一艘降落在原始森林里的宇宙飞船，无论是外形还是内饰，别墅造型显然是从科幻电影中获取了灵感。扎哈把这种天外来物的设计思想，更是延续到了中国，上海凌空SOHO的造型像极了一艘太空母舰，同样以线性流体结构为特征的北京望京SOHO或是犹如鲲鹏展翅的大兴国际机场都不像是地球上的建筑。

让·努维尔说，建筑师就是创造"独异之物"的人，[1]而结构恰巧成了凸显建筑独异性最显性的一面，在这方面，扎哈可谓一骑绝尘。当然，也有不少同行对扎哈一类"尖叫的建筑"有所保留甚至据理反抗，认为其是"将某种迎合消费主义的景观强行加诸世界每一个地方。"[2]但无论如何，扎哈"曲线女王"的独异性让其在以男性为主的建筑师圈子占得了一席之地，她的作品更是频频出圈，为其赢得了世界性的瞩目声誉。

大师IP本身就构成了独异性。但大师毕竟是稀有资源，通过结构的独异创新来网红，在城市公共空间中，这样的案例并不少。2020年成都首届公园城市网红打卡点评选活动，挑选出了50个最受市民欢迎的网红打卡地。在排名前十的"明星奖"中，除了太古

---

[1] 让·努维尔、让·鲍德里亚：《独异：建筑与哲学》，北京出版社2020年版，第125页。
[2] 参见《日本新国立经济场始末——扎哈沦为日本排外主义的牺牲品？》，《东方早报》2016年4月6日。

里、宽窄巷子、鹤鸣茶舍、天府广场等知名公共空间,名不见经传的五岔子大桥赫然在列。五岔子大桥紧邻锦江绿道,其设计理念来自"莫比乌斯环"——将一张纸条的一侧旋转180度后与另一侧相连,即形成一个没有起点也没有终点的无限之环。五岔子大桥是国内首座"莫比乌斯环"异形拱桥,桥体分为主桥和副桥,主桥在上,可供自行车通行,连接两岸绿道;副桥在下,有环绕式的阶梯,为市民停留观景提供方便。华灯初上之时,桥身自带的魔幻未来感,在锦江柔波之上的霓虹光影里,呈现出一种独特的美,吸引着无数游人和普通市民前来打卡。在南京,同样也有一座造型独异的网红桥,它就是"南京眼"。南京眼步行桥是长江上首座观光步行桥,北连江心洲青奥森林公园,南接南京国际青年文化中心,桥体造型简洁飘逸,两个巨大的白色圆环夸张地斜躺,几十根钢索犹如竖琴琴弦一般将其牢牢拉住,行人走在桥上如同琴弦上轻盈跃动的音符。夜色降临,炫丽的LED灯光将桥梁打扮得更加夺目。在抖音上,南京眼的话题播放量已经突破700万,是南京最受欢迎的一处网红打卡点。

卓尔不群的气质

如果把好看的空间比作是一位美女的话,色彩是容貌,造型是身材,那么还有一个指标不应被忽视,那就是气质。

谷鬼子有云,"执形而论相,管中窥豹也。不离形,不拘法,视于无形,听于无声,其相之善者也。"[1]意思是通过外在显性的形去

---

[1] 语出《鬼谷子神奇相法全书》。

相人,往往失之于管中窥豹,但如果能从"无形"中观察,"无声"中辨识,看见"看不见的形",听见"听不见的音",这就是上等的相人方法了。气质是外在的显现,亦是内在的延伸。气质往往隐于无形之中,是个体能量场的外现,因此其独异性显得更加稀缺宝贵。

网红打卡地之中,少不了这类气质孤绝的场所,上海1933老场坊便是其中的翘楚。位于上海虹口区的1933老场坊,前身是老

上海1933老场坊创意园:扭曲的结构,阴诡的气质。周星驰在电影《功夫》中营救火云邪神的一场戏,就出自这里。

上海建造的屠宰场，被改造成创意产业园区之后，成了上海滩集时尚表演、展示发布、创意设计、消费休闲的知名网红打卡点之一。这个号称远东第一，现今世界唯一留存的大规模屠宰场，采用了古罗马巴西利卡式风格。"无梁楼盖""廊桥""旋梯""牛道"等众多独异的风格手法贯穿其中，不规则的造型设计，20世纪30年代混凝土的阴冷刚硬，以及因错落空间而随时变幻的光影，加上大规模屠宰而释放出的负能量场，让1933老场坊整体散发出一种独特的神秘诡异感——即便在炎炎的盛夏，老场坊内依然阴气逼人。

正是这种阴森诡异的气质，让1933老场坊一跃而成为炙手可热的大网红。周星驰在电影《功夫》中营救火云邪神的一场戏，就放在了这里。火云邪神的诡诈与阴邪，也只有1933老场坊独特的场景气质才能匹配。

颜值为王、颜值即正义等本是戏谑之语，但在追求画面感、刺激性的短视频时代，颜值担当变成了网红的首要元素。后现代社会，创意阶层与新兴消费群体对颜值所代表的美学及其潜藏背后的个性化价值愈发关注。尤其对于线下空间而言，无论是商业消费空间还是文化旅游空间，色彩、造型与气质所代表的颜值是否拥有独异性，能否瞬时抓住眼球，成为能否网红的必备条件——高颜值不一定能成为网红打卡地，但网红打卡地必定有高颜值！

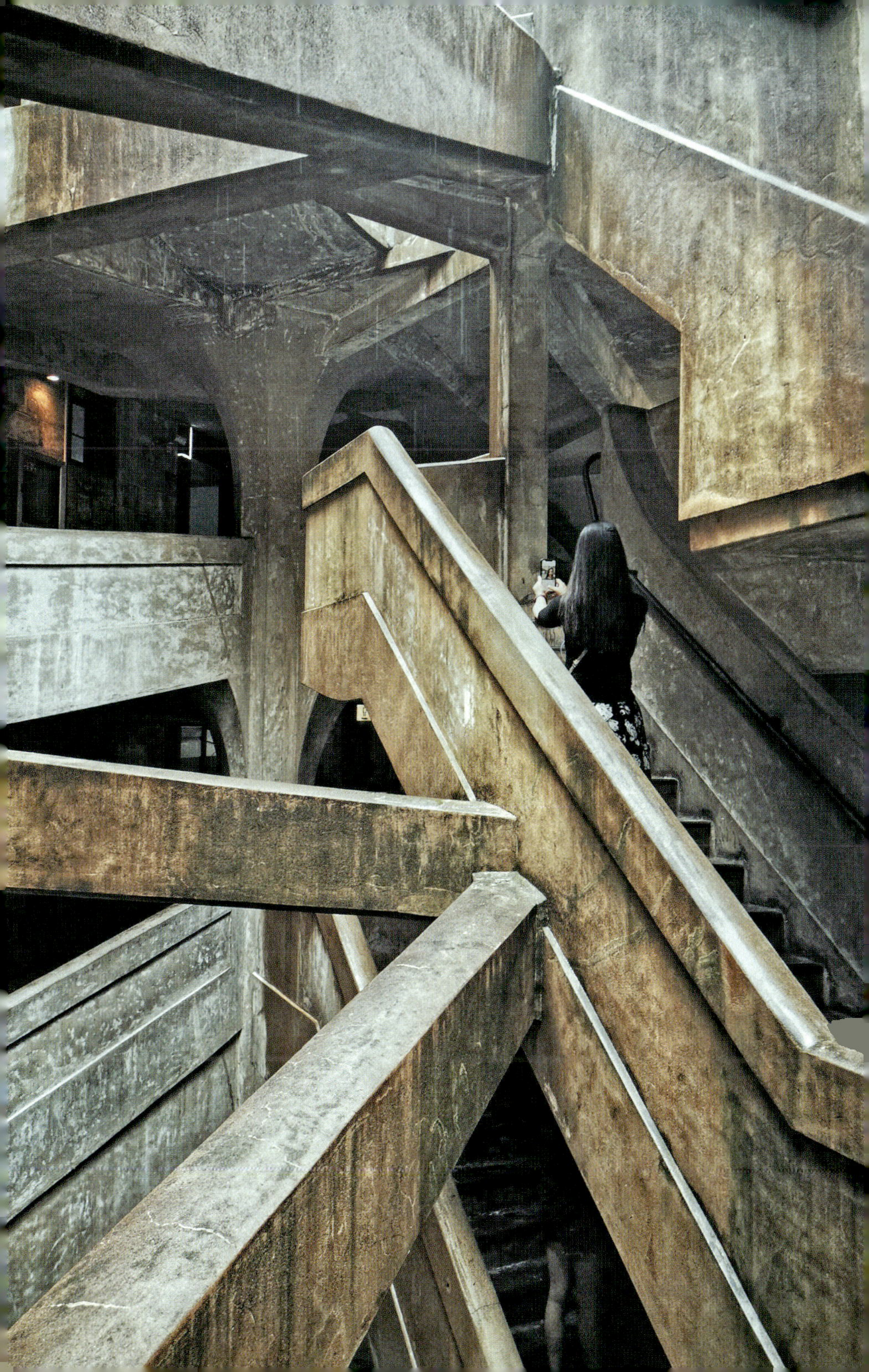

场景拼贴

> 场景是一种软实力。
>
> ——特里·克拉克《场景理论》

新物种

2021年愚人节的第二天,"超级文和友"在深圳罗湖区开张了。愚人节的气氛似乎还未完全散尽,网友们便又疯狂了一次。这个美食综合体的店门外排起了大长龙,从店门口排到了河边,再一字排开涌过桥,挤到了对岸。到当天下午5点,取号排位已经超过了令人咋舌的54000号。网红饮品店"茶颜悦色"的黄牛号更是炒到了500元一张。《南方日报》煞有介事地做了一道计算题——按半小时140桌的用餐高峰排队速度计算,54 000桌需要耗时190个小时,而深圳到长沙的高铁仅需要3小时。《南方日报》在暗示,与其辛辛苦苦地在深圳排队尝鲜,还不如直接去长沙算了。

超级文和友便是从长沙冒出的网红新物种。2018年超级文和友花了5 000万元在长沙地标性建筑海信大厦租下了整整7层楼面,然后豪掷1亿元进行装修。令装修队不解的是,装修材料并不是常见的商业综合体用料,而是好多从棚户区、老街弄拆迁搬来的电视机、缝纫机、煤油灯等老物件,整个店铺也不是崭新靓丽的综合体风格,而是逼真地复原了一个1980年代的长沙老街区。更让人意想不到的是,开业后的超级文和友一下子爆了。日均接待顾客超过2万人,平均排队时长3小时,翻台次数达到了8.5次,远远超过了以翻台率知名的海底捞,天南海北的吃货们到了长沙就必到超级文和友,各路明星和网红们更是纷纷前来拍照打卡。截至2021年7月,超级文和友在抖音的话题播放量已经超过了2.3亿次。

毫无争议,超级文和友的爆红在于其独异化的"场景"——它再现了一个陌生而又熟悉,似近又似远的老市井消费场景。这个场景早已在中国城镇化的惊天大浪中湮没不见,沉睡在了大部分普通市民的记忆深处。而今,这座面积超2万平方米,弥漫着红彤彤烟火气的立体街区,又把那个年代的独特气息从历史深处生生地拽了出来。迪斯科舞厅、街机厅、台球厅、照相馆、发廊、婚姻介绍所,音乐磁带,各类童年玩具,还有那些眼花缭乱的招牌,超过10万件的老物件在这里以一种场景化的方式重现,整个综合体俨然成了一个沉浸式体验的博物馆。与此同时,文和友文化艺术馆、臭豆腐博物馆以及长沙本地的一些艺术家群体、文化社团等文化设施正持续地被整合其中,老市井的场景感在不断加强。

对老市井并不熟悉的"90后""00后"们前来猎奇打卡,而从老市井走出来的"70后""80后"们则在这里回味舌尖上的童年,他们是这里的天然拥趸。文和友把1980年代的长沙市井原封不

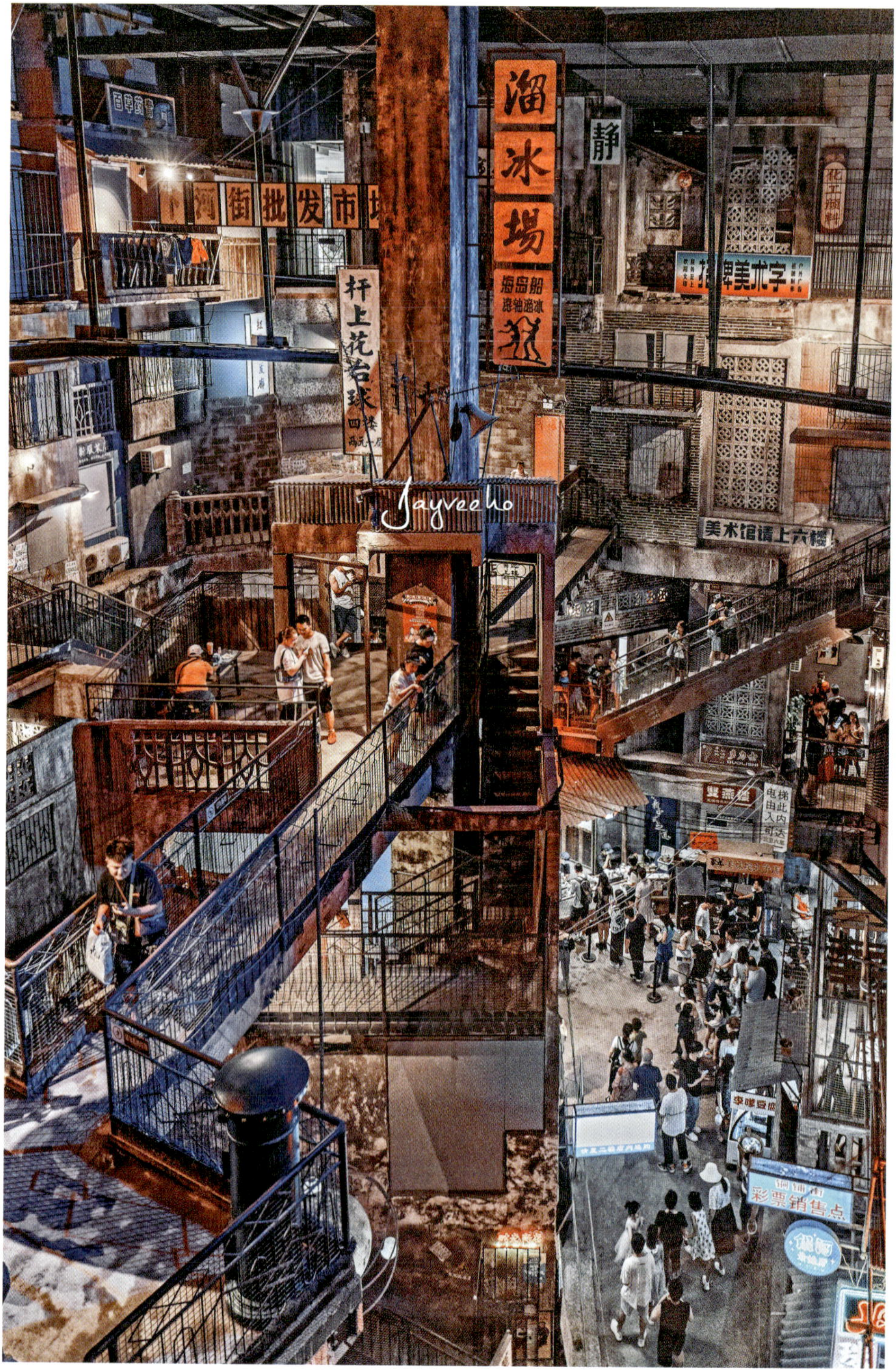
溜冰場
静
河街批发市
招牌美术字
美术馆请上六楼
彩票销售点
Jayveeho

文和友在深圳的夜色中绽放出诱人的妖冶之光。

动地还原出来，让消费者在品尝各类美食的时候，唤醒大脑的记忆沉淀，激发潜意识的情感共鸣，这就是"场景"的天然魔力。

场景

"场景"一词既熟悉又陌生。这个来源于英文"Scenes"的词语，原本是指在电影中，对白、场地、道具和音乐等要素构建的能够给观众以信息和情感的空间概念。芝加哥学派的特里·克拉克将它延伸至社会学领域，他在2013年出版的《场景理论》一书中，将场景作为研究城市发展与转型的全新视角。在他看来，场景由舒适物设施、活动与服务等组合而成,不仅蕴含了功能,也传递着特定文化价值观与生活方式。[①]

场景是生活方式的容器,场景不一样,消费价格自然也就不一样。在自动贩卖机上点上一杯咖啡和在顶级酒店的高端餐厅里喝咖啡,同样的咖啡,但支付的价格却高下立判。消费者消费的不仅仅是商品本身,还包括空间所代表的"场景";消费的不仅仅是功能,还包括商品所代表的符号意义和所处情景的文化和美学价值。随着个性化、体验化、美学化的消费社会来临,人们已经逐步从传统的在"空间中消费"转向"对空间的消费",空间与场景本身变成了一种消费品。环顾四周,我们不难发现,越来越多的新空间和新场景正在出现。废弃的工厂改造一新,成了文化创意产业园区;老街区改头换面,成了文化气质浓郁的城市会客厅;博物馆、美术馆、图书馆等高颜值场景不断涌现;风味餐厅、特色商店、历史建筑吸引着越来越多的城市消费人群;而在乡村,特色小镇、田园综合体、民宿、古村落、乡野绿道、田园花海、自驾线路等新场景层出不穷。

"美学直觉加上欲望转化而来的活动和舒适物,使我们能够更清楚地分辨不同场景。"[②]特里·克拉克指出,美学是分辨不同场景的关键所在,也是其核心特征所在。

[①] 吴军、叶裕民:《消费场景:一种城市发展的新动能》,《城市发展研究》2020年第11期。
[②] 丹尼尔·西尔、特里·克拉克:《场景:空间品质如何塑造社会生活》,社会科学文献出版社2019年版,第6页。

场景塑造独异

传统的大型购物中心曾经是每个城市的香饽饽,然而随着电子商务的冲击,以及人们对千篇一律的标准化产品与店面空间兴致索然,这些庞然大物们正日渐失去吸引力。除了不断减少零售铺位、增加餐饮的比重,商业综合体们似乎办法不多,越来越多的铺位在空置,即使是在市中心寸土寸金的地方。

场景给了商业综合体新的突围方向。有些综合体通过高度主题化、美学化与体验化的场景,为自己赢得了源源不断的人气与收入。澳门大运河购物中心算得上购物中心场景化的鼻祖之一了。作为澳门最大的室内购物中心,大运河购物中心模拟了威尼斯的运河及水乡场景,通过3条室内运河将中心内350多家意大利风情的购物商户、数十家餐饮店串联起来,而房顶则通过一幅电脑灯光控制的天幕来模拟晨昏日落,让游客仿佛置身于威尼斯的街道,享受异国风情。大运河购物中心是澳门的十大购物中心之一,直至今日仍是澳门旅游的形象地标。

长春"这有山"是这几年综合体场景化涌现出来的杰出代表。和大运河购物中心将威尼斯水乡复制上楼同出一辙,"这有山"大胆地将一个民国山镇搬进了综合体。

就如同这个综合体的名字一样,"这有山"给消费者制造了一个人人渴望的场景,那就是"离开城市,这有山!"——你不需要真的离开城市,就能体验山中小镇的魅力。然而,就算你真的置身乡野山中,这种体验感也与当下截然不同,因为你又身处一座由钢筋和玻璃幕墙所构造的城市盒子中,这种场景的时空错配让项目具备了高度的独异性。

"这有山"真的有山！这座山丘状的室内小镇高30米，由弯折的盘山路一直引向山顶。山顶坐落着一尊巨大的艺术雕像，名曰"问蟾亭"——"城中有山，山中有亭，亭中有蟾，唯有行者曰：不用离开城市，这里就是远方。"巨大的艺术雕像构成了"这有山"高度的可辨识传播形象，而山顶亦是整个商业动线的末端，可一览无余地看见整个山镇的全景面貌，这也成了游客与网民"一览众山小"绝佳的拍照与打卡场所。"这有山"规划了6个组团，分别是"休闲逛玩组团、小吃街组团、嘉年华组团、聚会餐组团、电影院组团和夜生活组团"，6个组团沿盘山路布局，游客则拾级而上，不同组团的场景和内容错落徐开，让游客深度沉浸，流连忘返。

王三石是"这有山"的策划人，他也是上海大悦城的御用设计师，后者有着"最懂年轻人的商业体"的称号。据说，当初投资人找到他的时候，项目并非是一个容易上手的活儿——长春市核心商圈，黄金地段，不足10万平方米，周边还有万达广场等成熟商业项目的包围，如何通过创新脱颖而出，投资人心里没底，他也没底。王三石花了数月思索研究，终于有一天开窍了。"最有吸引力的逛街体验是传统街市，比如，成都宽窄巷子、太古里商街等。我们的项目也要做出这种逛街的感觉，那怎么克服空间限制，让动线距离短呢？有了！把街竖起来！"投资人蒙了，脱口而出"那岂不是要在楼里盖座山啊？"[①]就这样，"这有山"应运而生！"这有山"的火

[①]《「长春 这有山」是这么干出来的，多的是你不知道的事》，https://www.163.com/dy/article/G58EKQHM0518V7QB.html。

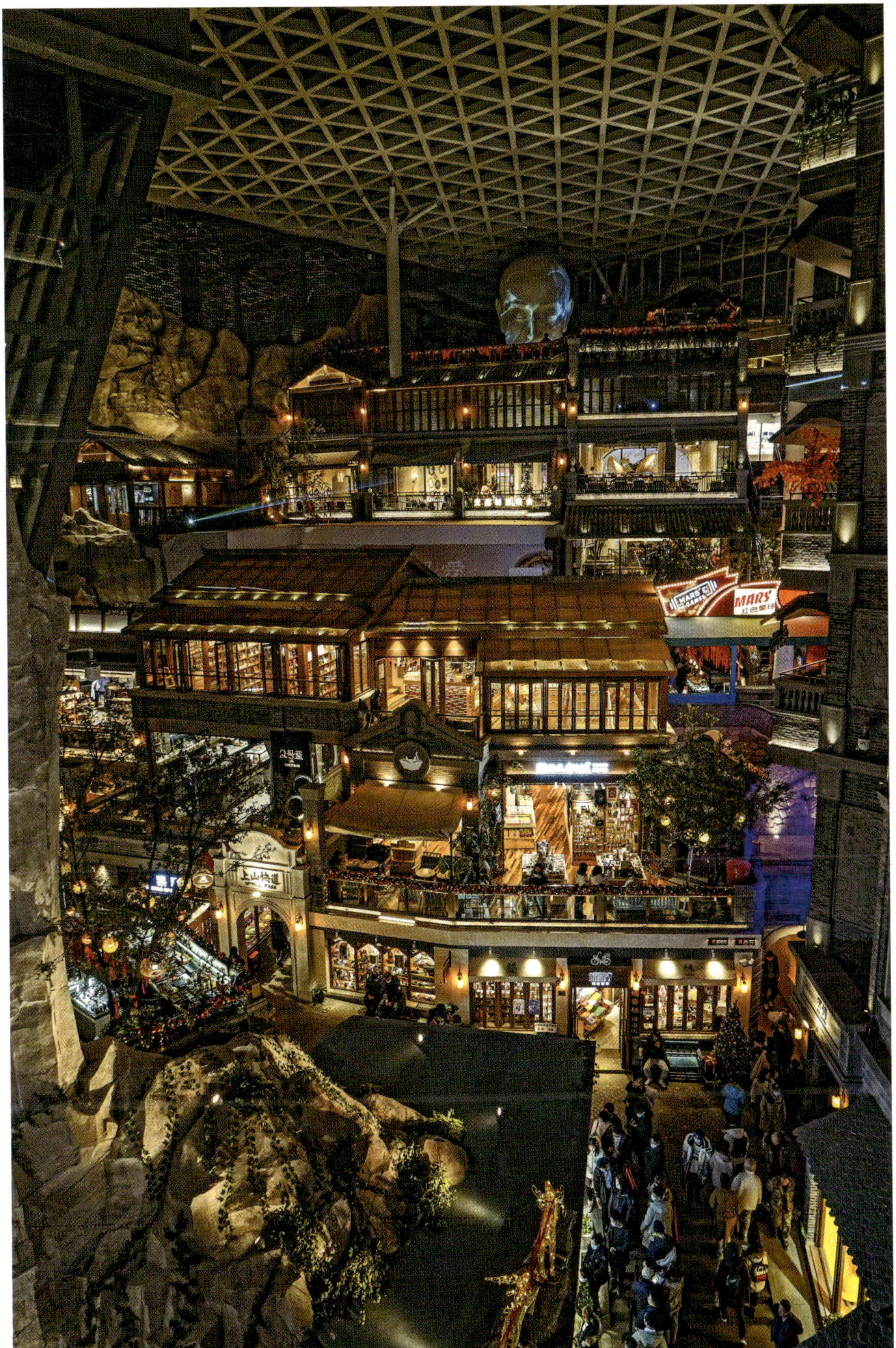
MARS

大悦城的摩天轮及其高度场景化的空间设计，为其赢得了"最懂年轻人的商业体"的美誉。

爆超出了所有人的想象。2019年国庆开业当天，客流超7万人次，不得不限流营业。招商率100%，其中有60%的项目是首次入驻长春。"这有山"成了东北少有的商业网红项目，抖音上"这有山"的话题播放量已经超过了3 000万。

"这有山"并非王三石的初试牛刀，有着"魔都爱情地标"的上海大悦城便是他的作品。这个最早油画艺术家出身，当过老师，后来做过广告行业，经营过商铺，又误入商业地产策划设计圈的杂家，深谙一个成功商业项目的核心因素——消费者能否记住你。也就是说，你的"独异性"是否能够在观众心智中留下深刻的印记，这种"独异性"能否同样成为口口相传的传播点。上海大悦城便有这样的底气，它是国内首个拥有摩天轮的商业综合体，可以说，摩天轮赋予了大悦城"独异性"，而王三石围绕这个"独异性"再为大悦城的8楼和9楼顶层空间设计主题场景。一架巨型的望远镜在露台中央横陈，给人以极强的视觉冲击，为年轻人社交而精心谋划的各种业态排列两侧，酒吧、书店、特色餐馆，气氛轻松而娴雅，而在8楼，手工街以及以"国潮"为主题的立体街区是年轻人最喜欢光顾的空间，这是王三石从日本逼仄拥挤但火爆异常的商业夜市汲取的经验——商品的功能已经从吸引消费者的首位因素上退却下来，让位于消费的独特氛围与场景。大悦城的摩天轮及其高度场景化的空间设计，为其赢得了"最懂年轻人的商业体"的美誉。笔者曾专门前往探访，不由感慨这几年商业综合体的场景化趋势，未来的空间设计可能不再是建筑师和室内设计师的专利，而熟悉各类场景的雕塑师、画家、策展人等艺术家群体会更多地参与进来。

韩国墨镜品牌Gentle Monster是另外一个场景极致化的成功

案例。因电视剧《来自星星的你》而为人熟知，女主角千伊颂脸上变着花样出现的墨镜让粉丝们眼前一亮，Gentle Monster势不可当地席卷了时尚界与文艺圈，并成功吸引了LV母公司旗下私募基金以及中国IDG资本的入股，大大加速了其在全球的布局。除了艺术感极强的墨镜款式设计能力，Gentle Monster为粉丝们所津津乐道的便是它极具视觉震撼力的零售门店了。

Gentle Monster对空间有着独特的美学追求，创始人Hankook Kim说，"我们看到市场上有大获成功的快餐（如麦当劳），有非常成功的快时尚（如ZARA），但还没有快空间，所以我们就想建立一个快空间。"[1]可见，在Gentle Monster眼中，空间已经成为如同快餐和时尚一样的商品，换句话说，空间本身变成了被消费的主体。在每一家旗舰店，Gentle Monster都会设置一个主题。伦敦店以"KUNGFU功夫"为主题，讲述外星人在地球上看到功夫，爱上功夫，变成功夫狂热粉的故事。洛杉矶店则以"丰收"为主题，通过稻草堆等艺术装置，表现从稻田收割到谷物脱粒的过程。在成都，Gentle Monster的场景设计又在告诉消费者，在经历强烈海啸之后的地球上，所剩寥寥的生命体是如何重获新生的故事。Gentle Monster还号称要不断更新商店的场景布置，这个周期是疯狂的21天！每隔21天，如同一家美术馆或者博物馆一样，Gentle Monster就要更新一次店铺的表现形态，为的就是满足消费者对场景新鲜感的诉求。

Gentle Monster对艺术场景的把握，对年轻客群的深入了解，

---

[1] 《博物馆陈列，全球没有一家店重样，Gentle monster这才叫有钱任性！》，https://www.sohu.com/a/217341990_170669。

甚至让其拥有了对外输出设计能力的商业可能。北京奢侈品购物中心SKPS便是其输出场景的网红案例。作为中国最火爆的奢侈品购物中心SKPS的大快闪店，一路之隔的SKPS与Gentle Monster合作，打造了一处"未来火星"主题的奢侈品零售新物种。时间隧道、火星基地、太空舱、陆地探测仪、宇航服、仿生羊和机器仿生人等，这些未来感超强的艺术品让人仿佛置身一个火星主题的博物馆。有人曾质疑SKPS为什么要牺牲那么大比例的商业面积来做艺术的场景陈设，为何要把进口的黄金铺位来做仿生羊的牧场，SKPS的回答坚定而自信，"我们做的是有故事的消费场景，而非仅仅为提高格调的艺术品陈列，SKPS做的不是mall，而是百货，也就是说，赚的不是店面的租金，更多的是来自商品的销售。场景设计的真相只有一个，那就是创造商品的价值。"[①]

场景拼贴

　　1980年代的长沙市井，民国风的山城小镇，还有未来感满满的火星荒原，这些场景本不属于商业综合体这个现代化的硬空间。然而，这些代入感极强的场景和钢筋混凝土玻璃盒子的拼贴出现了让人意料之外的火爆效果。这反过来促使我们思考，这种大胆的场景拼贴是否拥有更广阔的试验空间，甚至成为网红打造的一种模式？答案是肯定的。

　　乡村无疑是提供大量原始场景的巨大舞台，老屋、稻田、古村、

---

① 《SKPS真相》，https://www.sohu.com/a/363607196_100032554。

湖泊、山林、乡道等不一而足。伴随着城市消费的外溢与各类资源的下沉，城市场景也在下乡。后者给乡村场景的更新与蝶变带来了无限的可能。我们不妨先从前几年火爆的民宿说起。

浙江德清莫干山是中国民宿行业的发源地之一。南非人高天成以极低的成本从原住民手中租下了几栋山腰上的破旧老屋，原先只是为了自己和身边老外朋友的度假之用，没想到这几栋使用了现代手法改造的老屋成了上海老外圈周末度假的香饽饽，一房难求。高天成的无心插柳启动了莫干山一个新兴行业的爆发按钮。[1] 今天，大家对民宿这一新物种已不陌生，而它也已经取代城市星级酒店，成为新中产们周末出游度假的第一选择。笔者很多年前就关注民宿行业的发展，曾用4个字来形容这个新物种——"旧壳新囊"。也就是说，民宿往往有着乡村原汁原味的外在"旧壳"，这个壳越是野陋古旧，越是受人欢迎。但在壳里，必定要有满足现代城市消费需求的"新囊"，即舒适的现代化的居住品质，柔软的高品质床垫、24小时热水、空调电视、网络WiFi等代表着城市的居住场景。所以说，民宿本质上是一种乡村山林田园与城市场景、老宅与城市住宿场景的混搭与拼贴，这种场景拼贴造就了民宿这个新物种，也让民宿成为最常见的网红业态之一。

有一定文化沉淀的古建筑，构成了价值型的乡村独特场景。在此基础上拼贴新的城市场景，往往容易获得成功，书店便是这样的城市场景之一。安徽黟县的碧山书局是国内最早的乡村书店之一。南京先锋书店的老板钱小华决定在碧山村开设一家先锋书店乡村店。从商业逻辑上说，在偏僻的、客流不稳定的乡村开设书

---

[1] 陆超：《读懂乡村振兴：战略与实践》，上海社会科学院出版社2020年版，第245页。

碧山书局

店,这是前无古人的疯狂之事,不过钱小华自认为是个理想主义者,"在城市开书店是商业,在乡村开书店是事业。"①历史感十足的斑驳白墙,原样保留的内部木质结构,配上郁郁葱葱的绿植花卉,再布置上琳琅满目的各类古书与文艺书籍,碧山书局成功地创造出了一种崭新的场景。这是一种拥有高度文化保真性,游客们从未体验过的新型场景试验,这种试验无疑是诱人的,带有高度的情感激发性,让碧山书局一跃而成为远近闻名的新网红,CNN更是不吝将"中国最美乡村书店"的称号送给了碧山书局。借助于网红效应所带来的巨大流量,运营2年后的碧山书局惊喜地实现了盈利,文创产品、地图明信片和咖啡弥补了图书销售之外的收入空缺。自此,乡村书店成为一种商业逻辑能够自洽的新业态。

在城市中,商业街和综合体是两种与餐饮美食结合最佳的场景,但天长日久,城市消费者对此早已审美疲劳,他们渴望出现新的场景,在品尝舌尖美味的同时,带给他们不一样的身临其境感。于是在乡村,美食村这种新业态便应运而生了。2007年的陕西袁家村是一个连一条小河、一片树林、一个土地庙都没有的空心村,是贫瘠的关中土地上再寻常不过的一个小村子,就是依靠城市美食街场景的下乡,与民俗古村落的修复一起叠加出崭新的消费场景,袁家村一跃而成为乡村旅游界无人不知、无人不晓的大网红。据有关媒体报道,袁家村的日营业额超过了200万元,年收入近4亿元,一个小小的村庄,年接待游客数量超过500万人,日游客数

---

① 陆超:《读懂乡村振兴:战略与实践》,上海社会科学院出版社2020年版,第189页。

量最高可达惊人的18万人。①在抖音上,"袁家村"的话题播放量超过了1.4亿次。袁家村美食街与古村的场景拼贴,反过来影响城市商业综合体的变革,我们已看到越来越多的古场景正在美食综合体中出现。

  同样的,田园山林本身就是一幅原生态的天然美好场景。艺术展场景是与其拼贴融合的不二选择。日本越后妻有大地艺术节始于2000年,在以冬季大雪闻名的雪国新潟举行。艺术节以农田山林为舞台,以艺术为桥梁,将世界各地知名艺术家的作品陈列在大自然的怀抱之中,用生命的绿色与乡野的呼吸,取代了城市混凝土盒子的呆滞,创造出一种全新的观展体验。越后妻有大地艺术节成功举办多届,受到年轻人群及艺术爱好者的追捧,成为破圈的知名网红打卡地之一,近些年更是通过品牌输出的方式来到国内,包括浙江桐庐、江西景德镇等地都希望通过这样的活动来振兴乡村。

  特里·克拉克认为,"场景是一种软实力。"笔者在他的基础上,更进一步提出:场景其实早已不新鲜,新鲜的是场景的拼贴、混搭与再造,从而赋予空间新鲜感与独异性的体验感。而这种独异性的体验感正是创造网红打卡地的不二秘诀。

---

① 陆超:《读懂乡村振兴:战略与实践》,上海社会科学院出版社2020年版,第80页。

知识拓荒

如果我们不能用年轻人的语言讲述历史,我们将失去年轻人,而年轻人,将失去历史。

——故宫博物院前院长单霁翔

知识网红

"熊猫咬我,我能把熊猫打死吗?""赌钱赢了不让走,我直接把赌场抢了,构成犯罪吗?""监察委的主任看到老婆在家受贿,要不要制止?"

有着"法学界郭德纲"之称的"刑法小王子"罗翔出圈了。靠着脱口秀式的讲课风格,还有对法律道德两难抉择的绝妙解读,罗翔在各大视频网站狂吸千万粉丝,并一跃而成为2020年最火的"知识网红"。作为小众冷门的刑法学的中国政法大学老师,罗翔以一种更适应年轻人口味与网络传播规律的话语方式,对各种离奇偏激但又在情理之中的刑法案例加以剖析,用极具专业化的知识,将铁血法治与人性道德之间的矛盾张力巧妙地演绎了出来,不仅吸引了专业学生,更让一般网友从中体会到刑法学的迷人魅力。

罗翔的走红并不让人意外,因为他属于当下网红潮流的一个重要分支——"知识网红"。顾名思义,知识网红就是指自媒体时代因为分享知识而走红于网络的人,他们是知识与网红结合的产物。知识网红往往采用一种"知识降维"的方式进行知识传播,使得传播过程兼具知识性与娱乐性。"知识降维"不仅要将艰难晦涩的专业知识简易化,更要让其娱乐化,这才能适应专业知识被网络广泛传播的基本要求。

在移动支付如此方便的当下,网红们都在寻求变现,知识网红也不例外。为人自省、行事低调的罗翔也不能免俗,他刚刚成为沃尔沃汽车的品牌大使。而罗振宇、吴晓波等知识网红早已在知识变现的道路上狂奔了多年。研究显示,2020年中国知识付费的市场规模已经突破了390亿元。行业规模虽然不算大,但覆盖人群却很惊人,2020年超过4.18亿人通过在线知识付费的形式来获取他们感兴趣的知识。[1]艾瑞咨询的研究报告指出,阶层焦虑促使知识付费的意愿提升。随着中产阶级的物质需求基本得到满足,精神文化的消费成为新的需求点。此外,生活节奏的加快和生活环境的复杂化使得跨领域基础知识的场景化应用成为必备技能。[2]这是一个知识与资讯爆发,新技术迭代速度前所未有的时代,颠覆与被颠覆随时在发生,这引发了"不学习就要被淘汰"的强烈群体焦虑。知识付费的头部App"得到"的创始人罗振宇正是抓住了知识付费的风口,迅速成为这一行业的领军人物,同时他也因为

---

[1] 《2020年中国知识付费行业发展现状、痛点及趋势分析》,https://www.iimedia.cn/c460/76187.html。

[2] 参见艾瑞咨询:《中国在线知识付费市场研究报告2018年》。

"贩卖焦虑"而成了网友口诛笔伐的对象。

美国《连线》杂志主编,有着"硅谷预言帝"之称的凯文·凯利认为,"无论多大年龄,学习的能力在未来才是最核心的能力。"[1]无论是吴晓波口中的新中产阶层,还是理查德·佛罗里达笔下的创意阶层,他们已然成了知识付费的主力人群。这个绝大部分受过高等教育的阶层将终身学习作为基本的生活态度,生活、工作、娱乐和学习将不再截然而分,他们不仅从工作中学习新的知识,而且在生活乃至娱乐过程中也不放弃对知识的追逐。

专注年轻人社群研究的"青年志"发现,今天的高学历年轻人已经不满足于浅表的消费与体验,而更渴望"有所产出、有所回报、有所成就"。[2]也就是说,他们的消费与娱乐在追求一种"有所回报的深度"——这种深度以知识、文化或者一种前所未有的新奇体验为基石。这种深度的回报反过来滋养他们的工作与生活,在工作上让他们的创意更丰富,在生活上让他们活出更好的自我。

管理学大师彼得·德鲁克在《后资本主义社会》一书中指出,人类社会已经进入知识社会,知识也不再是少数精英的专利,而拥有更为广泛的大众基础。吴晓波则坦言:"知识是一种性感的存在。"诚如斯言,知识正被越来越多的人群所追逐,我们不难发现,这种行为甚至正在演变成某种时尚。

---

[1] 《人工智能发展的这五个趋势可能会改变未来教育》,https://www.sohu.com/a/132114522_484992。
[2] 青年志:《游牧:年轻人的消费新逻辑》,中国发展出版社2018年版,第133页。

博物馆热

追逐知识变得时尚,让博物馆、书店等线下知识型空间变成了网红空间的重要业态之一。

为了"满足年轻时尚消费需求",北京2020年首届网红打卡地评选将胜出的100个打卡地分为了七大类,而其中以书店、书院、书房和藏书楼为主的"阅读空间类"与以博物馆为主的"文化艺术类"就占据了其中两个大类。

"博物馆热"正成为新的文化时尚。欧美的博物馆旅游始于20世纪70年代,而国内直到1990年代才刚刚起步。在传统的旅游市场看来,博物馆一直给人一种古板与无聊的印象,很少人会对这样的场所青睐有加。然而2010年之后,中国博物馆的数量开始快速增长——2010年全国博物馆数量2 435座,而仅用了8年时间,这个数字就翻了一番,达到了4 918座。[1]2019年中国博物馆接待人数突破了12亿人次,是2010年的3倍之多。[2]

博物馆按收藏品分类,包括考古、艺术、历史、民族、自然历史、科学、地质、工业、军事、非遗以及综合等多元种类,游客们通过参观、体验、娱乐等方式多层次获取与感受博物馆所传达的文化知识与氛围。博物馆建设正成为各种地域空间的标配,大到城市,小到小镇与乡村,博物馆成为一扇快速了解地域文化知识的窗口。以特色小镇为例,由于小镇的特色主题明确,围绕特色来形成集中展

---

[1] 林锦屏等:《博物馆旅游研究比较与展望》,《资源开发与市场》2020年第7期。
[2] 《2019年全国博物馆行业发展规模、构成情况、接待游客人数及行业发展趋势分析》,https://www.chyxx.com/industry/202006/876181.html。

网红打卡地——打造独异性体验空间

故宫角楼咖啡：北京首批100个网红打卡地之一。故宫正在从一个古老高冷的形象转身成为年轻人追逐的时尚对象。

示展览的知识与文化窗口就非常必要，所以几乎所有的特色小镇都建设了或大或小的博物馆。2018年底，我国省级特色小镇的数量就有996个[1]，这大大带动了各类博物馆的落地开花。

如果要从中国众多博物馆中挑出一个网红代表的话，故宫无疑首当其推。它不仅是中国最知名的博物馆，而且是年参观量最

---

[1]《2019年中国特色小镇研究报告发布，破解小镇开发与建设难题》，https://www.sohu.com/a/353508845_534424。

大的一个,更是中国博物馆的网红鼻祖。故宫如何从一个古老高冷的形象变成了年轻人追逐的时尚对象呢?故宫博物院前院长单霁翔的一个金句点出了故宫的网红之道,"如果我们不能用年轻人的语言讲述历史,我们将失去年轻人,而年轻人,将失去历史。"

2017年中央电视台播出的《国家宝藏》节目,便是故宫寻求亲民化的很好创意。《国家宝藏》第一季以故宫博物馆为引领,同时邀请上海博物馆、南京博物馆、湖南博物馆、河南博物馆等共9家国家级重点博物馆现身说法,27件文物珍品的前世今生以一种更立体、更易懂的方式得以呈现,数十位偶像明星的助阵让节目的吸引力进一步提升。"让国宝活起来",就像节目的开场词说的那样,《国家宝藏》让文物说话,让历史说话,让知识说话。节目一经开播,这股"博物馆热"就从电视扩展到互联网,又延伸到线下。B站的播放量突破了2 000万次,微博的节目秒拍视频播放量近4亿次,9家博物馆的线下参观量更是增长了50%,通过"博物馆"一词搜索国内旅游产品的数据也随之上升了50%,[1]到博物馆打卡成了很多年轻人出游的首选。

单霁翔很早地便观察到了这一股趋势。2015年王希孟的《千里江山图》在故宫展出,他惊讶地发现,在看展的观众中30岁以下的年轻人居然占到了七成左右。[2]2016年故宫与央视合作推出的文物修复纪录片《我在故宫修文物》让故宫再一次大规模吸粉。《我在故宫修文物》记录了故宫书画、青铜、钟表、木器、陶瓷、漆具等领域稀世珍宝的修复过程,让普通观众第一次了解到故宫殿堂

---

[1] 单霁翔:《我是故宫看门人》,中国大百科全书出版社2020年版,第219页。
[2] 单霁翔:《我是故宫看门人》,中国大百科全书出版社2020年版,第80页。

级的"文物医生"以及让旧物重生的神奇"文物复活术"。①如果说,以前是博物馆前台的文物让人着迷,构成了博物馆旅游的主体,那么笔者发现这样一个趋势,现在的观众对后台所隐藏的知识,即文物的修复、保养以及前世今生的人文历史故事表现出越来越浓厚的兴趣。《我在故宫修文物》豆瓣评分9.4,70%的人给了5星好评,成为年度最具影响力的纪录片。单霁翔发现给这部纪录片点赞的70%的人都是18～22岁的年轻人,因为这部纪录片,第二年报考故宫修文物的年轻人暴增至1.5万人,而这个岗位每年只招收20个人。

说到近些年年轻人对故宫的印象,除了宏伟惊艳的建筑群落,数量惊人的文物馆藏,不得不提那个会卖萌的雍正皇帝。这便是大名鼎鼎的故宫文创。2013年8月故宫首次举办"把故宫文化带回家"主题的文创设计大赛,此后,一个可爱卖萌的雍正横空出世,"奉旨旅行"行李牌、"朕就是这样汉子"折扇、故宫口红等文创产品火爆全网。自此,600多岁的故宫以一种前所未有的年轻化姿态重新回到了大众视野。单霁翔透露,2017年故宫文创的种类超过1万种,销售额突破了15亿元。此后,故宫在网红的道路上越走越畅,各种与故宫相关的App和小程序相继上线,故宫成了网红IP,围绕故宫的各种线上线下活动都是一票难求。

故宫的网红受益于网络时代新媒体的创新运用,还有对受众群体变化的感知。故宫准确地把握住了年轻网民的"痒点"和"尖叫点",把"阳春白雪"变成了"喜闻乐见",成了博物馆中当仁

---

① 单霁翔:《我是故宫看门人》,中国大百科全书出版社2020年版,第142页。

不让的网红鼻祖。

　　文化知识类的博物馆可以网红,科学知识类的同样受追捧。科学知识原先一直被认为是深奥孤冷的存在,是属于少数人的爱好,但现在,它们正被越来越多的普通人所关注。位于贵州的世界最大口径射电望远镜"中国天眼"自2016年开放以来,已成为全国知名的网红景点,其他省份游客到贵州旅游的必到一站,抖音上"中国天眼"的话题播放量已经接近9 000万次。游客们来到"中国天眼",除了近距离感受这个超过30个足球场之大的庞然大物,还要到"天文体验馆"深入了解射电天文的科普知识,体验一趟沉浸式的银河星系的神秘之旅。同样,瑞士小城密兰因为集聚了超环面仪器(ATLAS)、紧凑渺子线圈(CMS)、大型离子对撞机实验(ALICE)和大型强子对撞机底夸克实验(LHCb)4个大科学装置,而成为欧洲著名的国际科学城,这里不仅吸引了超过1万名科学家来此创业工作,更是全球闻名的科学旅游胜地。2021年7月开放的位于浦东滴水湖畔的上海天文馆,开馆不到2个月,抖音的话题播放量已经接近3 000万次。开馆的当天,由嫦娥五号从月球带回的月壤样品以及各类陨石被展示出来,以供观众近距离观看,直接引爆了朋友圈。

　　博物馆是天然的网红空间。博物馆的网红,除了内部厚重的文化艺术与独异的知识陈列之外,建筑设计的讨喜也是重要的原因之一。博物馆建筑的设计往往会邀请一些设计大师或知名建筑师参与其中,与住宅、商业或其他公建相比,博物馆在设计自由度方面也更有发挥的空间。因此,无论是从内部功能的网红,还是外部建筑形态的网红,博物馆天然地要比其他空间更有优势,也更容易网红。

网红打卡地——打造独异性体验空间

书店热

一个下着雨的周日下午,我带着女儿来到了上海延安西路上的"上生新所",我们的目的地是创意园里的网红——茑屋书店。虽然下着雨,但书店门口仍然排着不长不短的队伍,访客都需要扫预约码才能进入。茑屋书店已经开张快一年了,但热度丝毫没有消退,我们还是要提前在微信小程序上预约好到店时间方能入场,因为书店要限流。

实体书店的盈利模式一直不被看好。从单纯的卖书,到后来的+咖啡、+餐饮、+文创、+活动展览、+共享办公等,实体书店的盈利能力始终存疑。这主要还是受到了电子商务线上冲击的原因,我们知道,图书是非常标准化的产品,天然地符合线上销售的特性,因此早期互联网电商企业的线上销售产品往往从图书开始,美国有亚马逊,国内有当当。

2010年之后寒冬来临,实体书店行业迎来了大规模倒闭潮。受到高房租等多重压力,尤其是互联网带来的折扣售书及数字阅读带来的灭顶式影响,实体书店的图书销售量以年均10%的速度下降,与此相对的是2014年,当当、京东、亚马逊线上售书总额超过了全国127家大型书城。①实体书店的灭绝似乎只是时间问题。然而风云突变,之后保卫实体书店的口号打响,政策端图书批发、零售环节增值税被取消,从中央到地方纷纷以补贴、贷款贴息、奖励等方式扶持各类实体书店,实体书店迎来了回暖期。

---

① 《跌宕起伏四十年,书店是如何死里逃生的?》,https://www.sohu.com/a/ 218958096_690934。

实体书店的引流能力是让其回暖的另外一个重要因素。随着城市消费空间逐步向体验化业态转变,书店不再被视为一个仅仅销售图书的店铺,而是一个提供美好生活体验的文化场景空间。一家高颜值的网红书店可以成为一个商业街区的文化中心和文化吸引核,它自带的引流功能让其他业态受益,并能提升整体文化品位,这让大商业空间们对其青眼有加。因此,一些商业空间给到书店的租金只有普遍租金的10%,甚至是免租。在北京一些成熟的商业地产项目中,书店的租金也只有同层餐饮租金的1/3。[1]笔者认识一些书店的经营者,被告知,越来越多品牌书店的盈利模式已经开始从C端转向B端,也就是向大的商业空间开发者要利润,除了免除租金,还要一定的补贴。反过来,大的商业空间则要求实体书店尽可能地引流,要么多做活动,要么提升自己的魅力值,把自己打造成网红打卡地。

茑屋书店就是这样的网红打卡地。为了引进这家已经形成IP级影响力的日本网红书店鼻祖,万科等中国开发商们没少花钱。继杭州天目里之后,上海是引入茑屋书店的第二个城市,上生新所的开发商万科集团精挑细选了一栋百年级的老建筑,以欢迎这位尊贵的日本客人。他们大费周章的目的当然不是给这个园区增加一个卖书的铺位而已,而是要为园区打造一处"培养感性的美学乐园和精神栖居地"。[2]

茑屋书店为何能成为朝圣之地,成为其他书店甚至其他类型实体空间经营者竞相模仿的对象?茑屋书店的网红之道显然能够

---

[1]《跌宕起伏四十年,书店是如何死里逃生的?》,https://www.sohu.com/a/218958096_690934。
[2]《上海首家茑屋书店开业,将打造一个培养感性的美学乐园》,《新民晚报》2020年12月25日。

给中国当下经营状况愈发艰难的实体行业带来些许启示。

1983年,创始人增田宗昭开创了第一家茑屋书店,短短时间内,茑屋品牌飞速扩张。截至2019年底,茑屋书店两个相关书店品牌共拥有1 198家门店,在全日本连锁书店中销售额排名第一,全球排名第四。东京"代官山茑屋书店"被评为"全世界最美的二十家书店"之一,更厉害的是,茑屋书店推出的T—card顾客积分系统居然覆盖了日本将近50%的人口。

谈到茑屋书店的成功,创始人增田宗昭以及"茑屋现象"的研究者都归结于一个创新之举——"生活提案"。什么是"生活提案"?增田宗昭在《茑屋经营哲学》一书中曾用一句话来概括,"生活提案就是展现充满活力的生活印象。"茑屋书店坚称他们不仅仅在卖书,而是为顾客提供优质生活方式的方案。随着消费结构的逐步升级,物质的繁荣把人类推入了个性化的消费时代,单纯的平台已经不能满足消费者的需求,而他们更需要的是"提案力"。30多年来,茑屋书店从一家实体书店转型成为"以书店为中心的生活提案型商业设施",书店不再是以图书产品为主,而是以"生活方式解决方案"为核心,这让茑屋成为文化行业乃至新零售的标杆样本,成为众多经营者和企业的取经之所。

以茑屋书店的旗舰样本代官山店为例。代官山店位于东京代官山的高收入阶层住宅区,这里曾是幕府官邸,历史悠久的士官之地,现有的居住人群非富即贵。代官山店的建筑设计一改以往朴素内敛的社区书店形象,用一种编藤状的时尚化语言塑造出一种流动的纯白诗意,加上大面积的落地玻璃窗,素净高雅,让人远远地误以为这是一家CHANEL的旗舰店。走入店门,一种回到家的温馨感扑面而来,恬静的环境,私密的氛围,你可以在临窗的座位上读书、听音乐、办公或是纯粹的心情放空。陷入软绵舒适的沙发里，享受着被各类艺术与文化书香包围的惬意，你还可以点上一份简餐，喝上一杯香浓的星巴克咖啡，如果你带着宠物，茑屋书店还为你贴心地准备了宠物美容店，带小孩的家长可以在儿童用品店为儿童找到消磨时光的地方。室内待久了，你还可以到店外的公

上海上生新所·茑屋书店：培养感性的美学乐园和精神栖居地。

网红打卡地——打造独异性体验空间

杭州茑屋书店所在的天目里,本身也是一处网红打卡地。天目里定位城市商业&艺术综合体,由普利兹克奖得主伦佐·皮亚诺设计。

园呼吸一点新鲜空气。代官山茑屋书店就是这样一家复合式的文化生活空间,它为消费者提供了以阅读为核心的美好一天的提案。正如增田宗昭所言,"找到生意的答案其实很简单,那就是站在顾客的角度思考问题,或是以顾客的心情思考问题。"[①]

[①] 增田宗昭:《茑屋经营哲学》,中信出版社2018年版,第11页。

茑屋书店的走红给国内其他书店提供了可借鉴样本,最近几年国内涌现出了一批高品质的网红书店品牌,如钟书阁、言几又等。钟书阁凭借极富想象力与高度美学化的空间设计赢得了网红书店的头把交椅,与此同时,传统的书店品牌如新华书店、生活·读书·新知三联书店也在积极谋求网红化,生怕错过这一波流量红利。生活·读书·新知三联书店在秦皇岛阿那亚的海边书店被誉为"最孤独的图书馆",成为引爆阿那亚旅游的神来之笔。新华书店在上海虹桥爱琴海购物公园的"光的空间"店,由建筑大师安藤忠雄操刀,让新华书店在大众心目中老牌与陈旧的心智印象焕然一新。

"知识是性感的。"正如吴晓波所言,追逐知识、终身学习正成为一种时尚。沃伦·巴菲特则说,"一个人一生如果想要获得过人的成就,注定与读书和终身学习形影不离。"占据消费链顶端的、新崛起的创意阶层、新专业主义者以及拥有高学历的新中产们对各种知识趋之若鹜,这是时代的特征,也是这些从业者滋养生活、提升自我的一条捷径。

知识在火爆,各类知识型线下空间同样受人追捧,博物馆与书店已成为最常见的网红打卡地业态,更悄悄地成为很多地方引爆线下流量的新手段。

网红打卡地——打造独异性体验空间

上海虹桥爱琴海购物公园"光的空间":一向端重保守的新华书店请来安藤忠雄,也渴望加入这场网红打卡的狂欢派对。

情感共振

感人心者,莫先乎情。

——白居易《与元九书》

孤独

"准备去哪儿?"

"慢慢走,去一个乌斯怀亚的地方。"

"冷冷的,去干吗?"

"听说那里是世界尽头,有个灯塔,失恋的人都喜欢去,说把不开心的东西留下。"

这是电影《春光乍泄》中的一段台词。在这部赢得戛纳电影节最佳导演奖的影片里,王家卫延续了他一如既往孤独疏离的情感叙事。王家卫的个人印记是如此的独异鲜明,以至于有影评人犀利地指出,从1990年代的《东邪西毒》《重庆森林》《春光乍泄》,到前几年的《一代宗师》,王式所有的电影好似都在叙说同一个故事，只是人物与场景不同罢了。王家卫对这种说法并不避忌，他在一段采访中坦言，"连续多部戏下来，发现自己一直在说的，无非就是里面的一种拒绝，害怕被拒绝，以及被拒绝之后的反应，在选择记忆与逃避之间的反应。"大牌云集的明星阵容，天马行空的叙事拼贴，浑然天成的极致美学，在王家卫炫目烂漫的光影背后，始终隐藏着一段细腻的情感纠缠。而恰恰正是这内敛含蓄的东方式孤独，涤荡出观众内心最为敏感的情感共振。

《春光乍泄》里，张震最后来到了乌斯怀亚。

> 1997年1月，我终于来到了世界尽头，这里是美洲大陆的最后一座灯塔，再过去就是南极。突然之间我很想回家。我答应过阿辉把他的不开心留在这里。我不知道他那天晚上讲过什么，可能是录音机坏了，什么声音都没有，只有两声很奇怪的声音，好像一个人在哭。

乌斯怀亚灯塔，有着"世界尽头的灯塔"之称。因为《春光乍泄》的原因，每年都有很多文艺青年来到这里怀念张国荣，也告慰自己逝去的爱情。乌斯怀亚地处阿根廷国土的最南端火地岛地区，距离首都布宜诺斯艾利斯有3 200千米，往南坐船到茫茫的南极大陆却只要800千米。大多数国家的南极科考队都从这里出发，再加上火地岛国家公园的天然奇景，以及风味独特的各种海鲜美味，因而吸引着来自全球各地的游客。因为地处大陆的尽头，加上气候寒冷的缘故，所以乌斯怀亚不可避免地被贴上了孤独的标签，加上雪山巍峨，风光旖旎，这种孤独被渲染上了一层极致的美感，吸引着文艺青年们前来打卡。

情感共振

阿根廷乌斯怀亚灯塔：世界尽头最孤独的打卡地。

  2015年，自媒体品牌"一条"发布了一条名为《全中国最孤独的图书馆》的短视频，仅用了一天时间，阅读量就突破了10万+，点赞数高达4 000余次。这座图书馆就是生活·读书·新知三联书店公益图书馆。它位于秦皇岛南戴河阿那亚项目的一片空旷的沙滩之上，没有栈道与之相连，游客需要踏着沙走上几百米，才能与之接近。混凝土与木材建构的主体，犹如一颗顽石，带着不被理解的坚硬感，兀自独立，沉默面对浪花滚滚的碧蓝大海。

  阿那亚的创始人马寅找到建筑师董功的时候，并没有一个特别明确的想法，但有一点很清楚，他需要一栋精神性的建筑。董功回忆道,"我第一次到阿那亚海边,突出的感受就是诗意的孤寂感。在这片海滩上,诗意是最自然的,没有任何虚张声势扭捏作态,去到那里就有很强的气场。"①

董功从美国20世纪最伟大画家之一的安德鲁·怀斯那里找到了灵感。怀斯天生自带诗人般的气质,在他大多数表现田园生活的作品中,都隐藏着一种精致入微的感伤悲冷的情调——一种天生的孤寂感。董功坦言,怀斯的一张描绘老人看海的作品击中了他,"一个老人坐在礁石之上,远处是海浪,画面里有一种挥之不去的孤独感。"②

图书馆的内部空间被有意识地设计成阶梯状,为的是让所有人都有一个均等看海的机会。这种设计反过来让图书馆成了一个剧场,内部空间变成了看台,而外部无垠的大海则幻化成了戏剧舞台。当夜幕降临,点点台灯初上,捧上一杯咖啡,看着舞台暗夜里滚滚的海浪,每个人都可以毫无顾忌地打开孤独的记忆盒,舐舐伤口。孤独的图书馆好似一双融合了图书、戏剧、美学、情绪等元素的无形之手,给远道而来的文艺青年们以灵魂按摩,给予他们城市所无法给予的精神之飨。

孤独的图书馆成了阿那亚的新精神旗帜。事实上,2012年文旅地产阿那亚项目还是一个烂尾盘,被视为不良资产。一年后被原业主亿城集团低价抛售之后,马寅接盘,成了项目创始人。新团队的第一个动作就是将目标客群锁定为25～35岁的北京新中产群体,在马寅看来,只有北京的文艺新中产们才能懂得这片

---

① 《董功:建筑永远没有尽头》,https://new.qq.com/rain/a/20200415A0EJUR00。
② 《〈一条〉全中国最孤独的图书馆》,https://v.qq.com/x/cover/zq20elkq9tktzi7/s015395eav7.html。

三联书店公益图书馆：诗意的孤寂感。

海。阿那亚的新业主将是一群"自由的、情怀的、拥有类似爱好的人"。在社群营造方面，阿那亚提出打造"海边的情感共同体"，一个有温度有情怀的基于兴趣爱好的新人文社群。阿那亚也由此自我定义为"一个具有深度情感价值与高度精神的精致的生活方式品牌，通过营造面向未来的先锋性社区，全面呵护居住者的衣食住行、情感关系、精神世界，进而探寻中国人的美好人生何以

网红打卡地——打造独异性体验空间

图书馆成了剧场,内部空间是看台,大海则幻化成了一座无垠深邃的戏剧舞台。

可能。"[1]

  孤独的图书馆打开了阿那亚的精神世界之窗,随后各种艺术展、先锋音乐节,还有戏剧节等纷纷入驻,阿那亚的地产销售额与品牌声望同步高企。2020年疫情之下的阿那亚销售额达到10亿,相当于2019年南戴河与北戴河所有度假地产的销售总和。[2] 阿那亚也从一个烂尾盘,一跃而成为文旅地产圈尽人皆知的神盘。

---

[1] 阿那亚官方网站,https://www.aranya.com.cn/。
[2]《阿那亚马寅:三天销售5.3亿,这个文旅项目盈利竟然全靠48个社群!》,https://www.sohu.com/a/416387512_756397。

情感营销

现代营销学之父菲利普·科特勒曾将人们的消费行为大致分为三个阶段,一是量的消费阶段。这个阶段由于商品供给不足,消费者往往追求数量上的满足;二是质的消费阶段。由于生产力的进步,这个阶段商品短缺现象不再,消费者开始关注产品的质量;三是情感的消费阶段。这个阶段商品开始过剩,竞争越发激烈,消费者变得更为挑剔,对商品的选择朝着更加感性化的方向发展,个性的张扬与精神的满足成为主要目标。

"感人心者,莫先乎情。"情感营销本质是在产品品牌的核心层注入情感理念,通过释放产品的情感能量与消费者进行心灵沟通的一种营销理念。[1]随着市场营销的不断升级,以产品和服务为特征的"显性营销"也在慢慢向以情感与精神为特征的"隐性营销"转变。隐性营销往往采取侧面进攻、间接渗透的形式,直指人心,触动心灵,促成潜在消费者购买行为并自发传播信息。[2]阿那亚的成功便是隐性营销的绝佳案例。

隐性营销的核心在于精神与情感的营销,是营销3.0时代的核心内容。在营销3.0时代,企业不再是唯一的营销主体,它需要与消费者合作,产品和服务不再是营销的唯一内容,文化开始占据主导地位,消费者的情感需要、精神需要日益引发重视。

---

[1] 崔红红、孙厚琴:《浅谈旅游目的地的情感营销》,《旅游论坛》2009年第1期。
[2] 谭业:《旅游隐性营销:新时代的旅游营销理念变革》,《经济地理》2013年第9期。

爱情

与爱情相关的线下空间一直是情侣游客们的最爱,许多能成为网红打卡地并不让人意外,这其中最早也最知名的可以首推巴黎的爱情锁桥。

爱情锁桥,原名艺术桥(Pont des Arts),是塞纳河之上连接卢浮宫博物馆和法兰西学院的一座古桥。世界各地的情侣来到艺术桥上,往往会挂上一把代表他们永恒爱情的锁,久而久之,这座桥也成了情侣们必到打卡的爱情圣地。2015年6月,一则关于爱情锁桥上的爱情锁要被拆除的消息上了热搜。因为桥上铜锁的数量过多,总重接近百吨,相当于20头大象的重量,这座拥有200年历史的古桥面临坍塌的风险。为了保护历史遗迹,保障游客的安全,那些见证了爱情誓言的铜锁不得不面临被拆除的命运。尽管巴黎当局为此头疼不已,挂了锁的情侣们遗憾不止,但痛苦的决定已然做出。拆除铜锁后的艺术桥焕然一新,但跟着铜锁消失的,还有桥的魔力,因为失去了爱情的加持,这座艺术桥也就变得平庸无常了。

在日本北海道,一座普通平常的小火车站,因为歌手琴洋子的一首《从爱的国度走向幸福》的歌曲而变身爱情旅游的打卡圣地。所有的事物都被冠上了"幸福"之名,从火车站、火车票、邮局到神社,幸福车站吸引了来自全球的情侣游客们,候车室的里里外外、上上下下都贴上了纸条和卡片,上面写满了祈求幸福的话语。尽管火车已经停运多年,但是情侣们依然要买上200日元的车票,因为这是他们爱情的纪念与见证。"幸福车站"的网红,既有偶然的影子，又有必然的因素。1987年火车线路停运的时候，车站按计划要被拆除，但正是因为车站名"幸福"寓意美好，而在当地居民的极力争取下得以保留，最终通过创意化运作，成为日本一个家喻户晓的网红旅游景点。笔者以为，这种"情感化"的旅游赋能，能给许多资质平平的项目带去旅游引爆的灵感。

得到爱情，固然让人羡慕，但是失去爱情，同样能引发情绪共振。失恋给人带来纷繁复杂、微妙难解的复杂情绪，这种情绪是生而为人的一种宝贵灵性体验，尽管这种体验并不让人愉快，但没有失恋的经历，人生也难说是完整的。失恋产生的复杂情绪中，饱含沮丧、悲伤、遗憾、痛苦、愤怒、荒诞、绝望等诸多可能，这丰满了情感共振的颗粒度。

有的空间就从失恋上找到了灵感。2006年全球第一家失恋博物馆诞生在克罗地亚首都萨格勒布，这家别出心裁的博物馆收集了全球失恋者超过1 000件展品，因为太过成功，博物馆甚至被授予了"欧洲最有创意博物馆奖"。

失恋博物馆里最引人注目的展品，是一把半人高的斧子。它的主人在失恋之后，选择用斧子劈开家具以缓解失恋的痛楚。这位德国女性在说明中这样写道："越劈，我的沮丧就越少。就这样，这把斧子就被提升为疗伤工具了。"博物馆的创始人说，"尽管展品是情侣们分手后的遗存，但它们留下了我们生命的印记，收藏起来或是对美好感情的回味，分享这份回忆也是治愈失恋的一种方式。"

失恋博物馆是如此的打动人心，以至于该博物馆已经在英国、法国、土耳其、新加坡等二三十个国家举办过展览，参观人数超百万人次。2018年,失恋博物馆来到上海的上生新所,并吸引了大量的游客前去参观。上海从中嗅到了商机,一年之后,南京东路上开出了一家全新的上海失恋博物馆。这家失恋博物馆,一开业便成为失意男女倾泻情感的地方,抖音上"上海失恋博物馆"关键词的播放量甚至爆超1亿次,成了火透半边天的网红打卡地。

怀旧

从长沙的超级文和友,到北京王府井的和平菓局,通过还原室内空间的怀旧氛围,越来越成为很多空间场景化的优先选项。

和平菓局把老北京的胡同生活搬进了繁华的王府井百货大楼的地下空间,青砖墙壁、前进副食店、红星粮油店、国营美发厅、录像厅、蜂窝煤店、绿皮火车……那些属于老北京的记忆又回来了。2 000多平方米的地下2层空间,通过激活老北京人的情感共振,迅速成为炙手可热的新晋打卡地。开业后的和平菓局不仅客流汹涌,而且带动了王府井百货大楼的销售额。

杜甫在《奉赠萧二十使君》中说,"结欢随过隙,怀旧益沾巾。"怀旧的情绪往往十分强烈,故乡、故人、故情、故景处处可为怀旧的题材。人们从中感慨时间的流逝、情感的共鸣、生命的变化,也从中找回心灵的平和。

很多人要问,如何能打造出一处让人情感共振的网红打卡地呢?笔者以为,拥有创意力量是核心,创意力量在线下空间的情感营销方面扮演着至关重要的角色。

这大致可分解为三个步骤:创意策划、创意设计与创意营销。

第一步是创意策划。你需要把空间与潜在消费者之间勾连起一座情感的桥梁。这又可以分拆为三个步骤,首先是为空间找到对应的情感标签,就像阿那亚海边图书馆找到孤独一样,这种情感化操作必须自然而然,而且为大多数人所认同;然后你得关注潜在消费者的情感需求,找到他们的情感爆点;最后再去验证空间的情感诉诸是否与消费者的需求相匹配。对于文艺青年们来说,没有比贩卖寂寥与孤独更可他们的心了。

第二步是创意设计。为空间找到情感标签似乎并不难,难的是通过设计让情感的力量满溢而出,让其饱含情感张力,充满吸引力,这就对设计师提出了重大的挑战。并非所有的设计师都能完成这样的任务,这也解释了高度情感化的线下空间为什么总是稀有之物。

第三步是创意营销。新媒体是打通这条情感纽带的顺手工具。抖音、小红书、知乎等新媒体大门户,以及诸如"一条"这样文艺化的自媒体都是散播"情感香水"的最佳利器。

艺术绘新

资源向城市过度集中，人仿佛成了机器，种种现状让年轻人丧失活力。年轻人习惯了信息爆炸的环境，沉溺于狭窄空间中的"自由"，过度依赖IT技术的倾向加强了阶层固化，只有眼、脑在处理信息，而身体感官却逐渐闭塞，令人心痛。不少人对此抱着有意识或无意识的质疑，也是大地艺术节受欢迎的原因。

——日本越后妻有大地艺术节发起人北川富朗

艺术唤醒乡土

2020年9月，受乡村发展基金会的邀请，我参会聆听了日本福武财团理事长福武总一郎与乡村发展基金会创始人王石的线上对话会。同为公益基金会的创始人，福武总一郎给王石介绍了以直岛为核心的日本濑户内海诸岛如何用艺术重新激活的历程。在参会之前，我对享誉世界的濑户内国际艺术节早有耳闻，那个标志性的草间弥生作品《黄南瓜》构成了最早闪过脑海的坚固印象。

福武总一郎透露，位于日本九州、四国、本州几个岛屿之间的

艺术绘新

草间弥生作品《黄南瓜》：直岛当仁不让的视觉锤。

濑户内海，曾一度是日本工业奇迹的核心带。20世纪80年代，在传统工业退潮之后，濑户内诸岛屿面临着环境污染、生态破坏与人口大量流失的困境。"直岛、犬岛的炼钢厂飘出的二氧化硫烟气造成了严重的公害，不法商家无视法律规定将大量工业垃圾运至丰岛，建在大岛的麻风病疗养所令患者与世隔绝……"[①]福武总一郎

[①] 福武总一郎、北川富朗：《艺术唤醒乡土——从直岛到濑户内国际艺术节》，中国青年出版社2017年版，第24页。

从突然离世的父亲手里继承了濑户内海的开发项目,刚开始,他想的是在直岛建一个国际野营基地,但很快,他的想法改变了。随着母公司倍乐生集团开始将工作重点转向艺术事业,他的脑海中浮现出一个"直岛文化村"的计划。

福武总一郎在对话会中毫不避讳地直言,直岛的艺术化是母公司倍乐生集团打造公司公益形象的一部分。他犀利地指出,资本主义经济正在渗透进世界各个角落,然而各国被灌输的通过金钱、经济、建筑等设施设备的物质建设可以给人们带来幸福的理论,其实是水中之月、空中楼阁,过分倚重经济会使人陷入欲望和竞争的泥潭,从而跌入一个物欲横流、魔鬼当道的可怕世界。

受到父亲酷爱收藏艺术作品的影响,福武总一郎对艺术品的展示有自己独特的想法。他觉得把美丽的艺术品陈列在人工营造的东京、纽约等大都市的美术馆里,即使可以感觉到装饰设计上的美感,但依然很难打动人心。他的内心萌生出一个强烈的念头——"将蕴含强烈诉求的现代美术作品放置在丰饶、平静的濑户内海美丽的自然环境中,强烈的对比说不定能催生出新的价值观。"[1]

于是,直岛的艺术化便有了雏形。

福武总一郎找到了已经功成名就的普利兹克奖得主安藤忠雄。他们的第一次见面是在一家小酒馆中,当安藤忠雄听见福武总一郎用艺术改造海岛的宏伟雄心时,他的第一感觉是不可思议。他并不太看好这个荒僻的岛屿,但他能感觉到对方身上的勇气与

---

[1] 福武总一郎、北川富朗:《艺术唤醒乡土——从直岛到濑户内国际艺术节》,中国青年出版社2017年版,第24页。

纯粹,"在这个追求合理、便利和经济性的世界上,他却关注着一个世界之外完全不同的世界。"安藤忠雄最终被说服了。

直岛成了一个完全意义上的安藤忠雄之岛,因为安藤忠雄的作品多达7件之多,从最早的Benesse House到地中美术馆,再到安藤忠雄自己的博物馆。直岛更是直接受益于大师所带来的巨大流量与关注度,迅速成为其他艺术家争相进入的艺术实验场。

随着草间弥生、西泽立卫、妹岛和世、杉本博司等知名建筑师艺术家,还有莫奈的《睡莲》等名作纷纷入场濑户内海诸岛,这个区域的知名度爆炸了。正如福武总一郎的预想一样,当几百位世界顶级艺术家的艺术作品安静地陈列在平静美丽的濑户内海之中时,这种前无古人的独异性体验所创造出的美感迅速征服了所有人。

已经举办过三届国际艺术节的濑户内诸岛已经成为日本名副其实的当代艺术圣地、文艺青年的朝圣之地和日本艺术骄傲之地。每3年举办一次的艺术节更是吸引着来自全球百万级的游客。

说到濑户内海国际艺术节,就不得不提日本同样知名的另外一个艺术节。福武总一郎从他的合作伙伴北川富朗那里得到了灵感。福武开启的艺术与海岛乡村的融合之路,可以追溯至2000年的第一届越后妻有大地艺术节,后者比濑户内国际艺术节要早了整整10年。

毕业于东京艺术大学的北川富朗出生在日本本州岛中北部的新潟县,我们可以从川端康成的《雪国》中一窥这片区域的大致样貌:"穿过县界长长的隧道,便是雪国。夜空下一片白茫茫。火车在信号所前停了下来。"川端康成把主人公岛村与驹子的相遇相恋安排在了这片白茫茫的雪国，给这段爱情奇遇奠定了无比浪漫纯洁的基调。然而，在北川富朗看来，雪国并不是浪漫的同义词，恰恰相反，这片土地是化外之地、孤乡僻壤。战后的日本城镇化加速发展，资源向城市单一化集聚的同时，也带来了乡村的快速凋敝。城市化让人们原本丰富的感受度变得单一，更切断了根植于田野、森林以及第一产业之上的人类社会的命脉。越后妻有地区便是这样一片土地，每年有半年时间大雪封山，村落之间靠着相互扶持才能勉强维生，在村民的奋力耕耘下，越后地区虽然成了日本知名的稻米之乡，但仍然摆脱不了被这个"效率至上"的国家抛弃的命运。[1]

因为城市与乡村的彻底失衡，生活在这片土地之上的人们已经丧失了生存的尊严。北川富朗想到了用艺术的方式重新唤醒这片乡土。"农家正一户户消失的村庄里，如果能为这些老爷爷和老奶奶创造出开心的回忆就再好不过了，哪怕只是短暂的也好。这就是大地艺术节的初衷。"艺术节要将这片土地的记忆与喜怒哀乐变成艺术作品，展现在所有人面前，以重新唤起当地人的自豪感，也让外来者为之感动。

然而，用艺术唤醒乡土的想法实在是过于前卫，在全球尚无先例的情况下，北川富朗的创意毫不意外地遭遇到了激烈的抵制。"用艺术搞建设？不可能吧？""把钱花在看都看不懂的现代艺术上，毫无意义！"北川富朗的坚持让艺术节看到了曙光，在耗时三年半、历经两千多次的会议与宣讲之后，地方政府与村民终于被他

---

[1] 北川富朗：《乡土再造之力——大地艺术节的10种创想》，清华大学出版社2015年版，序ii。

的决心所感动。

2000年，第一届大地艺术节开幕。来自32个国家148组艺术家参加了艺术节，参观人数达到了16万人次，田埂上人流如织，乡道上汽车排起长龙。虽然反对与批评声仍然强烈，但艺术节迅速在艺术界、地区建设、公共事业等领域成了热门话题，并作为一种创新的典范而广受好评。而18年后的2018年，大地艺术节早已成为全球知名的艺术节品牌，吸引了来自44个国家及335组艺术家共襄盛会，参观人数更是超过了50万人次。

如今的越后妻有大地艺术节和濑户内国际艺术节已经成为全球知名的艺术节，更成了年轻人的艺术朝圣之地和网红打卡地。大地艺术（Earth Art）作为一种非主流的艺术形式，凭借这两个艺术节迅速成为一股新兴的、不容忽视的艺术力量。

大地艺术是一种以大自然为创作媒介，将艺术与大自然有机结合，从而创造出一种富有艺术整体性情景的视觉化艺术形式。这股出现在20世纪60年代欧美的艺术思潮，反映出艺术家对现代都市生活和标准化工业文明的普遍厌倦，他们主张回归自然，重新连接人与自然的亲密关系。于是，这些大地艺术家们重返山林，在沙漠上挖坑造型，在荒山上泼溅颜料，在稻田上挥洒创意，以大地、山谷、江海、森林、村落为画布，创造出融入自然的艺术作品，重新审视人与自然的关系，让世人重新关注并回归自然。

有人简单地将大地艺术节的网红归结于"容易出片"，即艺术作品作为一种背景，成为年轻人照片中的炫耀元素。我并不否认这个因素存在。但如果我们从"独异性体验"的角度去考虑，原因也许就不止这一条。

首先，艺术作为文化创意的范畴，本身是一种表达人与自然、文明与社会关系的创意方式。作为文化表达的某种形式，艺术创造本身具备独异性，即它并非工业化的简单可复制，而是倾注了个体艺术家对上述复杂关系的个人化哲思，这种个体化、个性化赋予了艺术品独异性体验。

其次，大牌艺术家的个人IP在强化艺术品的独异性。濑户内海直岛与安藤忠雄的深度绑定，让濑户内艺术节拥有了IP性，这本身构成了营销上的独异性。而随着更多的一线艺术家如草间弥生、玛丽娜·阿布拉莫维奇、克里斯蒂安·波尔坦斯基、蔡国强等当代艺术圈的大师级人物的加入，这两个艺术节的独异性体验得到进一步的加强。

最后，借用庄子的话说，"天地有大美而不言。"天地自然的美本身便是鬼斧神工的艺术之美，而乡村又给艺术提供了新的场景，从而融合塑造出让人耳目一新的艺术形式，这种独异性体验使得大地艺术成为众人追逐的网红打卡地变得顺理成章。

艺术激活文旅空间

日本两个大地艺术节的成功，验证了艺术节与公益性项目结合所呈现出的网红爆炸效应，这也给后来的许多商业性项目带去了启发。

2013年，首届乌镇戏剧节在浙江桐乡的水乡乌镇开幕。没有丝毫戏剧基础的乌镇，斥巨资举办了一场小众的戏剧节，这在当时引发了不小的争议。乌镇旅游的操盘人陈向宏力排众议，投入5亿元来举办首届戏剧节，光是乌镇大剧院等场馆建设就花去了4

亿元。很多人质疑这般前无古人的大胆操作——戏剧节的商业模式如何？钱从哪里回收？能否形成常态化经营？戏剧节会不会成为一个漂亮的泡沫，破灭之后留下一地的鸡毛？[1]

在今天看来，乌镇的戏剧节无疑是一招妙手。戏剧节让乌镇形成了自身独特的难以逾越的竞争壁垒，从而将江南众多的水乡对手甩在了身后。水乡乌镇的旅游起点并没有多少独异性，它从模仿学习开始，从先发者安徽宏村、江南周庄、西塘等古镇那借鉴经验，从1.0的观光游做起，在赚得第一桶金之后，乌镇大胆地腾挪空间，做起了2.0的度假游，之后引入中青旅，成熟稳定的商业化运作模式成型。3.0的文艺乌镇是乌镇之所以成为"乌镇"的根本所在，如果没有戏剧节，乌镇与其他水乡古镇的差异化将趋于0，尽管我们得承认乌镇的度假旅游做得不错，但这并不足以赋予它在消费者心智中的独异性，水乡古镇在江南并不稀缺，而乌镇戏剧节以及随后的乌镇国际当代艺术邀请展则让乌镇开始变得不同，这就是艺术的魔力，让资质原本并不出挑的乌镇焕发出难以抵挡的人文魅力，更让乌镇成为中国最赚钱的古镇景区。

2.0度假游之后，陈向宏为乌镇的转型方向而困扰。直到有一天，他的好友台湾戏剧家赖声川的代表作《暗恋桃花源》在上海大剧院上演，他前往捧场。在剧院里，乌压压的清一色年轻人让他猛然醒悟，乌镇需要的是年轻的文化，新生的文化，只有那种充满朝气的艺术力量才能与这古老的水乡碰撞出迷人的火花。这便是乌镇戏剧节的由来。在陈向宏看来，乌镇的文化转向是必然趋势。

---

[1] 陆超：《读懂乡村振兴：战略与实践》，上海社会科学院出版社2020年版，第218页。

网红打卡地——打造独异性体验空间

乌镇大剧院：乌镇戏剧节赋予了乌镇独异性，并成功打造出了自身的竞争壁垒与护城河。

在日益激烈的长三角旅游竞争中，只有营造独特的旅游氛围与精神体验，形成竞争壁垒，才能保障乌镇旅游的长盛不衰。戏剧节以及国际当代艺术邀请展正是乌镇形成独异性体验的核心抓手。在陈向宏的愿景中，乌镇戏剧节对标的是爱丁堡、阿维尼翁等历史悠久、体量庞大的戏剧节，这时的乌镇将不再是桐乡的乌镇、中国的乌镇，而是世界的乌镇，品牌的价值自然不可同日而语。[1]

乌镇的成功，让陈向宏团队看到了乌镇品牌复制的可能性。2014年10月，一个完全脱胎乌镇的北方水乡古镇——古北水镇在北京郊外的司马台长城下开门迎客。水乡+古镇在大北京2 000

---

[1] 陆超：《读懂乡村振兴：战略与实践》，上海社会科学院出版社2020年版，第219页。

万人消费圈的空白,再加上中青旅海量导客的能力,古北水镇的成功犹如探囊取物般容易。事实也是如此,2015年,古北水镇的游客接待量超过160万人次,远远超出市场预期,旅游综合收入近5亿元,可谓一举成名。之后的3年,古北水镇的高光时刻并没有收敛的迹象,2017年景区游客接待量达到最高峰的275万人次,营业收入翻番接近10亿元。然而,进入2018年,古北水镇的天花板露出了端倪。全年接待游客数量不增反减,降至256万人次,2019年,营业收入也开始出现同比下降。2020年疫情的到来,则将古北水镇推向了深渊。全年接待游客数量同比下降51.3%,营业收入同比下降39.8%,全年净利润-1.7亿元。① 各路行业观察家们也纷纷唱衰古北水镇,认为这个人造的古镇注定失败,大有一副未卜先知的架势。

我的观点恰恰相反。如果从"独异性体验"的角度去看古北水镇的成败,结论就非常明晰了。我认为古北水镇是一个非常成功的项目,原因就在于它在巨大的环北京旅游度假市场中创造出了一个"独异性"产品,水乡和古镇都是北方稀缺的产品,古北水镇前几年的火爆印证了这种独异性的价值。然而,一旦这种独异性被他人复制,独异性的红利也将随之慢慢消失。随着北京周边广府古城、滦州古城、天长古镇等类古镇项目的蜂拥而出,古北水镇的竞争力下降也就在所难免。没有一个旅游产品能够凭借"一招鲜"而一劳永逸的,即使是迪士尼乐园这样的大IP项目也要不断更新自己的产品线。同样,对于古北水镇来说,也面临着独异

---

① 《古北水镇败北:或是必然,中国的大多数小镇亦如是》,https://www.163.com/dy/article/G8PDHMVK0524VDUC.html。

性的更新与升级的挑战。乌镇的升级走过了4个阶段,1.0观光游和2.0度假游阶段,都不可能形成"独异性"的竞争壁垒,只有3.0的文化乌镇才得以通过戏剧节构建出精神性体验的竞争优势,在长三角的消费者心目中留下独一无二的心智印象,从而将其他对手甩在身后。古北水镇也许可以从它的母模板中找到些许灵感。除了大力发展会展经济之外,古北水镇的艺术化或许是一条破局之道。

在这方面,阿那亚是一个无师自通者。阿那亚从一个烂尾盘到文旅地产的神盘之间,就隔了一座艺术之门。在官网上,你可以清楚地窥见阿那亚的成功之道——"一个具有深厚情感价值和高度精神价值的生活方式品牌"。

> 在阿那亚,社区业主们悠游于艺术之海,创造属于他们自己的生活美学。在阿那亚,艺术无处不在,展览、演出、装置、活动等轮番上演;在阿那亚,从音乐节到先锋派对,从经典到流行,用音乐尽情表达,用音乐创造传奇;在阿那亚,无论你是爱好者,还是戏剧迷,参与戏剧之中,是你对生活和内心情感的笃定,是你对美好生活的诠释……

阿那亚将自身从一个度假地产大盘重新定义为一座海边文艺之城,目标客群精准定位为北京的文艺中青年群体。除了网红的孤独图书馆和白色礼堂,阿那亚还建造了沙丘美术馆、阿那亚艺术中心、海边音乐厅、阿那亚电影院、阿那亚剧场,引入单向空间等网红打卡地。通过打造这些开放性的艺术文化空间,阿那亚有机会举办更多的艺术文化项目,包括戏剧节、画展、音乐节、书会和各类

龙美术馆(西岸馆)。

艺术展等。文艺青年们视阿那亚为新的精神故乡,因为他们在这里找到了独异体验与精神共鸣的场所。

艺术再造城市空间

与乡土村落或是文旅小镇相比,城市始终是艺术活动的中心集聚地。艺术在网红激活这些新兴空间的同时,也在城市中扮演越发显要的角色。尤其是在北上广深等一线城市,艺术在再造一些高品质城市空间中往往能大展身手。

2010年上海世博会之前，徐汇滨江还是一块工业集聚的棕地。数不清的码头尘土飞扬，林立的塔吊嗡嗡作响，这是一条封闭的岸线，拒人于千里之外。"铁、煤、砂、油"才是它的主题，这条世界级的城市水岸因为历史原因而一直得不到应有价值的利用。最终，借助于世博会的契机，上海下决心贯通黄浦江两岸，把这片靓丽的水岸风景重新交还给了市民。

如今的徐汇滨江已经是上海人气最为高涨的网红艺术地标，它还拥有了一个比肩巴黎左岸的名字——西岸。在龙腾大道两侧，美术馆、画廊、艺术中心、艺术品交易中心等各类艺术空间从巨大的工业容器中蓬勃而出，煤运码头变身成了龙美术馆，厂房改建成了西岸美术中心，机库转型成了余德耀美术馆，还有巨大的储存油罐也摇身成了油罐艺术公园……

徐汇西岸因其艺术空间的高密度集聚，成为上海网红打卡热度最高的区域之一。每到周末，年轻人蜂拥而至各类艺术展馆，这些空间也成为抖音上上海最热门的旅游点。艺术与城市更新的拥抱，深入融入存量空间的再造，激活了黄浦江两岸越来越多的网红公共空间——黄浦江东岸民生码头的8万吨筒仓艺术中心、艺仓美术馆，杨浦滨江的绿之丘……

艺术与零售商业空间完美结合的典范，当首推K11。笔者曾造访上海淮海路上的K11，对这个独异存在的商业综合体新物种印象深刻。我在朋友圈发文，说K11在一众雷同的城市商业综合体中犹如一股清风吹来，并预言K11代表着未来城市商业空间的某种进化方向——跨界体验。

因为跨界体验才能催生出独异性的新物种。2009年，香港富

艺术绘新

筒仓艺术中心：原先沉重的工业界面摇身转变为艺术空间的独异面具。

豪郑裕彤的长孙郑志刚在发现商业空间的高度趋同性是制约零售业发展的最大障碍之后，另辟蹊径，采用艺术+商业的模式在香港尖沙咀打造了"全球第一家艺术购物中心"K11。这个全新的商业物种第一年就实现了收支平衡，前三年销售额实现翻番，年客流量超千万。2013年，借助于香港K11的成功，郑志刚将K11开进了上海的商业核心区淮海路，并迅速成为上海滩潮人集聚的场所。2014年的莫奈展吸引了26万观展人次，2015年的达利展同样有20万人次光临K11，每次重要的艺术展都能带动零售商业20%以

上海淮海路K11：艺术商业的先驱与不二代表。

上的增长。

  神奇的还远不止这些。据媒体报道，在疫情施虐背景下城市商业综合体普遍哀鸿的2020年，位于上海、武汉、广州、沈阳的5个K11销售额不降反升，同比上升35%。[①]经受住疫情考验的K11，验证了高端艺术在带动零售商业增长方面的惊人魔力，也刺激了K11在国内重点城市的扩张布局。据报道，规划到2025年，K11将逆势在全国10个重点城市开展合计共38个项目，总楼面面积达到284.6万平方米。[②]

  艺术正成为一个拥有独异特征的新变量，广泛地与各类地域空间结合起来，创造出新的物种，营造出极具魅力的各类网红打卡地，并对城市新兴消费群体形成巨大的吸引力。艺术所拥有的未来消费潜力已毋庸置疑。艺术这只神奇的画笔，正在给传统的城市商业空间、文旅空间还有乡土社会描绘出新的可能，赋予其令人惊叹的魔力。

[①][②]《新世界发展产品线解析及内地6座已开K11盘点》，http://www.linkshop.com/news/2021472972.shtml。

时尚加持

我不是哲学家，但依我看，女人——还有男人，似乎都本能地想炫耀自己。在这个强调规则、强调整齐划一的工业时代，时尚是人类保持个性和独一无二的、最后的庇护所。

——克里斯汀·迪奥

Prada 菜场

一贯以来，奢侈品时尚品牌与普罗大众之间横亘着一条难以逾越的鸿沟。在大众眼里，奢侈品调性高雅，是少数富人的专属，其冷若冰霜、高不可攀的印象让人难以捉摸。2021年9月，位于上海市徐汇区乌鲁木齐中路的"乌中市集Prada快闪店"的开业，似乎击碎了这一印象。

乌鲁木齐中路上，印有超大Prada标识和Prada秋冬系列Jacquard印花图案的墙纸以一种压倒性的气势霸占了整幅街面。在大大的logo之下，橱窗中陈列的不是奢侈品，而是青菜、萝卜、水芹和土豆。路人的下巴掉了一地，这竟是一家社区菜场！

Prada并不是放下身段疯狂"内卷"搞起了菜场生意,这是一场快闪式品牌营销。为了配合Prada 2021秋冬广告大片发布,Prada创意化运用秋冬系列的印花来包裹城市中不同风格的建筑,在重塑城市街道风景的同时,为品牌营销创造出一种崭新的方式。东京、米兰、纽约、罗马、巴黎这些城市都是Prada快闪店的目标城市,而在上海,Prada选择了乌中市集。

2019年刚刚改造完毕的乌中市集是一个总面积2 000平方米,拥有50多个摊位的社区菜场,原本以绿色小清新风格为主的

奢侈品Prada与市井菜场的错位拼贴,带来了无尽的话题性与娱乐性。

装修与Prada紫色系秋冬印花图案无缝对接。为期两周的快闪活动季，每天上午10点到下午4点，市集都给购买蔬菜水果的市民限量提供印有"FEELS LIKE PRADA"标语的印花包装袋。

就是这么简单，Prada菜场火了！

即便是工作日，楼上楼下的菜场内也是人声鼎沸，前来打卡的各路网红和年轻人络绎不绝，人流量较平时多了3～4倍。各路媒体和自媒体们更是竞相跟进，乌中市集成了许多媒体推荐的周末出游必到打卡地。很多网友不仅前来拍照、拗造型，更是不忘在朋友圈里自我调侃，"这估计是我唯一买得起的Prada了。""芹菜都比我先穿上了Prada！"

百度指数显示，Prada菜场开业期间，Prada的关键词搜索呈现巨幅跃升。在互联网经济进入下半场，线上流量变得愈发昂贵的时候，品牌又转头开始探索线下的新玩法。Prada似乎是线下流量孜孜以求的品牌代表。在网红菜场之前，Prada就在上海有过类似的成功尝试。

2017年10月的一个晚上，凉风习习，在距离繁华的上海南京西路不远的一栋花园洋房里，一众明星正参加一场特殊的开业酒会。名模杜鹃、刘雯，演员袁泉、董洁等800多位嘉宾盛装出席，热闹非常。这是一栋拥有百年历史的老宅，曾经属于知名的清末民初企业家"面粉大王"荣宗敬。2011年，Prada看中了这栋空置破旧的老宅，从市政府手中拿到了20年的使用权。Prada之后联手意大利修缮专家耗费巨资，动用漫长的6年时间修复，直到2017年，修缮一新的Prada荣宅才正式对外开放。

这幢奢华的宅邸将作为Prada在中国举行各式活动的一个特殊场所，比如说配合同步线上直播的Prada 2018早春系列发布会等。除此之外,它将变身成一个不时对外开放的艺术空间。

荣宅的修复难度很高,每一项制作工艺的细节都尽可能效仿传统,以便让宅邸恢复到百年之前的模样。Prada为什么要不惜时间耗费巨资在荣宅上呢?原因就在于时尚品牌开始重新寻找新的线下场景与流量!

Chanel火箭发射中心

场景!场景!场景!无论是城市菜场还是百年老邸,时尚品牌给予这些传统空间以新的体验感。同样反过来,不同的空间在制造出新的话题,催生关注度与流量。

香奈儿Chanel可能是其中最善于寻找场景、制造话题的品牌了。"老佛爷"Karl Lagerfeld有句名言非常有意思,"我是一个脚踏实地的人,但不是在这个星球上。"香奈儿的灵魂人物一辈子不曾停止新的尝试,更是勇于将各种天马行空的想法付诸实施。

对于每一季的巴黎时装周来说,最大的看点莫过于Chanel的秀场布置又会变出什么新的戏法来。2017年秋冬系列,Karl Lagerfeld直接搬来了一枚火箭。走进秀场,一枚足有10层楼高的巨型火箭赫然矗立在T台中央,把所有人都惊得目瞪口呆。火箭主体纯白色,与白色T台以及Chanel当季的灰白主色调对接地天衣无缝。当现场嘉宾看完秀,模特集体出场谢幕时,更为惊奇的一幕发生了,火箭竟然点燃升空了。巨大的烟雾、火光以及震耳欲聋的噪声,让现场所有观众兴奋不已,纷纷掏出手机记录下这震撼的一幕,然后分享在社交媒体上。

时尚之所以迷人,就在于它是一个造梦场。然而,当人们看腻了千篇一律的白色T台之时，品牌面临的重要挑战就变成了能否新造一个宏大梦境，让所有人再次为之神游惊叹，然后在社交媒体上自发地病毒般传播。

Karl Lagerfeld是深谙其中门道的大师。Chanel的秀场从古堡、游轮、超市、海滩、森林，到机场、赌场，再到雅典神庙、火箭发射中心，一季比一季的排场大，吊足了世人的胃口，掀起了阵阵传播巨浪，正如另一位时尚元老克里斯汀·迪奥说的那样，"时尚评论的价值不在于褒或贬，而在于它有没有出现在头版。"①

时尚的民主化

数据统计，全球消费者每天通过社交平台分享约18亿张照片，这是一股越来越难被忽视的营销力量。各类研究年轻消费者的报告也都在告诉品牌，商业广告对年轻消费者的打动能力正在史无前例地降低，而通过朋友圈和社交媒体传播的经验分享正在促发新的购买引擎——消费者越来越相信熟人圈的推荐，而不是冷冰冰的广告。

时尚与奢侈品早已不再是高傲倨下的形象了，至少在商业上如此。如今，全球庞大的中产阶层及年轻消费者才是他们汲汲渴望的新买主。黛娜·托马斯在她那本知名的扒开奢侈品外皮的《奢侈的》一书中这样写道："奢侈品曾经是富贵名流阶级的特权，普罗大众哪有胆量染指。"然而随着近半个世纪西方中产阶级的崛起，这种曾有的阶级藩篱被彻底打破，大多数中产一旦有钱之

---

① 黛娜·托马斯：《奢侈的》，重庆大学出版社2017年版，第62页。

后，便会沉迷于奢侈品所带来的虚荣和排场。于是，企业界大亨和金融家便从中嗅到了商机。

他们从年老的品牌创建人和能力欠缺的继承人那里巧取豪夺，将家族化的事业转变为品牌化的企业，将所有元素比如店面、店员制服、产品甚至开会时用的咖啡杯，全部统一化。然后，他们瞄准新的目标客群：中间市场。中间市场有着广泛的社会经济人口，囊括了从教师、营业员和高科技企业家、麦当劳式大宅的居住者、粗暴的暴发户等每一个人，甚至不乏犯有罪行的富人。奢侈品公司的高管们解释说，这么做是为了实现奢侈品的"民主化"，为了让奢侈品"人皆可得"。实际上，这是彻头彻尾的资本主义，目的精准明确：想尽办法赚取更多的利润。[1]

2019年，Louis Vuitton入驻小红书平台的消息多少有点出人意料。作为网红气息最浓的平台，小红书70%的用户是"90后"甚至是更年轻的群体。这个群体更倾向于自己信任的"意见领袖"来帮助自己筛选信息和最终决策，而小红书就此演变成了一个消费决策入口的平台。LV的高调入驻，无非是看中了巨大的年轻消费增量市场。同样，Dior、Gucci、Prada等时尚品牌也入驻了抖音等网红平台，这些时尚巨头们相信，在消费年轻化的巨大洪流之下，再有影响力的品牌也要懂得顺势而为。

---

[1] 黛娜·托马斯：《奢侈的》，重庆大学出版社2017年版，第7页。

爱马仕快闪店

2020年5月20日,成都远洋太古里广场迎来了一个特殊的客人——爱马仕运动快闪店HermèsFit。HermèsFit的创意在于以配饰产品作辅助,来设计一系列健身课程。这是爱马仕在全球首次呈现的品牌健身馆快闪店,顿时在朋友圈刷了屏。

在奢侈品行业占据顶端位置的爱马仕当然会挑地方——网红云集的成都太古里。快闪店的规模并不大,标志性的爱马仕橙构成了主色调,华贵而绚丽。走进健身馆,木质的内部结构、随处可见的爱马仕时尚单品定制而成的运动器械,营造出一种十分另类的运动场景。在这座别开生面的健身馆里,你可以做"方巾瑜伽",可以尝试"腰带拉伸",还可以试试"鞋履举重",花样众多,见所未见。

作为奢侈品的代言词,爱马仕显然并不屑于屈尊降贵来运营一家健身房,它的目的是通过新场景的营造,跨界的拼贴来尝试形象更新与营销创新。通过运动健身这个受年轻人钟爱的新业态,来展现自身年轻化的健康新形象,达到宣传品牌的作用。

LVMH[1]首席财务官Jean Jacques Guiony曾坦言,"快闪店非常重要。从纯零售角度来说,这是推动创新、为消费者制造新鲜感最主要和最优先的方式。"[2] 2019年,LV曾高调宣布一年内要开设

---

[1] 酩悦·轩尼诗—路易·威登集团(Louis Vuitton Moët Hennessy,英文简称LVMH),全球最大的奢侈品集团,旗下拥有LV等50多个品牌。
[2] 《为什么这些奢侈品牌的"快闪店"让人过目不忘?背后藏着五个秘笈》,https://www.jiemian.com/article/5582523.html。

100家快闪店。

Coach、Burberry、Cartier、Dior等都是快闪店的积极践行者。通过独异化的创新场景营造,这些时尚品牌塑造出了一个个崭新的先锋形象。他们仿佛在告诉年轻消费者们:我们其实并非有钱人的专属,更想与你们玩在一起。通过与一些年轻化的品牌、名人或者特定文化产品完成跨界联名,奢侈品品牌打造出独特的主题性快闪店,持续地输出新鲜感。比如,LV与Supreme联名,下沉打入街头文化;Fendi与英国涂鸦艺术家Doodle携手推出情人节限定包包;Stella McCartney与歌手泰勒·斯威夫特合作推出T恤、毛衣、帽子和包包……这些新货品被安排在主题快闪店内售卖,又是一波流量收割。

这些拥有跨界基因、独特场景的主题快闪店无疑是粉丝们的追逐地,名副其实的爆款网红打卡地。在疫情肆虐的当下,相比于固定门店,快闪店投入成本可控、见效快,还可以试水新市场、制造话题与热度。显然,时尚奢侈品牌们更乐于打造看上去更年轻、更有活力的新空间。根据《中国快闪店行业白皮书》的数据披露,2020年中国快闪店行业交易额达到3 200亿元,全国快闪店落地数量接近1 000万场次。[1]

无论是在西方发达国家,还是在遥远的东亚等新兴市场国家,随着广大的中产阶层变身成为时尚及奢侈品行业最大的消费主顾,时尚行业随风转舵,正变得从未有过的"民主化"。这将是时

---

[1] 《PRADA开菜市场,线下流量之争从不曾落幕》,https://www.sohu.com/a/494752637_120488581。

尚与大众的新一场狂欢。

克里斯汀·迪奥有一句话非常有意思。他说"我不是哲学家，但依我看，女人——还有男人，似乎都本能地想炫耀自己。在这个强调规则、强调整齐划一的工业时代，时尚是人类保持个性和独一无二的、最后的庇护所。"诚如斯言，时尚天然地拥有独异特征，而时尚与线下的各类新场景的结合，正孵化出一个又一个令年轻人尖叫的网红打卡地。

科技赋能

苹果线下体验店的成功,在于它不只是售卖商品,而是一个提供体验的空间,一个最具辨识度的品牌标识。

——苹果门店设计师 Tim Kobe

科技美学

你可能听说过"三个苹果"改变世界的段子。"第一个苹果是亚当和夏娃吃掉的那个,于是世人认知改变了;第二个苹果是砸在牛顿头上的那个,于是物理世界改变了;第三个是乔布斯手中的那个苹果,于是科技世界改变了。"这个段子想必是乔布斯铁粉的创意。乔布斯有没有颠覆科技界尚存争议,但他用科技与人文融合的方式,创新了线下的美学空间却是不争的事实。

2019年11月,苹果公司终于对外开放了众人期待已久的新总部大楼Apple Park。这个位于加利福尼亚库比蒂诺市,占地175英亩(约0.7平方千米),造价高达50亿美元的圆形建筑,看起来就像一艘超大型的宇宙飞船。乔布斯亲自参加了总部大楼的设计工

苹果总部大楼：科技感十足的宇宙飞船。

作。在他看来，飞船不仅仅要装下苹果1万多名员工，更要承载苹果的企业文化，那就是高科技。

除了高科技概念的外形设计，总部大楼在高科技使用方面也有不少创新。比如说充分利用清洁能源为其提供动能——新总部配备了17兆瓦的太阳能电池屋顶，这是迄今为止全球最大的太阳能面板屋顶，安装之后，太阳能和天然气两大清洁能源将支撑总部70%以上的电能消耗。此外，整个建筑采用自然通风技术，保证全年9个月不用开空调。飞船还有防震技术，由于坐落在加州活跃地震带上，大楼只建造了4层，而且采用了最先进的防震技术，以保证地震来临时，楼道的管线、线缆以及各种设备都不会受到损伤。

飞船的设计可以说是苹果极简美学在线下空间的一种延续。外墙使用的是单一的巨大的弧形玻璃，单块玻璃最大宽度约14米，高度3.2米，重3吨，仅外墙的玻璃数量就达到3 000块之多。圆圈的内部是一片巨大的公园，种植了9 000多棵果树，建成之后，公园主楼将完全覆盖在一片绿色之中。苹果CEO蒂姆·库克在开幕式上说，"Apple Park反映了苹果追求高科技加环境的价值观，总部的设计与自然无缝对接，为我们的团队营造一个开放的、鼓舞人心的新环境。"[①]

苹果极简+高科技的美学风格一以贯之。这种美学风格的线下空间尝试，并非是从Apple Park开始的，而是可以追溯至苹果线下体验店的出现。截至当下，苹果在全球已经开设了超500家Apple Store线下体验店，其中不少更是网友竞相打卡的网红地。

位于纽约第五大道的苹果直营店，搭建出了一个漂亮简约的大玻璃立方体，现代感十足，从此成为苹果线下店的样板风格。新加坡金沙苹果店则直接选择漂浮在水中，看起来像是一座未来主义的剧院。位于迪拜的苹果门店则安装了18扇酷炫的"太阳之翼"——由340个碳纤维增强聚合物制成的动态遮阳板，它会根据当地的气温变化来调整打开程度，"太阳之翼"也成为世界上最

---

① 《苹果新总部将对外开放：展现人与自然完美结合》，http://news.jstv.com/a/20171113/1510561202239.shtml。

网红打卡地——打造独异性体验空间

新加坡苹果门店：一座浮于水上的未来主义剧院，一处拥有高度辨识性的体验空间。

大的动力学装置艺术之一。即使在巴黎、米兰等历史保护建筑居多的城市中，苹果门店依然能在新与旧的碰撞中绽放出不一样的科技美学。负责苹果门店的设计师Tim Kobe直言，"苹果线下体验店的成功，在于它不只是售卖商品，而是一个提供体验的空间，一个最具辨识度的品牌标识。"

科幻体验

2015年对刘慈欣来说，是一个重要的年份，对于中国科幻来说亦是如此。那一年,刘慈欣的《三体》获得了代表科幻小说最高水平的"雨果奖",甚至引起了奥巴马和詹姆斯·卡梅伦的关注,一时在国内掀起了一股科幻热潮。刘慈欣曾这样赞美科幻的力量:"主流文学描写上帝已经创造的世界,科幻文学则像上帝一样创造世界再描写它。"[1]他预言,中国科幻电影将在未来的一二十年内迎来爆发。事实确实如此,随着中国电影工业实力的逐步上升,票房能力十足的科幻大片将不再是好莱坞的专属,《流浪地球》等影片的成功就是佐证。

高科技发展背后的科幻想象与对未知的探索,构成了人类的本能需求之一。科幻小说和科幻电影中的奇幻情节,始终令人心驰神往,但将科幻世界搬到线下,对于文旅投资者而言,无疑是项极大的挑战——宏大场景的布置、星外世界的构建都意味着巨大的投入成本,但这样的项目无疑是高人气的、诱人的、具备高盈利期望的。

青海省海西州茫崖市冷湖镇,便天然具备开发相关项目的条件。这个地处青藏高原柴达木盆地西北缘的小镇,因为在20世纪50年代发现了中国最大的油田之一而成名。随着石油资源的采掘枯竭,再加上自然气候恶劣,终年黄沙遍地、寒冷干旱,小镇很快就失去了昔日的荣光,沦为一座废弃之城。但拥有世界上最为壮观的类火星场景,还有独特的雅丹地貌,让这座小镇找到了文旅转型的方向——打造火星小镇。

冷湖火星小镇拥有最为宏大的文旅野心,即在火星场景

---

[1] 《刘慈欣的科幻小说及其传播:创造一个世界》,http://www.chinawriter.com.cn/n1/2018/0418/c404030-29934004.html。

网红打卡地——打造独异性体验空间

时空之门：青海冷湖"火星一号公路"。

青海海西州的雅丹火星地貌。

下的工业废墟之上谱写新的未来故事,复制一个类火星的体验世界——火星营地、火星一号公路、星级空间站,还有火星地下城……2019年3月,火星营地投入使用,全封闭式的火星太空舱由睡眠仓、卫浴、指挥舱、观景台和厨房等部分构成,可容纳50～200人,体验时长2～10天。[①]游客一定难以拒绝这样的诱惑,在这荒凉的世界尽头,体验一把火星探险的史诗级浪漫,在浩瀚无垠的星辰宇宙中,体验未知带来的独异人生,感受生而为人的蜉蝣渺小。

沉浸式体验

说到沉浸式体验,便绕不开火遍全球的teamLab无界博物馆。打开抖音,几个关于teamlab的话题播放量都是千万级的。

teamLab是一家来自日本的由艺术家、工程师、CG动画师、建筑师和数学家等领域专家构成的艺术团队,运用科技与艺术融合的手法,操纵展览空间中的光影与声响来实现人与影像的互动,从而打造沉浸式科技展。

作为单一艺术家的美术馆,2018年日本东京的"teamLab Borderless"无界美术馆开馆一年,接待人数便超过了荷兰阿姆斯特丹的凡·高美术馆,创造了世界最大规模的单年度参观人数纪录。东京馆的大获成功,让teamLab把目光对准了海外,尤其是中国。2019年11月在黄浦滨江开业的上海店,迅速成为各路网红小姐姐们的秀场。根据后台数据显示,开业10个月接待的20万人中,18～35岁之间的用户占到了82%,网红打卡地的年轻化毋庸

[①]《中国"冷湖火星小镇"云游记》,https://www.sohu.com/a/391287176_267106。

置疑。

　　花海、蝴蝶、瀑布、水波、星辰、森林、动物、梯田、白云等代表着自然浪漫主义的形象,通过光影化的手法,创新出了一种可以与观众实时互动的五彩斑斓的世界。teamLab的创始人Toshiyuki Inoko说,"我们所处的这个世界,时刻都在变化。人们借着自己的身体自由活动与他人建立关系,并通过身体来认识世界。而身体拥有时间,在头脑里思维会与其他思维跨越边界相互影响,有时也会相互混合。艺术也是这样,移动出展厅空间后,便自主地与人建立关系,并和人的身体拥有同样的时间。"①

　　"数字艺术""超越界限""身体沉浸""共同创造"等关键词构成了teamLab的核心营销概念,其本质是通过光影科技,将艺术空间沉浸化,将五官体验动态化。传统的静态艺术,如美术馆和博物馆等,是一个静态的陈列物品的过程,而teamLab则把观众作为观展动态化中的一个因子,一个重要变量,数字科技通过捕捉观众的行为让艺术作品与观众产生互动,从而产生独特的沉浸体验,让艺术作品不再是死的,而变得鲜活。与此同时,观众的视觉、听觉、触觉乃至嗅觉都全部打开,全程参与。为了让沉浸式体验变得更加科技化,在不足7 000平方米的美术馆中,teamLab布局了18个机房、大量的主机、传感器和数据联通系统。

　　teamLab的上海总经理王冬曾展望这类新媒体艺术的前景,他认为无论科技如何发展,都无法替代艺术。② 相反,科技和艺术

---

① 《国内最大的数字艺术空间之一的teamLab Massless即将启幕,去感受北京的"无相"之魅》,https://new.qq.com/rain/a/20220122A04N5O00。
② 《王冬:科技赋能艺术—探访数字艺术美术馆teamlab无界》,https://www.bilibili.com/read/cv8175330?from=search&spm_id_from=333.337.0.0。

科技赋能

teamLab无界美术馆：花海、蝴蝶、瀑布、水波、星辰、森林、动物、梯田、白云等代表着自然浪漫主义的形象，通过光影化的手法，创新出了一种可以与观众实时互动的五彩斑斓的世界。

的融合，将产生新的物种，带给人们新的惊喜。他强调，无论线上如何发达，线下空间的体验将始终无法被取代，像teamLab这样的科技艺术新消费将拥有无穷的潜力。

　　大多数业界观察家都认为，新的数字科技发展进程正处在颠覆人们日常生活的前夜，正如VR、AR等技术被视为替代手机的下一个终端入口一样。在技术层面，VR、AR、MR、3D全息投影、动作捕捉等技术的飞速发展正在为新型的数字文旅体验提供新的技术支撑,科技+文旅融合下的新产品、新物种将层出不穷。

全息餐厅便是新技术与传统业态融合的小试牛刀之作。全息餐厅,又称为全息光影餐厅,主要通过全息投影、裸眼3D以及动作捕捉等技术对餐厅四周墙面进行投影,营造出高度真实的模拟场景,让食客有一种身临其境的错觉。在雪山、沙漠、草地、海底、森林、古堡等环境中,品尝美食,从而产生出独特的用餐体验。

在线下文旅空间,数字科技正在给传统演艺节目带来新的体验感。无论是黄巧玲的《千古情》系列还是王潮歌的《又见》系列,旅游演艺都在从纯实景演出向依托声、光、电等数字科技的沉浸式演出转变。虚拟现实、全息投影、三维实境等数字科技正在彻底改变演出形式。同样,在酒店、展厅、园林等传统空间中,数字科技都在带来新的变化可能,创造出独异的体验感。

人格升维

喜也凭你,笑也任你,气也随你,愧也由你,感也在你,恼也从你,朕从来不会心口相异。朕就是这样汉子!就是这样秉性!就是这样皇帝!

——故宫文创中的"萌萌哒"雍正皇帝

"一天早晨,格里高尔·萨姆沙从不安的睡梦中醒来,发现自己躺在床上变成了一只巨大的甲虫。"

弗兰兹·卡夫卡在其著名的中篇小说《变形记》中这样开篇,让作家们大为惊异,原来小说还可以这么写。这位被誉为西方现代主义文学先驱的奥地利作家以一种前所未有的象征性艺术手法,将一个底层小人物"虫化",以此来表现现代社会对人看不见的挤压。主人公格里高尔从家庭唯一收入来源的顶梁柱变形成为虫怪之后,家人对他的态度逐渐由关爱与感激转变为埋怨与厌恶,最后甚至为他的消失而感到由衷的高兴。

小说以一种荒诞的手法,揭示了物质拜金的西方资本主义生产方式下人与人之间异化的社会关系。格里高尔所代表的底层个人，生活在一个机械化、工具化的冰冷世界中，人与人之间温情的关系被物质与金钱所代替。变形之后的格里高尔仍旧担心家庭生活，因为他意识到一旦他失去赚钱的能力，他的生存价值也就随之灰飞烟灭了，如同一只废物般的虫子。天性内向敏感的卡夫卡捕捉到了资本主义社会中个体小人物的"物化"现象，这与马克思提出的资本对人"异化"的控诉同出一辙。在《1844年经济学和哲学手稿》中，马克思指出人类的特征是有自由有意识的活动，区别于动物，因此我们能生产整个世界，包括艺术世界、科学和文化世界。然而在资本主导的生产关系中，人被强加于工作，上述这种只属于人类的特征也就消失了。在资本主义劳动中，人被劳动所异化，所以只有当我们空闲的时候，我们才觉得自己像个人。就像我们耳熟能详的"人力资源"一词一样，人在现代社会生产组织中已经异化成为一种生产资源要素，可见我们对自身的"物化"已经达到了前所未有的习以为常。

人在物化，而奇怪的是，物特别是商品，却在人格化。在现代资本主导的社会中，我们看到了"人的物化"与"物的人化"两种截然相反的现象喜剧性并存的事实。将非人的物或者商品人格化，目的就在于赋予其个性与情感，从而让消费者与之产生交流与情感互动，发生共情效应，提升物或商品的吸引力，最终达到更好销售的目的。

人生来不同，每一个灵魂都是不一样的。物的人格化，在我看来，就是赋予其独异性。

熊本熊

熊本熊可能是过去10年全球最成功的"人格化IP"项目了。

据熊本县的统计数据显示,2020年全球使用"熊本熊"品牌的商品销售总额达到了1 698亿日元(合93.7亿元),[①]连续9年保持增长。即使是在疫情肆虐的2020年,这一数据仍然保持靓丽。

熊本熊是何物?为何一个无中生有的IP能引发全球消费者与商家的追捧呢?

这要追溯到2010年日本九州新干线的开通。相关研究表明,高铁的开通对于沿线城市和地区的发展是一把双刃剑,既能带动外部资金、资源与人才的注入,同样也能吸干本地的发展资源。熊本县是九州的传统农业县,与周边鹿儿岛、宫崎县等相比,缺乏显性优势。九州新干线的开通对于熊本县来说,是机遇,毋宁说是一次生存危机。

熊本县知名剧作家小山熏堂和他的设计师好友水野学,受政府委托为熊本县设计一款"熊本惊喜"的标识系统,以应对新干线带来的机遇与挑战。水野交出了一份大大的惊叹号"!"作为标识成果,并且附赠了一个叫"酷MA萌"的吉祥物。无心插柳柳成荫,惊叹号并没有引起太大的注意,倒是这个叫"酷MA萌"的"挺可爱的熊"引发了大家的兴趣。这就是后来在日本家喻户晓的熊本熊。

吉祥物并不少见,很多城市或者运动会都拥有自己的吉祥物,然而并没有多少能够引发持续影响力的成功案例。

熊本熊的成功,就在于其彻底的"人格升维"。

首先,熊本熊拥有鲜明的人物个性。熊本熊身高接近成年男

[①]《熊本熊经济效益不减!2020年销售额刷新高 连续9年增长》,https://new.qq.com/rain/a/20210306A05LU300。

性,外表肥胖,短手短脚,和它外表同样憨萌的是它的"贱萌"个性——贪吃、无伤大雅的好色,喜欢和其他吉祥物打闹等。

其次,熊本熊拥有自己的工作职位。熊本熊不再仅仅是一个吉祥物,而且成了社会中的一员,拥有自己的社会关系与背景。2010年,熊本县破天荒地宣布,聘请熊本熊为县厅的临时职员。第二年,因为发挥出色,熊本熊连跳三级被破格提拔为营业部长。这位特殊的营业部长,和其他各部门的部长一样货真价实,因为它有资格参加熊本县的内阁会议。让一只吉祥物参与这样严肃的会议闻所未闻,这也是熊本县的大胆创新所在。熊本县知事[1]蒲岛郁夫在《酷MA萌与我》一书中透露了提拔熊本熊当营业部长的原因。因为有了"部长"这个头衔,大大方便了熊本熊的工作——访问企业的时候,人家一听说熊本熊是营业部长,就一定要派个有头有脸的人来接待。[2]部长的职位也确实给熊本熊带来了业务的便利,"高层洽谈"促进的接单能力大大提升,县厅的人对这个营业部长的业绩都交口称赞。

最后,熊本熊拥有持续的话题制造能力。和普通人一样,熊本熊同样会发生点什么事。比如说,去大阪出差,一不小心走丢了。比如说,脸上的腮红遗失了。或者是接待天皇表演熊本熊体操,又或者去某个知名工厂考察调研等。借助于持续的事件营销,熊本熊成功地人格化,在社交媒体上,变身成你能不断感知的一个真实存在的公众人物。

除了"人格升维",高度创意化的互联网营销策划是熊本熊快

---

[1] 知事相当于省级官员。
[2] 蒲岛郁夫:《酷MA萌与我》,南海出版社2017年版,第43页。

熊本城：与大阪城、名古屋城合称日本三大名城。第一眼看见熊本城，就让人想起熊本熊，后者的设计灵感应该多少有来自熊本城的影响。

速网红的直接原因。

  2010年，熊本熊被委任到大阪派发1万张名片，以宣传熊本县。在知事蒲岛郁夫看来，要是让熊本熊上来就宣传熊本县，大家一定会把它看作是"用来宣传的吉祥物"，熊本熊的魅力就会大打折扣。不如让熊本熊先在以大阪为中心的关西地区多多曝光，也就是先瞄准目标人群实施"关西战略"，先让熊本熊在大阪走红。于是，熊本县精心策划了"大阪走失事件"。2010年11月1日，蒲岛郁夫亲自召开了一场记者招待会，一脸凝重地告诉记者："去大阪出差的酷MA萌同志已经失联整整一个星期了。它上周末参加了一场活动，打那以后我们就再也没联系上它……"[①]蒲岛郁夫在书中承认，这场记者招待会是演出来的。作为一个堂堂知事，"召开假的记者招待会，散布谣言"是史无前例的大事件，为此他有过犹豫。但为了营销熊本熊，他豁出去了。

通过Twitter、YouTube等互联网社交平台，熊本熊失踪的报道迅速发酵——"大阪是美食之都。贪吃的熊本熊肩负着发名片的任务来到大阪，却被美食迷得团团转，还和县厅失去了联系。它应该还在大阪，如果大家看见了它，请一定通过Twitter向我们提供线索。"大阪人乐在其中。熊本熊在大阪街头巷尾乱蹿的搞笑图片和视频快速地在社交平台上铺开，这些全部来自网友的投稿充满了创意与笑点，快速成为热点新闻。媒体迅速跟上，所有人都在谈论这只憨态可掬、贱萌好玩的黑熊，熊本熊一炮而红！

蒲岛郁夫说，没有"大阪走失事件"，就不会有熊本熊后来的名气。同样，促使熊本熊IP在日本变得家喻户晓的另一个关键大招是开放IP使用权。随着熊本熊在日本成为最具知名度的IP之一，蒲岛郁夫一反常态地提出开放熊本熊的IP使用权，也就是说，任何日本品牌商品只要有助于熊本县的宣传，且通过县政府审核，就能免费使用熊本熊的形象。这一奇招，表面上看是白白牺牲掉了授权费，换来的确是熊本熊IP的快速扩张，以及IP爆红之后给熊本县带来的实实在在的利益——熊本县的各类特产以及旅游随之风生水起。

[①] 蒲岛郁夫：《酷MA萌与我》，南海出版社2017年版，第22页。

如今的外国游客来到熊本县，基本都是慕名熊本熊而来。这个IP的爆红为熊本县实现全域旅游、振兴本土经济和提升区域知名度贡献了不可估量的力量，熊本县也自然而然成为全日本最炙手可热的网红打卡地之一。

"萌萌哒"雍正

没有人预料到，故宫文创的开端是从有着"冷面王"之称的四爷雍正帝开始的。

2014年10月，历史上以冷面阴鸷而著称的雍正皇帝出人意料地卖了一回萌。他在故宫新推出的各类文创产品上比剪刀手、爆梗、玩Cosplay，迅速成为炙手可热的网红达人。

在此之前，故宫博物院前院长单霁翔提出，"文化产品不仅要有文化，更要有创意的观点。博物馆不应该冷酷，不该把过去的文物冷冻在那里"[1]。从雍正皇帝入手，故宫并非心血来潮。

作为史上最勤奋的皇帝之一，雍正在位的13年间，据传每天的朱批字数过万。在这些奏折批复中，故宫发现了雍正不为人知的可爱一面。年羹尧平定青海之乱后，雍正大喜过望，在朱批中说，"你此番心行，朕实不知如何疼你，方有颜对天地神明也。""尔之真情朕实鉴之，朕亦甚想你。"一幅活脱脱霸道总裁风范。给宠臣田文镜的批示中，雍正霸气又动情地写道，"朕就是这样汉子！就是这样秉性！就是这样皇帝！"在另一份朱批中，雍正更是来了

---

[1] 《600岁故宫又上新了！论带货，雍正是李佳琦前辈》，https://www.thepaper.cn/newsDetail_forward_5420587。

一段琼瑶似的独白，"喜也凭你，笑也任你，气也随你，愧也由你，感也在你，恼也从你，朕从来不会心口相异。"

从这些在网上发酵的搞笑朱批中，网友们发现雍正并非是一个全然冷酷无情之人。相反，这些鲜活的话语与互联网青年文化迅速碰撞出新的火花。这位从历史深处走出来的人物实现了一次"人格升维"，与网友与现代人有了重新对话的可能性。

故宫是古老的，但故宫又从未如此年轻。凭借着人格化文创的网红热潮，故宫成为年轻人网红打卡的必到一站。马蜂窝的研究报告显示，故宫在2019年国内自由行景点热度排行榜中位列第一，成为最受中国年轻游客欢迎的景点，前往故宫的游客中"80后""90后"的比重高达72%，其中"90后"占比43%。[①]

"小凉帽"甘坑客家小镇

对于小动物或者是历史人物的"人格升维"，我们并不陌生。然而，对没有生命情感的普通物件进行"人格化"，这样的成功案例并不多见。

深圳甘坑古村制作凉帽，可以追溯至宋朝苏东坡任职惠州期间，已有近千年的历史。妇女佩戴凉帽是客家人的风俗，甘坑因此自发衍生出了凉帽制作的产业。20世纪七八十年代，甘坑凉帽生产占到了全球70%～80%的份额，客家凉帽也成了深圳市第一批非物质文化遗产项目。但随着手工制作逐渐被机器所替代，甘坑

[①]《马蜂窝大数据：600岁故宫最受中国年轻游客欢迎》，https://caijing.chinadaily.com.cn/a/202001/07/WS5e14275ca31099ab995f5c1d.html。

凉帽失去了竞争力，全村再也没有人编织凉帽了。

甘坑古村在开膛破腹的城市化进程中幸运地得以保存，曾经有企业将整个村落承包下来，寄希望于售卖传统凉帽和开发餐饮，然而并没有取得成功。随着2016年华侨城的入驻，古村的全面保护与再开发提上了日程。其中，如何复兴凉帽这项非物质文化遗产，变得至关重要。

2017年威尼斯国际电影节，一部名为《小凉帽之白鹭归来》的动画片斩获了"最佳沉浸影片"金狮奖，自此打开了小凉帽非遗传统的活化之路。华侨城创新式提出打造小凉帽"IP town"，通过赋予传统凉帽新的活化载体——卡通形象，来创造凉帽与游客之间的互动可能。围绕小凉帽卡通IP，华侨城从动画和绘本入手，再到主题乐园、主题农场、主题酒店等，同步推出了300多种衍生产品。

华侨城将目标客群对准了中产亲子家庭，来到客家小镇，小朋友可以观看小凉帽的VR电影，看小凉帽儿童绘本，参与小凉帽国际绘本大赛，还可以买小凉帽的周边产品，入住小凉帽主题酒店，玩小凉帽主题农场等，小凉帽从一顶普普通通的帽子变成了一条串联各类业态的产业链主轴。

如今甘坑客家小镇已经成为深圳知名的网红打卡地，日接待游客量达到了2万人，抖音的话题播放量更是接近1亿次。小镇被文化部授予"2017中国文化旅游融合先导区（基地）试点"称号，更是登上了《焦点访谈》等节目，成为文旅创新的一个知名样板。

从凉帽物件，到小凉帽卡通人物，再到围绕小凉帽IP衍生出的各类旅游体验业态，物的"人格升维"带给我们新的启发，即如何把冷冰冰的物活化，赋予其新的故事、性格与情感，从而与消费者发生交流与情感互动,激活两者之间的关系。

品牌人格化

在过去,企业的创始人或者管理者总是与企业品牌形象截然区分。这与企业管理者经常变更有关,企业也希望规避管理者的个人问题可能给企业带来的负面影响。

然而,这几年随着移动互联网的发展,我们不难发现这样一个现象,即企业幕后原本低调隐身的创始人纷纷现身,跑到前台来抛售人设、施展魅力。从苹果手机的乔布斯,到特斯拉的马斯克,再到国内众多新兴企业的创始人,如360的周鸿祎、小米的雷军、格力的董明珠等,都摇身变成了网红。

逻辑思维的罗振宇认为,"移动互联网时代,品牌是基于人格魅力带来的信任与爱,是去组织化和人格化。"随着企业成长的周期被进一步压缩,移动互联网带来的信息传播便利化,还有年轻一代对平等交流的渴望,都在促使企业品牌的个人化。尊重消费者,与消费者共同成长,就必然要求品牌的人格化——有态度、有温情、有个性、有喜好,这样的企业或者品牌自然有人愿意与你交朋友。

褚橙的热卖背后是褚时健"人生总有起落、精神终可传承"的人格背书,罗永浩锤子手机与直播带货的背后是"理想情怀"的商业变现,雷军蹩脚英语营销的背后是"自降身段"与粉丝的共舞……

消费者越来越注重消费过程中的参与感、体验感与存在感,而品牌的人格化将一家抽象的企业、抽象的品牌具化为一个可感知、有性格、有温度、有话题的"人",从而拉近与消费者的距离,并在移动互联网时代不断创造出新的话题,引爆流量。

人是最具备独异性的物种,人格化也是获取独异性的捷径。人格升维赋予了货物商品、企业品牌乃至地域空间辨识度与独异性,让冰冷的物、动物、历史人物等拥有了个性、情感与互动可能,并随之带动线下体验性空间的走红。越发年轻化的消费群体,对个性、情感、独特性等需求越来越强,这也是为什么人格化开始渗透各个维度的直接原因。

"圣地巡礼"

> 年轻人登上消费主舞台,以"圣地巡礼"为代表的新兴小众旅行方式,已经走上规模化道路,并将在未来若干年内成燎原之势。
>
> ——马蜂窝旅游网CEO陈罡

2019年4月,一则关于日本镰仓高校禁止拍照的新闻上了热搜。新闻称,镰仓旅游局出于游客数量过多影响交通的原因,将禁止前来观光的游客拍照。消息一出,网友们炸锅了。有的庆幸,"绝版照!还好已经拍过了,刚刚打完卡回来!"有的则哀号,"心碎了!我还没有去拍过照片,梦想着毕业旅行去的!"

日本镰仓高校到底有着什么样的魔力,让中国网友为之魂牵梦萦呢?答案就是《灌篮高手》。这部由日本漫画改编而来的动画片影响了中国的"80后""90后"一代人,而后者已经悄悄成为出国旅游及网红打卡的主力人群。《灌篮高手》中湘北高中的原型便是镰仓高校,而主人公樱木花道与赤木晴子在"命运的路口"第一次相遇,便是在镰仓高校前的铁道旁。对于大多数《灌篮高手》的粉丝而言,只要听见片头曲《好想大声说爱你》,就能让人回忆

"圣地巡礼"

起一段热血澎湃、激情无悔的年少青春,更不用说去日本镰仓的实景地了。

这是一场重温旧梦之旅,在碧蓝如玉的南太平洋湘南岸线旁,在江之铁叮当叮当的火车铃声中,在青春与梦想交会的十字路口,渴望再让自己疯狂一次,哪怕只是个梦境。不仅仅为樱木、晴子,动漫里众多真实可爱的角色,更是为自己,追忆一段悄然逝去的美好岁月。

所幸的是虚惊一场,很快便有了辟谣。在镰仓出台的《关于提升镰仓市公共场所礼仪》的条例中,确实有提到摄影问题,但只

镰仓高校车站:樱木花道与赤木晴子相遇的"命运路口"。

275

是"劝导通告"而非禁止。条例只是希望游客能自觉遵守文明礼仪,不要给他人增添麻烦,因为在铁道口集聚拍照很容易引发交通拥堵。

据媒体报道,作为日本知名的古都之一,镰仓每年接待的外国游客量超2 000万人次,而其中90%以上的中国游客都要到镰仓高校前打卡拍照。这种由动漫热潮而引发的打卡拍照旅行现象,在日本被称为"圣地巡礼"。

《你的名字》

"圣地巡礼"最早由宗教词语"朝圣"演绎而来,原本是指前往宗教中的圣地进行礼拜,以寻找灵性意义的过程。随着时代及语境的变化,"圣地巡礼"开始被运用到英国文学领域,指代前往著名作家如莎翁故居或是创作文学作品的地点进行参观。而后在日本,"圣地巡礼"被引申至动漫领域中,以此描述动漫迷们前往动漫的实际取景地进行打卡旅行的行为。如今,"圣地巡礼"的适用范围又有了新的拓展,从ACGN文化圈[①]延伸至影视、综艺、文学、体育等泛内容领域。年轻人在现实中重温剧情,拍摄"神还原"照片,在表达对作品喜爱情感的同时,标榜自我、展现个性。

2016年之前,"圣地巡礼"还是一个亚文化名词,让它成为口口相传、家喻户晓的热门词语是一部叫作《你的名字》的动画电影。这部由新海诚导演,讲述一对男女高中生在梦中相遇并寻找彼此的影片,于当年横扫国内外各大奖项,不仅在国内夺得票房亚

---

① ACGN文化圈:Animation 动画、Comic 漫画、Game 游戏、Novel 小说。

军,也成为在中国大陆地区首部单日票房破亿元,并且创造了3天3亿元票房奇迹的动画电影。《你的名字》的火爆直接带动了一股"圣地巡礼"的风潮,巨量的国内外动漫迷纷纷涌入日本岐阜县飞驒市观光旅行,寻找与动漫电影中完全一致的场景,并且通过社交软件自豪地打卡分享。

"圣地巡礼"创造了一种全新的打卡旅游模式。因为粉丝们对动画的着迷,爱屋及乌,所以这些年轻的游客们观光的都是与动画电影相一致的场景,即便这些场景本身并非景点,甚至平平无奇。来到飞驒市,粉丝们首先打卡的是飞驒市的火车站,包括铁道线和火车站外的巴士停靠点。而打卡的原因并非这两处场景的颜值有多高,而是它们原封不动地出现在了《你的名字》这部电影中。而古川市郊外一个毫无特点的公交车站,也成了打卡的热点,仅仅是因为男主角曾经在这里停留。同样,因为成为影片取景地,飞驒市的图书馆与几个神社也成了圣地巡礼打卡线路上的重要站点。这样一来,因为"圣地巡礼"而带来的新的旅游线路严重地冲击了飞驒地区原有的传统旅游方式,以至于地方政府不得不正视并拥抱这一崭新的亚文化。于是,各种"圣地巡礼"的指南、手册应运而生,原先因为地方小而没有电影院的飞驒市特意引入了一家电影院,各种围绕《你的名字》的周边商品顺势而出……据有关研究显示,《你的名字》掀起的"圣地巡礼"热潮为小小的飞驒地区带来了约75万游客,创造了253亿日元的经济效益。[①]

《你的名字》赋予了飞驒新的旅游IP,给这座城镇带来了新的

---

① 刘玉堂、姜雨薇:《媒介隐喻、意义盗猎与符号消费——圣地巡礼的粉丝文化研究》,《文化软实力研究》2020年第3期。

克罗地亚·布罗夫尼克:《权力的游戏》中俯瞰黑水湾的君临城。

生机与可能,也创造出了一种为全日本乃至全球旅游界不得不重视的新的打卡旅游模式。

《权力的游戏》

这些年,"圣地巡礼"已经从动漫延伸至电影、电视剧、音乐等领域,创造出了一种线下打卡旅游新模式。

根据乔治·R.R.马丁神作《冰与火之歌》改编的中世纪史诗奇幻电视剧《权力的游戏》,自2011年上映以来便以天马行空的想象力、荡气回肠的剧情以及震撼人心的视觉效果席卷全球,圈粉无数。

电视剧的火爆让一系列美轮美奂、奇特瑰丽的取景地,同样成为粉丝们所追逐的焦点。君临城、弥临城、临东城、绝境长城、国王大道、多恩宫殿等成了剧中最热门的几个取景地,这些横跨克罗地亚、西班牙、北爱尔兰、冰岛、摩洛哥、苏格兰、马耳他等国家和地区的场地迅速成为粉丝们心目中的打卡"圣地"。据穷游网的数据显示,君临城所在的克罗地亚成为最大的赢家。克罗地亚从"旅游目的地热门榜"的第44名一跃而升至第25名,[①]究其原因,就在于君临城的原型杜布罗夫尼克古城成了很多游客出行选择克罗地亚而非其他国家的直接原因。随着旅行者年轻化、个性化、兴趣导向的特征变得越发明显,像"圣地巡礼"这样的小众旅游方式正变得蔚然成风。《穷游2018出境游大数据报告》显示,小众目的地正在崛起,"90后""00后"的旅行者特别钟爱"圣地巡礼",其中50.3%的"90后"、75%的"00后"会因为一部喜爱的电影或电视剧而前往目的地,而"80后"的比重为45.7%,"80前"的只有31.3%。[②]越是年轻,"圣地巡礼"越是受追捧。

打卡的商机

2018年10月23日,马蜂窝旅游网在北京三里屯正式发布了"'圣地巡礼'计划"。马蜂窝破天荒地推出相关计划,乃是准确地捕捉到了这一新兴的旅游模式,看到了背后的巨大商机。在马蜂窝平台上产生的UGC内容中,2017年提及"圣地巡礼"的次数同比2016年增长了136%,而2018年上半年同比涨幅更是高达

---

① 《〈权力的游戏〉带火取景地旅游》,《青岛晚报》2019年4月23日。
② 《穷游2018出境游大数据报告:小众目的地崛起,年轻旅行者渐成主力军》,https://news.iresearch.cn/yx/2019/01/283065.shtml。

313%。数据显示60%的"90后"有过"圣地巡礼"的经历，而47%曾多次"巡礼"。马蜂窝的创始人CEO陈罡表示，"'圣地巡礼'计划"将协助年轻人解决旅行过程的信息获取、决策效率和旅游消费等痛点问题。除了提供巡礼攻略，马蜂窝还和在地的旅游商家深度合作，包括日本动漫旅游协会等，打造10条官方的"圣地巡礼"主题线路。陈罡更是预言，"年轻人登上消费主舞台，以'圣地巡礼'为代表的新兴小众旅行方式，已经走上规模化道路，并将在未来若干年内成燎原之势。"[1]

在马蜂窝披露的"圣地巡礼"热门目的地中，日本作为ACGN义化的诞生地，自然排名第一。包括《灌篮高手》《海贼王》《哆啦A梦》《千与千寻》《你的名字》以及《名侦探柯南》等动漫背后的日本各大城镇成了最受欢迎的"圣地"。

"圣地巡礼"的风潮渐渐从日本吹向了周边地区。在香港，最受欢迎的"巡礼圣地"是拍摄《喜剧之王》的石澳，尹天仇与柳飘飘的爱情故事在这里上演。在周星驰对着张柏芝大喊"我养你"的那条路上，多少少男少女在这里打卡拍照，重温感动——原来恋爱中最美的情话不是"我爱你"而是"我养你"！

在上海，电影《八佰》的热映直接带动了四行仓库的打卡参观潮。管虎导演指导的《八佰》由淞沪会战四行仓库保卫战题材改编而来，成为2020年首部进入"10亿俱乐部"的影片。上海市民纷纷前往打卡，以至于四行仓库纪念馆不得不采用预约制以限制人流，让很多慕名而来的游客吃了闭门羹。

---

[1]《马蜂窝启动"圣地巡礼"计划 引爆90后旅游新玩法》，https://travel.163.com/18/1023/19/DUQURJSD00067VF1.html。

"圣地巡礼"

  在成都，因为赵雷的《成都》一歌而爆红的"玉林路小酒馆"门口排起了长长的队伍。很多初到成都的外地游客，都要来探一探那首广为传唱的歌里的小酒馆。事实上，这个名叫"小酒馆"（little bar）的酒吧所在的街道并非玉林路，而是玉林西路，这是一条再普通不过的街道而已，以至于你走在街上，可以幻想自己在全国其他任何一个城市而丝毫没有违和感。尚未成名的赵雷曾经在这里演出，因此他把它写进了《成都》，也成就了小酒馆的网红之

香港石澳小镇海滩：《喜剧之王》里小人物尹天仇梦想开始的地方。《喜剧之王》被认为是周星驰半自传性质的一部电影。

281

粉丝们在这里重温尹天仇与柳飘飘的爱情：原来恋爱中最美的情话不是"我爱你！"而是"我养你！"

成都·玉林路小酒馆："和我在成都的街头走一走，直到所有的灯都熄灭了也不停留。你会挽着我的衣袖，我会把手揣进裤兜，走到玉林路的尽头，坐在小酒馆的门口。"《成都》一曲唱红大江南北。

名。小酒馆开业于1997年,原先只是酒吧老板与当地的一些艺术家与音乐人定期聚会的一个艺术沙龙。小酒吧不大,只有50平方米,走进酒吧,墙壁上挂满了披头士、张楚等摇滚音乐人的相片,偏安一角的演出舞台狭小而局促。小酒馆被赵雷所钟爱,并非只是偶然,因为它是成都地下音乐人的一个重要据点,是成都地下音乐文化的一个重要符号。因为赵雷,这个文化符号变得众所皆知,随之成为喜爱赵雷、喜爱地下音乐文化的乐迷乃至普通游客的打卡"圣地"。

独异性消费

在笔者看来,"圣地巡礼"之所以能引爆流行,创造出一种新的打卡旅游模式,同样在于它提供了一种让粉丝们难以拒绝的独异性体验。这种独异性主要体现在以下几点:

第一,内容文化的独异性。无论是动漫、影视、文学或者音乐,文化生产的属性赋予了其内容的独异性。随着独异性社会的到来,伴随着消费升级,拥有独异性的文化消费占据强势地位,消费比重在年轻人与新中产等人群中逐步上升。这种文化消费体验的独异性给予个体以精神与心灵层面的细腻抚摸,因此我们不难理解,粉丝们会用"圣地"这个代表宗教神圣性的词语来形容他们所喜欢的文化产品以及背后附着的线下空间。

第二,旅游方式的独异性。如前文所言,"圣地巡礼"开辟出了一条崭新的旅游线路,这条线路无疑是小众的、独异性的,不为圈外人所理解的,这给予了粉丝们独异般感受的心理满足,成为他们标榜自我,展示个性的独特方式。

第三，个性身份的独异性。"圣地巡礼"塑造出一个非常个性化的粉丝群体，这个群体因为拥有一致的审美与趣味而拥有独异性，通过审美排斥来确定群体特征，同时通过"圣地巡礼"来个性表达，寻找身份认同与群体归属。

简单小结，笔者认为"圣地巡礼"的本质，其实是拥有独异性特征的泛文化IP在线下空间的一种体验性延伸。

我们或许可以从研究"消费社会"的法国著名哲学家、社会思想家让·鲍德里亚那里得到一些理论启发。鲍德里亚发现，随着现代技术与生产力的不断发展，西方社会进入所谓的"消费社会"——是消费，而不再是生产，成了起点和终点，成了整个社会发展的动力，支撑了整个社会经济的运行。鲍德里亚敏锐地察觉到，消费者消费的目的并不仅是具体的物本身，更重要的是物所指涉的关系和隐藏在消费行为背后的意义。即人们不再仅仅消费物的功能，更是消费物背后的一套"符号体系"。举个简单的例子，现代消费者在选择汽车品牌的时候，不再仅仅关注汽车的性能、配件及外形等看得见摸得着的物质体系，更重要的是关注汽车品牌所代表的阶层、调性及生活方式想象等看不见、摸不着的"符号体系"。我们可以从汽车广告中印证这样的判断，好的汽车广告已经不再去啰唆地介绍发动机、变速器等配件的优越性，而是更多地展现社会阶层、生活方式等场景，消费者最终选择哪一款车，主要原因将大部分取决于汽车品牌的独有个性与"符号指代"对他们的吸引力。

鲍德里亚的"符号消费"理论指出，现代的消费不只是人和物品、空间之间的关系，更是人和集体，和世界关系的构建。他解释道：

"要成为消费的对象,物品必须成为符号,也就是外在于一个它只作意义指涉的关系——因此它和这个具体关系之间,存有的是一种任意偶然的和不一致的关系,而它的合理一致性,也就是它的意义,来自它和所有其他的符号—物之间,抽象而系统性的关系。这时,它便进行'个性化',或是进入系列之中,等等。它被消费的不再是它的物质性,而是它的差异。"[①]

鲍德里亚的哲学语言虽然晦涩,但我们似乎还是捕捉到了"符号消费"的精髓——那就是差异化。应用到"圣地巡礼"现象之上,这些线下打卡"圣地",正是因为成了个性化、差异化的文化符号,而具有了与外在世界的某种具体关联与象征意义,而消费者通过巡礼消费这些线下场景空间,来构建自身与他人、集体乃至与整个世界的关系。

鲍德里亚断言,符号消费其实是消费者的一种自我实现,包括"炫耀"的因素在内,为了求得"标新立异"与"与众不同"。[②]而符号的价值已经成为文化消费的核心,符号价值不再按照物的成本或劳动价值来计算,而是按照其所代表的社会地位、权力以及其他因素来计价。在一次次的"打卡巡礼"中,粉丝们通过拍摄"神同步"照片上传社交媒体,来彰显个人独异性的审美体验,以此来获得自我身份认同,在小众圈层中找到群体归属感,重塑与其他粉丝的关系,甚至获得某种"虚妄的权力感"。

[①][②] 孔明安:《从物的消费到符号消费——鲍德里亚的消费文化理论研究》,《哲学研究》2002年第11期。

文化塑异

> 空间的独异化,就是空间的含义被抬高到空间理论中所指的"地方"那个高度。这个独异性逻辑之下的"地方"则是具备高度辨识度的空间,让人们感兴趣的是"这个地方"本身。空间厚重起来,变成了"地方"之后,就能成为一个有记忆的地方,一个有气氛的地方。威尼斯或者巴黎的城市风景和街景,之所以被称为别具一格,就在于它们的气氛和与之关联的文化联想和文化记忆。
>
> ——安德雷亚斯·莱克维茨《独异性社会》

河南出圈

2021年是河南文化"出圈"的一年。

首次在河南春节联欢晚会上露面的舞蹈节目《唐宫夜宴》迅速刷屏,微博阅读量接近5亿,成为微博综艺晚会栏目类第一,更被新华社戏称为河南的一次"王炸"。《唐宫夜宴》取材于河南安阳张盛墓出土的隋代乐舞俑,讲述的是1 300多年前的一个晚上,唐高宗李治和武则天在洛阳上阳宫设宴,一群体态丰腴的小妮子叽叽喳喳地去赴宴途中发生的趣事。"鬓云欲度香腮雪,衣香袂影是盛唐。"舞台运用了5G+AR的技术,让虚拟的博物馆场景与现实的歌舞场景巧妙地融合起来,制造出了一种博物馆奇妙夜的感觉。

就当所有人以为《唐宫夜宴》只是河南的一次灵光乍现的时候,河南卫视"端午奇妙游"推出的水下舞蹈节目《洛神水赋》再一次一鸣惊人,外交部发言人华春莹在推特点赞,称其为"难以置信的美",节目一举火到了国外。"其形也,翩若惊鸿,婉若游龙。荣曜秋菊,华茂春松。髣髴兮若轻云之蔽月,飘飖兮若流风之回雪……"《洛神赋》是曹植为纪念恋人甄妃所创作的一篇辞赋,全篇辞藻华丽,所写神人之恋缠绵凄婉,动人心魄。东晋画家顾恺之阅之大为感动,于是挥毫而成《洛神赋图》。古典文化与现代舞蹈的创意结合,身穿黄袖绿衣的洛神在水底翩然起舞,一个不到2分钟的视频,经历了26个小时的水下拍摄,演绎出了一段"1 600多年历史的水下飞天"。

《洛神水赋》并非河南端午晚会的一枝独秀,《龙舟祭》融合了祭祀、舞蹈、杂技和击鼓等传统元素,再现了端午祭祀的盛大场面;《兰陵王入阵曲》用中国大鼓与琵琶重新还原了昔日战场的金戈铁马;《丽人行》中13位娘娘盛装起舞,让观众实景体验一回帝王享受……整个晚会运用了网剧+网综的模式,融入了赛龙舟、吃粽子、饮黄酒等传统文化习俗,并将河南厚重的历史文化巧妙地展现出来,继《唐宫夜宴》之后再次爆款炸圈。

"一部河南志,半部中国史。"中华传统文化源远流长,各个区域的文化也是百花齐放,有中原文化、东夷文化、巴蜀文化、江淮文化、吴越文化、三秦文化等,而其中又以中原文化为首,其母体与主干的地位毋庸置疑。中原文化又以河南为核心，是孕育中华文明的摇篮所在，从夏至宋，中原地区长期是我国的政治经济中心，更是主流文化的发源地，八大古都中有一半在河南，我国100个大姓中源头在河南的有78个之多，"逐鹿中原""问鼎中原"等典故更是在说明，河南曾是中华文化的核心舞台所在。

浓厚的文化底蕴亦在催生文旅打卡新物种。著名导演王潮歌与建业集团老总胡葆森的一次偶然碰撞，酝酿出了河南文化的一次新裂变——《只有河南·戏剧幻城》。胡葆森感慨，"只有河南，才有这样的历史积淀；只有河南，年复一年，用足够的粮食，让炎黄儿女的血脉得以传承；只有河南，才能孕育出诸多大家……"王潮歌坦言，"我们是黄河母亲哺育大的孩子，黄河与我们源远流长的文明融合在一起。我们创作《只有河南》，如同掬起一捧黄河水，捧起一抔黄河土，向我们的祖先、我们的文明致敬。"[1]

走近《只有河南·戏剧幻城》，穿过麦田，进入半开半掩的夯土大门，就进入了一个巨大的"盲盒"戏剧天地。56个迷宫般的格子院落，21个剧场，近1 000名演职人员参演，每天700分钟不重复地演出，同时可容纳1万名观众。黄土、麦子以及厚重的中原文化，以一种沉浸式戏剧的手法，让全国观众重新体验了一次"土地、粮食与传承"的故事。这个占地622亩、世界上规模最大的戏剧聚落，堪称前无古人的史诗级手笔，刚一落地便迅速网红。

笔者曾多次前往河南，对河南厚重的历史文化印象深刻。这个讲"中"的地方，曾是中国的中央，更是世界的中央——联合国

---

[1]《麦子熟了，"只有河南"城门开》，https://www.henan.gov.cn/2021/06-05/2158855.html。

只有河南·戏剧幻城是中原文化的一桌饕餮盛宴。

教科文组织曾给河南颁了一个大奖——"天地之中"。[①]2019年，河南全省人均GDP达到5.6万元人民币（合8 800美元），省会郑州的人均GDP达到了1.78万美元，已经高于高收入国家收入门槛线（人均GDP 1.2万美元）。各国的发展经验显示，文化及其衍生的相关产业与人均GDP的增长有着明显的正相关关系。随着一个国家或者地区跨越高收入门槛线，文化产业将逐步成为支柱产业且在经济增长中扮演越发重要的角色。如美国、日本等发达国家，文化产业的GDP比重都在18%～30%。与此同时，提供公共文化服务的城市空间将显著增多，如图书馆、文化馆、博物馆、美术馆、影剧院、音乐厅、文化站等文化类公共产品。更重要的是，文化将进一步内化为一个地区或者城市的软实力，成为城市综合竞争力的核心组成部分。

笔者曾经预言，以河南为代表的中部崛起，不仅在于经济与GDP的崛起，也在于代表着古老传统中国文化的崛起，旧的内容与新的形式的巧妙融合将让河南这块文化厚地愈来愈频繁地露脸出圈。

文化的独异性

文化一词已经司空见惯，无所不在，但文化究竟是什么，学界对其定义仍存有争议。英国著名人类学家爱德华·泰勒在人类学的开山之作《原始文化》中将文化定义为"就其广泛的民族学的

[①] 2010年河南登封"天地之中"历史建筑群成功列入联合国教科文组织《世界遗产名录》。

意义上来说,是包括全部的知识、信仰、艺术、道德、法律、风俗以及作为社会成员的人所掌握和接受的任何其他的才能和习惯的复合体"。社会学界又从四个路径对文化进行定义,一是将其看作由思想、情感、信仰和价值构成的一种主观价值观念和精神思想;二是认为文化是一种行为模式和生活方式;三是索绪尔等人将文化界定为象征符号和意义表达;四是将文化看作是习俗、宗教、道德、政治和法律的规则和规范体系。① 政治学者塞缪尔·亨廷顿也指出文化更多的是社会中的价值观、态度、信念、取向以及人们普遍持有的见解。②

以上对文化的各路解读,更多的是从精神财富的角度展开,因此也被归类为狭义的文化概念。而与此相对的,广义的文化则范围更大,指代人类在社会实践过程中所获得的物质、精神的生产能力和创造的物质、精神财富的总和。

一个国家或者地区的文化在漫长的历史进程中必然呈现出独异化的特征,这也是我们对不同文化饶有兴趣的原因之一。

贾雷德·戴蒙德在他知名的《枪炮、细菌和钢铁》一书中,关注到这样一个现象:"为什么到地理大发现的时候,世界各地的人们在组织文化、生产力、科学技术和生活方式等各方面存在那么大的差异。我们都是从猩猩进化出来的人,都在地球上混了差不多同样的年头,但是差距怎么就这么大?"戴蒙德的结论是"各大洲各民族长期历史之间的显著差别,不是由于这些民族内在的不同,而是由于他们所处环境的不同"。他继续指出环境不同造成了文

---

① 倪愫襄:《文化概念释义》,《学校党建与思想教育期刊》2015年第8期。
② 塞缪尔·亨廷顿等:《文化的重要作用》,新华出版社2018年版,第4页。

化的发展方向不同与独异性,"世界各地文化特征差异很大,有些文化差异无疑是环境差异造成的……一个小的文化因素可能起源于当地的小事、暂时性的事情,然后固定下来,预定了一个社会走向更重要的文化选择……"①

安德雷亚斯·莱克维茨在《独异性社会》中稍稍带到了地方以及地域空间的独异化内容,他认为"空间的独异化,就是空间的含义被抬高到空间理论中所指的'地方'那个高度"。这个独异性逻辑之下的"地方"则是具备高度辨识度的空间,让人们感兴趣的是"这个地方"本身。空间厚重起来,变成了"地方"之后,就能成为一个有记忆的地方,一个有气氛的地方。他举例说,威尼斯或者巴黎的城市风景和街景,之所以被称为别具一格,就在于它们的气氛和与之关联的文化联想和文化记忆。此外,还有一些祭祀场所、显示权力的建筑、祭神建筑或纪念场所等。②如莱克维茨所言,这些都与文化有关,正是文化赋予了这些空间独异性与"地方"感。

也许我们还能回忆得起十几年前,在一些严肃媒体上经常出现的话题——全球化给文化多样性带来的威胁。这样的话题在今天看来似乎有点杞人忧天了,不过在当时,确实引发了重要的社会讨论。

以标准化和普适性为代表的全球化与城市化,在过去30年,确实给包括中国在内的诸多发展中国家带来了巨大的文化挑战。我们可以随便举出例子如麦当劳、好莱坞等流行文化带来的冲击,

---

① 塞缪尔·亨廷顿等:《文化的重要作用》,新华出版社2018年版,第26页。
② 安德雷亚斯·莱克维茨:《独异性社会:现代的结构转型》,社会科学文献出版社2019年版,第61、62页。

这种全球主流文化对弱小国家文化的碾压已经不是新鲜事，同时我们也看到在史无前例的发展速度中，发展中国家的传统文化让位于物质建设，在快速衰微甚至消亡。

这种关于文化消亡的担忧，随着后工业社会的来临而烟消云散。从工业化社会到后工业社会，文化与以文化为基底的创意产业从边缘位置一跃而上升为主流性支柱性产业。正如莱克维茨所言，"后工业社会的经济越来越关注独异的物品、服务和活动，它所生产的货品越来越不单纯强调功能，而是要兼有或独具文化内涵，并且能够在情感上吸引人。总之，我们不再是生活在工业资本主义，而是在文化资本主义。"①

诚如斯言。从宏观层面看，对文化的保护、挖掘、利用和再创造，成了社会发展的趋势。世界各国各地区在走向全面链接深度互融的同时，文化上并没有呈现出同质化，恰恰相反变得更为多元丰厚。文化成为一个国家、地区乃至城市的竞争力，已经成为大多数人的共识。从微观层面看，货品和空间都在向"+文化"靠拢，因为文化能赋予独异体验感，在情感上更易于打动人。

文旅融合

2018年文化和旅游部的组建标志着"诗和远方"终于走到了一起。按照中央的要求，文化产业和旅游业应"宜融则融，能融尽融，以文促旅，以旅彰文"，旅游需要文化的促进，文化同样需要旅

---

① 安德雷亚斯·莱克维茨：《独异性社会：现代的结构转型》，社会科学文献出版社2019年版，引言第1—2页。

网红打卡地——打造独异性体验空间

游的彰显,自此文化和旅游业正式进入文旅融合发展的新时代。

在各个城市的网红打卡地的评选中,我们不难发现成熟的文化地标项目依然在前沿排列。例如,2020年成都公园城市50个网红打卡地中,大慈寺太古里和宽窄巷子名列前二,这两个项目已经落地多年,且是成都知名的文化地标,成为年轻人最喜欢的打卡地既在意料之外,也在情理之中。以深入挖掘大唐文化的西安不夜城更是一炮而红,成为许多沉浸式文旅街区的学习样板。同样,在

大唐不夜城是未来城市文化客厅的可借鉴模板。

山东、北京等地的打卡地评选中,知名的文化地标项目依然是香饽饽,是年轻人最爱出行打卡的目的地。

文化的范畴广大而无所不包,因此人文、艺术、知识乃至时尚、科技等概念都可以被纳入广义的文化概念之中。前面几个章节提及的许多与此相关的创新类空间业态与网红打卡地,往往都是因为在文化创意层面的探索与创新而取得了成功。随着文化新中产的壮大,对文化消费需求的逐步扩大以及新的消费方式的出现,文化类消费空间正迎来春天。

文化Mall相对于Shopping Mall,是集多种服务功能于一体的新型复合式文化综合体。虽然目前来说,文化Mall并非主流显性的商业形态,但笔者预判这种以打造城市文化地标为目的,引领城市文化风尚,做文化的一站式消费、体验与社交的综合型文化平台将成为一些大城市未来新的商业综合体爆点。文化Mall是将文化产业以Mall的形式重新进行整合,并与购物、休闲、娱乐、餐饮等其他业态有机结合,是一种新型的以文化产业为主的跨行业商业业态。除了书店、剧院、影院、美术馆、艺术馆、博物馆、画廊、小型演出俱乐部等常规网红类文化商业业态之外,许多其他的商业业态也纷纷在和文化搭界与融合,例如地域文化特色突出的各类餐馆,有文化特色的民宿酒店,以及文化主题类的购物中心等。

作为一名策划人、规划师,笔者欣喜地注意到,当下城乡公共空间的营造,无论是政府还是市场,都具备了一种关注文化重视文化的高度自觉——无论这种文化是在地的,还是植入的。大家都意识到了,没有文化的空间是缺乏灵魂的,自然也就不具备情感吸引力。

图书在版编目（CIP）数据

网红打卡地：打造独异性体验空间 / 陆超著.—
上海：上海社会科学院出版社，2023
 ISBN 978-7-5520-4061-6

Ⅰ.①网… Ⅱ.①陆… Ⅲ.①网络营销 Ⅳ.
①F713.365.2

中国国家版本馆CIP数据核字（2023）第044066号

网红打卡地
——打造独异性体验空间

著　　者：陆　超
责任编辑：周　萌
封面设计：梁业礼
出版发行：上海社会科学院出版社
　　　　　上海顺昌路622号　邮编200025
　　　　　电话总机 021-63315947　销售热线 021-53063735
　　　　　http://www.sassp.cn　E-mail: sassp@sassp.cn
照　　排：南京展望文化发展有限公司
印　　刷：上海丽佳制版印刷有限公司
开　　本：890毫米×1240毫米　1/32
印　　张：10
字　　数：229千
版　　次：2023年5月第1版　2023年5月第1次印刷

ISBN 978-7-5520-4061-6/F·724　　　定价：79.00元

版权所有　翻印必究